O mundo pós-ocidental

Nova Biblioteca de Ciências Sociais
diretor: Celso Castro

Teoria das elites
Cristina Buarque de Hollanda

A política nos quartéis
Maud Chirio

Cultura e personalidade
Margaret Mead, Ruth Benedict e Edward Sapir

Eleições no Brasil
Jairo Nicolau

Teoria social
William Outhwaite

Jango e o golpe de 1964 na caricatura
Rodrigo Patto Sá Motta

Questões fundamentais da sociologia
Georg Simmel

O mundo pós-ocidental
Oliver Stuenkel

Sobre o artesanato intelectual e outros ensaios
C. Wright Mills

Oliver Stuenkel

O mundo pós-ocidental

Potências emergentes e a nova ordem global

Tradução:
Renato Aguiar

3ª reimpressão

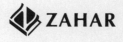

Copyright © 2016 by Oliver Stuenkel

Tradução autorizada da primeira edição inglesa, publicada em 2016 por Polity Press, de Cambridge, Inglaterra

A editora não se responsabiliza por links ou sites aqui indicados, nem pode garantir que eles continuarão ativos e/ou adequados, salvo os que forem propriedade da Editora Schwarcz S.A.

Grafia atualizada segundo o Acordo Ortográfico da Língua Portuguesa de 1990, que entrou em vigor no Brasil em 2009.

Título original
Post-Western World: How Emerging Powers Are Remaking Global Order

Capa
Sergio Liuzzi

Imagem da capa
© Ratnakorn Piyasirisorost/Getty Images

Preparação
Diogo Henriques

Revisão
Eduardo Monteiro
Tamara Sender

CIP-Brasil. Catalogação na publicação
Sindicato Nacional dos Editores de Livros, RJ

S921m
    Stuenkel, Oliver
    O mundo pós-ocidental: potências emergentes e a nova ordem global/Oliver Stuenkel; tradução Renato Aguiar. – 1ª ed. – Rio de Janeiro: Zahar, 2018.
    il. (Nova biblioteca de ciências sociais)

    Tradução de: Post-Western World: How Emerging Powers Are Remaking Global Order.
    Inclui índice
    ISBN 978-85-378-1762-9

    1. Política internacional – Séc.XXI. 2. Relações internacionais. I. Aguiar, Renato. II. Título. III. Série.

18-50620
CDD: 327
CDU: 327

Meri Gleice Rodrigues de Souza – Bibliotecária – CRB-7/6439

Todos os direitos desta edição reservados à
EDITORA SCHWARCZ S.A.
Praça Floriano, 19, sala 3001 – Cinelândia
20031-050 – Rio de Janeiro – RJ
Telefone: (21) 3993-7510
www.companhiadasletras.com.br
www.blogdacompanhia.com.br
facebook.com/editorazahar
instagram.com/editorazahar
twitter.com/editorazahar

Sumário

Mapas, gráficos e tabelas   7

Introdução   9

1. O nascimento do ocidentocentrismo   37

2. Deslocamentos de poder e a ascensão do resto   70

3. O futuro do *soft power*   105

4. Rumo a uma ordem paralela: finanças, comércio e investimento   128

5. Rumo a uma ordem paralela: segurança, diplomacia e infraestrutura   163

6. O mundo pós-ocidental   190

Conclusão   205

Notas   217
Agradecimentos   242
Índice remissivo   244

Mapas, gráficos e tabelas

Mapas

0.1. Mapa Mercator   20
0.2. Projeção Hobo Dyer   21
0.3. Projeção Hobo Dyer/"Mapa Sul"   22
5.1. A nova Rota da Seda   179

Gráficos

0.1. As três maiores economias do mundo, PIB com base na paridade do poder de compra (PPC) como porcentagem do total mundial; produção histórica no interior das fronteiras de países modernos   12
1.1. As três maiores economias do mundo em 1820, em PPC   45
2.1. A anomalia ocidental: parte estadunidense e parte chinesa do PIB global (PPC)   74
2.2. Parcela da população em 2050   84
2.3. Os maiores contribuintes para o crescimento global   87
4.1. Estoque de capital no BAII   134

Tabelas

4.1. A ordem paralela: finanças   130
4.2. A ordem paralela: comércio e investimento   130
4.3. A ordem paralela: segurança   130
4.4. A ordem paralela: diplomacia   131
4.5. A ordem paralela: infraestrutura   131
5.1. Cooperação intra-Brics, áreas principais   174

Introdução

A MANEIRA COMO entendemos o mundo hoje ocorre dentro de um contexto histórico incomum. Tanto econômica quanto militarmente, o Ocidente manteve uma posição dominante pelo último século e meio.[1] Mais importante que isso, os principais conceitos desenvolvidos por muitos dos mais relevantes estudiosos de Relações Internacionais (RI) para explicar assuntos globais – ao buscarem compreender o passado, analisar o presente ou prever o futuro – são profundamente ocidentocêntricos. Em vez de produzirem relatos universalistas e sem julgamento de valor sobre assuntos globais, a maioria dos analistas de assuntos internacionais na angloesfera produz análises provincianas, que celebram e defendem a civilização ocidental como sujeito e ideal normativo de referência da política mundial.[2]

Para esses pensadores, ao tratar-se do passado, o pensamento não ocidental raras vezes parece ter tido algum papel decisivo na história das ideias. Na maioria das vezes, a assim chamada "conversação global" é limitada a comentadores, acadêmicos e formuladores de política externa estabelecidos nos Estados Unidos. Compreende-se que normas tenham sido difundidas geralmente a partir do centro ocidental para a periferia. Os atores não ocidentais ou bem as adotaram ou então resistiram a essas novas ideias, mas raramente foram eles os agentes de progresso. Segundo esse modelo amplamente aceito de "difusionismo ocidental", a história é vista como um processo conduzido pelo Ocidente, o que gera uma percepção pobre das contribuições não ocidentais para ideias sobre a ordem global. A disciplina de Relações Internacionais falhou até este momento em aceitar as perspectivas muito mais nuançadas que estudiosos de história global, antropologia e outras disciplinas vêm adotando há décadas.[3] A maioria das análises convencionais da história dos assuntos internacionais começa, portanto, com a ascensão do Ocidente, ao passo que a história pré-ocidental ou não ocidental recebe pouca ou quase nenhuma atenção.[4]

Isso é problemático, já que eventos essenciais da história da ordem global, como a transição de império para ordem multilateral composta por Estados-nações, não foram processos dirigidos pelo Ocidente, mas produtos de intensa barganha entre atores ocidentais e não ocidentais. Mesmo administradores coloniais foram muitas vezes incapazes de criar regras mediante imposição de cima para baixo, como é geralmente pensado, mas tiveram que negociar com as elites locais. O exemplo mais importante é a ascensão da autodeterminação, que é o fundamento da ordem liberal global de hoje e não é produto de pensadores ocidentais, mas de movimentos anticoloniais que agiram em oposição aos interesses ocidentais. Eles conseguiram, notavelmente, estabelecer a norma global no apogeu do domínio do Ocidente nas décadas seguintes à Segunda Guerra Mundial, momento em que os relatos históricos tradicionais descrevem a agência não ocidental como inteiramente ausente.[5] Ao longo de toda a história, a difusão de ideias foi muito mais dinâmica, pluridirecional e descentralizada do que costumamos pensar.

Os Estados Unidos desempenharam papel fundamental na construção da ordem pós-Segunda Guerra Mundial, e Henry Kissinger está certo ao argumentar que nenhum outro país teria tido o idealismo e os recursos necessários para lidar com uma gama tão ampla de desafios, nem a capacidade de ser bem-sucedido em tantos deles. O idealismo e o excepcionalismo estadunidenses foram essenciais na construção da nova ordem internacional.[6] Não obstante, ao explicar a ascensão da ordem pós-Segunda Guerra Mundial, os principais pensadores liberais das relações internacionais estabelecidos nos Estados Unidos imaginam que o mundo entregou voluntariamente as rédeas do poder a Washington. O que é muitas vezes negligenciado nesse contexto é que a distinção entre legitimidade e coerção é problemática, e que esta última foi um elemento importante na consolidação da ordem liberal – exatamente como na de qualquer sistema anterior.[7] Esse processo de construção de ordem envolveu estacionar tropas norte-americanas nas potências derrotadas do Eixo; ameaças contra comunistas na França e na Itália; derrubada de governos recalcitrantes na América Latina, na África e na Ásia; e esforços sistemáticos para impor as preferências políticas e econômicas dos Estados Unidos em todo o mundo.[8]

A leitura ocidentocêntrica e seletiva da história leva a uma superenfatização em agência e atratividade cultural ocidentais, e minimiza o papel decisivo do poderio militar na criação e manutenção da ordem global atual. Numa escala mais ampla, conjunturas históricas favoráveis – como o fim da Guerra Fria ou a assim chamada Primavera Árabe, nas quais alguns acreditaram na prevalência de forças liberais pró-ocidentais – são interpretadas como evidência corroborante das afirmações ocidentais, enquanto conjunturas históricas adversas – como a deterioração recente dos direitos humanos na China ou o fim da democracia no Egito, na Tailândia ou na Rússia –, em vez de minar as afirmações e os princípios liberais, são simplesmente interpretadas como resultado de níveis mais baixos de desenvolvimento histórico ou como aberrações temporárias.[9]

Graham Allison, da Universidade Harvard, caracteriza os últimos mil anos como "um milênio no qual a Europa esteve no centro político do mundo".[10] Essas opiniões subestimam dramaticamente as contribuições de pensadores e culturas não ocidentais e o quanto o Ocidente dependeu de conhecimento, tecnologia, ideias e normas estrangeiras – como da China e do mundo muçulmano – para se desenvolver econômica e politicamente.[11] Elas também desconsideram o fato de que potências não ocidentais dominaram o mundo economicamente por grande parte dos últimos mil anos. Muitos acontecimentos importantes ocorreram fora da Europa ao longo de toda a história, como aqueles que criaram e sustentaram os impérios Chinês, Otomano e Mongol. Por exemplo, a evolução global de regras e normas foi profundamente afetada pela promoção da tolerância religiosa na Índia no século XVI, sob o imperador mogol Akbar. A rebelião anticolonial haitiana no começo do século XIX, que inspirou escravos em todas as Américas, foi talvez o evento mais importante na história dos direitos humanos, pois defendeu – diferentemente da Revolução Francesa – direitos iguais para toda a população. Esses eventos, entretanto, com frequência não aparecem nas narrativas ocidentocêntricas da história.[12] Na verdade, o ocidentocentrismo nos levou a cooptar retroativamente na condição de ocidentais muitas ideias e normas influentes, como democracia, direitos humanos e diplomacia, extrapolando a atual superioridade ocidental, projetando-a sobre o passado e, assim, criando uma história teleológica simplista, mesmo que tais ideias com frequência tenham surgido em muitos lugares ao mesmo tempo ou se acrescentado umas às outras, não tendo, por isso, qualquer origem única.[13]

O mesmo é verdade sobre o presente, e a maioria dos analistas considera o Ocidente essencial para a manutenção da estabilidade global. Instituições lideradas pelo Ocidente, como o G7, a OCDE e a Otan, são geralmente vistas como benignas, ao passo que arranjos sem a participação ocidental são considerados ineficazes (o G77), excêntricos ou sem sentido (o Brics), ou então ameaçadores e malignos (o Banco Asiático de Investimento em Infraestrutura ou a Organização para Cooperação de Xangai).

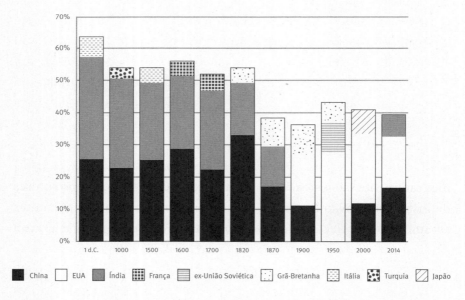

GRÁFICO 0.1. As três maiores economias do mundo, PIB com base na paridade do poder de compra (PPC) como porcentagem do total mundial; produção histórica no interior das fronteiras de países modernos. *Fontes*: Angus Maddison, Banco Mundial

Poucos analistas avaliam objetivamente quais as contribuições públicas globais providas por essas organizações, e a maior parte as vê com suspeição. Embora raramente afirmado de maneira explícita, isso aponta para um sentido latente de privilégio ocidental e para uma noção de que iniciativas da liderança não ocidental carecem de legitimidade. Do mesmo modo, o estabelecimento de uma agenda global – o resultado de iniciar, legitimar e advogar com sucesso uma questão política específica no âmbito da economia ou da segurança – costuma ser visto como algo que só atores ocidentais são capazes de fazer. O pensamento não ocidental raramente é visto como uma fonte através da qual se possa construir conhecimento legítimo sobre o mundo moderno.[14]

Mais importante (e este é um dos principais argumentos deste livro), nossa compreensão da criação da ordem de hoje, suas formas e previsões sobre o futuro, são limitadas porque buscam imaginar um "mundo pós-ocidental" a partir de uma perspectiva provinciana ocidentocêntrica. Essa visão, desenvolvida pela maioria dos estudiosos contemporâneos das relações internacionais, abraça uma divisão normativa entre universalismo ocidental e particularismo não ocidental, por um lado, e modernidade ocidental e tradição não ocidental, por outro. A existência de uma modernidade de vanguarda que vai dominar o mundo, um tipo idealizado de modernidade ocidental, continua a ser uma narrativa ocidental fundamental. Atores não ocidentais são compreendidos como aqueles que aceitam relativamente passivos as regras da sociedade internacional – ou eles resistem ou socializam dentro da ordem existente –, mas raramente são vistos como formuladores de regras ou construtores de instituições. Não é coincidência que muitos dos mais importantes estudiosos estabelecidos nos Estados Unidos esperem que a liderança ocidental coincida com o fim da natureza cíclica da ascensão e queda de grandes potências na ordem global.[15]

A agência não ocidental geralmente só é reconhecida quando atores deixam de satisfazer padrões ocidentais, ou se representa uma ameaça fundamental para o Ocidente, como o "perigo amarelo" que emanava da China um século atrás, os movimentos anticoloniais na África, terroristas oriundos do mundo muçulmano ou uma visível ameaça nuclear representada pelo Irã.[16] O reconhecimento de ideias não ocidentais às vezes também é usado para dissociar convenientemente o Ocidente de conceitos que são vistos, da perspectiva de hoje, como impróprios ou perigosos. Por exemplo, stalinismo e maoismo são com frequência retratados como versões do despotismo oriental. Longe de ser antiocidental, contudo, o comunismo é uma ideia muito ocidental; com efeito, ele é resultado de um experimento utópico inspirado, em essência, pelos ideais mais radicais do Iluminismo europeu, e as ideias de Karl Marx eram profundamente ocidentocêntricas e provincianas.[17]

Rumo aos caos pós-ocidental?

Em consequência, a ordem global futura – possivelmente não mais sob domínio ocidental – costuma ser vista como caótica, desorientadora e perigosa. Na Conferência da Chatham House de 2015 em Londres, por exemplo, a hipótese básica explicitada na primeira sessão e a tônica da conversa foram que o fim da unipolaridade levaria inevitavelmente a um mundo perigoso e "sem líderes". "Devemos esperar... o crescimento da anarquia?", perguntava um ponto de discussão do debate de abertura.

Tal pessimismo em face do declínio relativo do Ocidente é disseminado. John Mearsheimer, um destacado estudioso realista, vê um "considerável potencial de guerra" (perspectiva que ele descreve como "deprimente"),[18] e Randall Schweller vê o sistema global sucumbir, indo de uma era de ordem liderada pelos Estados Unidos para o caos. Os assuntos internacionais, escreve ele, serão definidos por ausência de estruturas, líderes e seguidores, e por Estados incapazes de cooperar de maneira efetiva. Ele afirma que "o poder está sendo disperso mais uniformemente mundo afora... Isso vai tornar mais difícil trabalhar junto para levar coisas a cabo". Dando um passo adiante, ele adverte que "as velhas soluções não vão mais funcionar... A nova norma é cada vez mais a ausência de normas". A única alternativa à liderança norte-americana é "a banalidade e confusão de anomia e alienação, de instabilidade sem um estabilizador, de desenvolver ordem sem um ordenador".[19] O que ele deixa de explicar é justamente por que a cooperação é mais difícil numa ordem multipolar, ou por que as normas globais desaparecerão. Mas uma coisa parece ser incontestável, afirma ele: nenhum país ou arranjo será capaz de manter a ordem global como fez o Ocidente. Essa avaliação também distorce de maneira profunda as últimas décadas, caracterizando-as como um período pacífico. Guerras por procuração,[20] instabilidade no Oriente Médio e conflitos sangrentos no Afeganistão, Vietnã e Coreia, assim como em muitos países africanos, explicam por que milhões de pessoas em todo o mundo não associam a ordem liberal liderada pelos Estados Unidos com paz e estabilidade. Certo, nenhuma visão isolada é representativa do campo inteiro, e vários estudiosos de RI, em particular os realistas, escrevem sobre como concertações de grandes potências são capazes de produzir estabilidade.[21] Contudo, entre a maioria dos acadêmicos com inclinação para a política contemporânea, o alarmismo prevalece.

Ecoando um amplo consenso no Ocidente, a revista *The Economist* afirmou de forma prosaica em 2014: "Infelizmente, a Pax Americana está cedendo lugar a um equilíbrio de poder em ebulição com rivalidades e insegurança."[22] Embora o caos e a desordem sem dúvida sejam cenários possíveis, o ocidentocentrismo empobrece profundamente a nossa análise da dinâmica que modelará a ordem nas décadas futuras. A publicação considerou a afirmação tão natural que não viu nenhuma necessidade de explicações adicionais, reportando apenas que, recentemente, "um caça chinês e um avião de vigilância norte-americano passaram a pouco mais de seis metros um do outro, mal evitando uma colisão em pleno ar". Sem dúvida, não se trata de um exemplo convincente do caos pós-americano; apenas mostra o papel do Ocidente como parte interessada na distribuição hoje desigual de poder. E, de fato, à primeira vista, o Ocidente é provavelmente quem mais tem a perder com o processo de multipolarização. Porém, embora a China seja muitas vezes comparada à Alemanha guilhermina, sendo assim automaticamente construída como uma ameaça, pode ser útil dar um passo atrás e perguntar se podemos também comparar a China contemporânea com os Estados Unidos do final do século XIX. Mastanduno faz essa comparação, descrevendo tanto os Estados Unidos um século atrás e a China de hoje como "um país poderoso que via a si mesmo sobretudo como uma potência regional cuja economia cresceu depressa, a ponto de ultrapassar, de forma pacífica, as economias dominantes da era anterior, e cuja relação de segurança com a potência anteriormente dominante era cooperativa".[23]

Anders Fogh Rasmussen, secretário-geral da Otan de 2009 a 2014, afirma categoricamente que, "quando os Estados Unidos recuam, terroristas e autocratas avançam".[24] Contudo, há pouca evidência de qualquer correlação entre a instabilidade corrente em algumas partes do mundo, como o Oriente Médio, e um papel mais cauteloso dos Estados Unidos. Muito pelo contrário, os problemas correntes na região podem ser vistos, em parte, como consequência de uma política norte-americana muito ativa sob o presidente George W. Bush. E ainda assim, em 2015, a *Economist* pôs uma bandeira estadunidense em sua capa, argumentando que o país "não pode abandonar" o Oriente Médio.[25] Apesar de um registro altamente desigual na estabilização de outras regiões, ainda existe uma forte convicção de que o envolvimento ocidental é necessário para impedir uma ruptura completa da ordem em outros lugares. O engajamento não ocidental em outras regiões, como a presença crescente da China na África e na América Latina, a interferência da Rússia no Oriente Médio ou a tentativa do Brasil de negociar um acordo nuclear com o Irã, é, por outro lado, frequentemente visto por observadores ocidentais como desestabilizador ou fortalecedor de autocratas. Essa percepção, contudo, não é compartilhada em muitas regiões do mundo. Analistas ocidentais costumam ficar surpresos ao ouvir que muitos diplomatas brasileiros, sul-africanos ou indianos, quando perguntados sobre a maior ameaça para a estabilidade internacional, não apontam para a Coreia do Norte, o Irã ou a China, mas sim para os Estados Unidos.

Portanto, para avaliar adequadamente como a ordem global vai evoluir, é necessário ir além da visão de mundo ocidentocêntrica que a literatura dominante das relações internacionais traz consigo e propor um relato mais equilibrado, que leve em consideração não só formas de excepcionalismo e centrismo estadunidenses e europeias, mas também chinesas e outras, as quais não dão a mesma importância à agência ocidental no passado, no presente ou no futuro. Da mesma forma, é necessário importar para os estudos das relações internacionais os muitos insights que a história global, uma disciplina muitíssimo menos paroquial, tem produzido.[26]

Neste livro, discuto algumas das questões mais importantes sobre o que significa a multipolarização para a ordem global futura, buscando ir além da perspectiva ocidentocêntrica. Como pode uma leitura mais equilibrada da história da ordem global mudar nossa discussão sobre o seu futuro?

O que significa a tendência de multipolarização para a distribuição de poderio militar, para a batalha por influência e para a capacidade de produzir novas ideias e definir a agenda global? Como essas mudanças afetarão as instituições internacionais? Estamos nos movendo em direção a um mundo marcado por disputas? O fim da dominação ocidental há de gerar desorientação ou tornará o mundo mais pacífico? Embora seja impossível tratar a íntegra dessas questões de maneira satisfatória, esta análise vai discutir como o ocidentocentrismo inerente à análise de muitos pensadores influentes afeta a nossa compreensão delas.

Com essas questões em mente, este livro é organizado em seis capítulos: o capítulo 1 analisa de maneira breve a ordem global pré-ocidental e a ascensão do Ocidente e do ocidentocentrismo. O capítulo 2 avalia criticamente a tão badalada "ascensão do resto" e descreve suas consequências no domínio econômico e militar, se perguntando se a ordem pós-ocidental pode ser durável e pacífica.[27] O capítulo 3 argumenta que as potências ascendentes serão muito mais capazes do que se costuma pensar de converter seu *hard power* crescente em influência real, legitimidade e *soft power*. Os capítulos 4 e 5 analisam a rede de instituições globais e regionais que as potências não ocidentais, em especial a China, começaram a estabelecer para complementar as instituições existentes e ganhar mais autonomia. Por fim, o capítulo 6 avaliará as implicações para a ordem global.

Para resumir, o livro desenvolve quatro argumentos principais, os quais organizam os capítulos.

Primeiro, nossa visão de mundo ocidentocêntrica nos leva a subestimar não apenas o papel que os atores não ocidentais desempenharam no passado (a história não é tão puramente ocidental quanto nós gostamos de pensar) e desempenham na política internacional contemporânea, mas também o papel construtivo que provavelmente terão no futuro. Com potências como a China provendo cada vez mais bens públicos globais, a ordem pós-ocidental, marcada por uma "rivalidade administrada" e o que eu chamo de uma "bipolaridade assimétrica", provavelmente não será mais violenta do que a ordem global de hoje (o capítulo 1 lida com o passado, os capítulos de 2 a 6 tratam do futuro).

Segundo, a "ascensão [econômica] do resto", em particular da China, vai permitir um aumento de sua capacidade militar e por fim de sua influência e *soft power* internacionais. Questiono o argumento comumente usado de que a China jamais se tornará uma verdadeira potência global como os Estados Unidos "porque não tem amigos",[28] assim como o argumento de que o *soft power* é, em grande parte, dependente do *hard power*. À medida que a China e outras potências emergentes forem crescendo em termos econômicos, elas serão capazes de fazer mais amigos e aliados, exatamente como fez o Ocidente no passado, oferecendo benefícios tangíveis (capítulos 2 e 3).

Terceiro, em vez de confrontar de forma direta as instituições existentes, as potências ascendentes – lideradas pela China – estão criando, sem alarde, os elementos constitutivos de uma assim chamada "ordem paralela", que de início vai complementar e um dia possivelmente desafiar as instituições internacionais de hoje. Essa ordem já está em construção; ela inclui, entre outras, instituições como o Novo Banco de Desenvolvimento liderado pelo Brics (grupo composto pelo Brasil, Rússia, Índia, China e África do Sul) e o Banco Asiático de Investimento em Infraestrutura (para complementar o Banco Mundial), o Grupo de Avaliação de Crédito Universal (para complementar a Moody's e a S&P), a China UnionPay (para complementar MasterCard e Visa), o Spic (para complementar a Swift) e o Brics (para complementar o G7). Mais de vinte iniciativas são descritas em detalhe nos capítulos 4 e 5.[29]

Quarto e último, essas estruturas não estão surgindo porque a China e outros países tenham ideias fundamentalmente novas sobre como lidar com os desafios globais, nem porque estejam buscando mudar as regras e normas; eles as criam para projetar melhor o seu poder, assim como fizeram antes deles os atores ocidentais. Elas também nascem em razão da limitada mobilidade social da ordem atual e da incapacidade das instituições existentes de integrar de maneira adequada potências ascendentes. Como parte de uma estratégia de salvaguarda, potências emergentes vão continuar a investir nas instituições existentes, reconhecendo o poder na ordem de hoje. Potências emergentes acatam a maior parte dos elementos da "ordem hierárquica liberal" de hoje, mas vão buscar mudar a hierarquia no sistema para obter privilégios hegemônicos (como o direito de agir sem pedir autorização), até o presente desfrutados apenas pelos Estados Unidos. Além disso, fugindo dos extremos fáceis e por demais simplistas de confrontar a ordem existente ou aderir a ela, a criação de várias instituições sinocêntricas vai permitir à China adotar o seu próprio tipo de multilateralismo competitivo, escolhendo cuidadosamente entre estruturas flexíveis, de acordo com seus interesses nacionais (capítulo 6).

O OCIDENTOCENTRISMO AFETA o modo como vemos o mundo e como interpretamos os acontecimentos políticos contemporâneos. A manifestação mais visível disso é o mapa Mercator (Mapa 0.1), hoje globalmente aceito, que distorce o mundo a favor do Ocidente, fazendo as regiões mais próximas à linha do equador parecerem muito menores do que na realidade são. A Groenlândia, por exemplo, aparece tão grande quanto o continente africano, e muito maior que a Índia e o Irã. Até a Escandinávia parece maior que a Índia.

Não obstante, enquanto a área da Groenlândia é de 2.166.000 km², a extensão da África é de 30.370.000 km² – catorze vezes maior. Mesmo a Índia (3.287.000 km²) é significativamente maior do que a Groenlândia ou a Escandinávia (928.000 km²). Embora nenhum mapa bidimensional possa projetar o mundo de modo adequado, o mapa Hobo Dyer (Mapa 0.2) representa melhor o tamanho real de cada continente, mostrando a vasta extensão da África em comparação com a Europa.

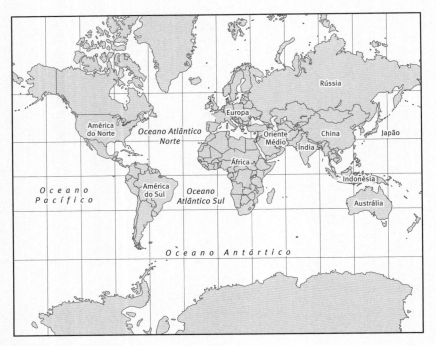

MAPA 0.1. Mapa Mercator

Ainda mais desconcertante para alguns de nós, em países como a Argentina e o Uruguai, não é inteiramente incomum vermos mapas que a maioria dos europeus descreveria como "de cabeça para baixo". Embora possam parecer incomuns, eles não são menos adequados ou realistas do que os mapas que põem o Norte no alto da carta (Mapa 0.3).

De forma paradoxal, o ocidentocentrismo não é limitado aos analistas ocidentais. Com efeito, pensadores antiocidentais são igualmente, ou às vezes até mais, ocidentocêntricos e marcados por uma grande ignorância dos assuntos não ocidentais. Por exemplo, embora estudantes no Quênia, na Indonésia e no Paraguai aprendam sobre Napoleão, eles nada sabem sobre a imperatriz Tseu-Hi, que dominou os assuntos chineses por boa parte do século XIX e cujas ações são cruciais para se entender a China moderna. Grandes líderes não ocidentais que tiveram pouco envolvimento com o Ocidente, como Kangxi, líder da China entre 1654 e 1722, ou Ahuitzotl

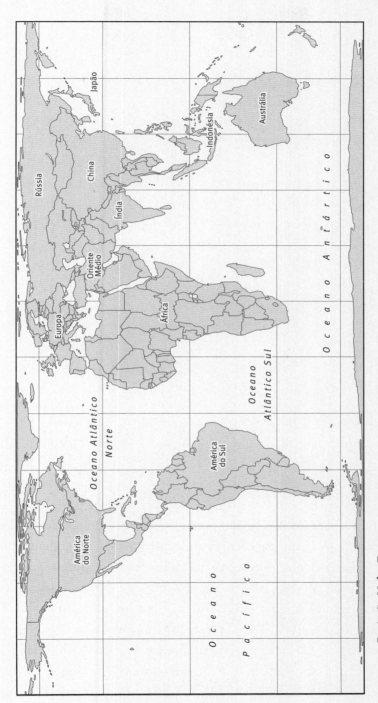

MAPA 0.2. Projeção Hobo Dyer

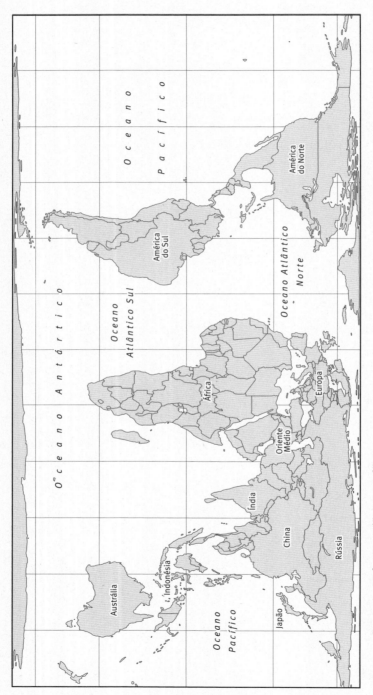

MAPA 0.3. Projeção Hobo Dyer/"Mapa Sul"

(líder asteca de 1486 a 1502), costumam ser completamente ignorados, e não só no Ocidente, mas em toda parte mundo afora. Contudo, seus legados e impactos são decisivos para compreendermos como as potências não ocidentais se conduzem hoje e se conduzirão no futuro.

Por exemplo, embora a maior parte dos livros sobre história mundial escritos por estudiosos de relações internacionais nos Estados Unidos analise as consequências na Europa da derrota da Rússia para o Japão em 1905, muito poucos incluirão o fato de que a vitória militar do Japão – uma das primeiras vezes que um exército não ocidental derrotou uma potência ocidental moderna (outras incluem a vitória militar da Etiópia contra a Itália uma década antes) – lançou ondas de choque através da Ásia e energizou pensadores importantes em todo o continente. Rabindranath Tagore, Sun Yat-sen, Mohandas Gandhi, Jawaharlal Nehru aos seus dezesseis anos, o jovem soldado Mustafa Kemal (que posteriormente se tornaria Atatürk – "pai dos turcos") e o estudante Mao Tsé-Tung ficaram todos em êxtase, sonhando com a ascensão da Ásia. Crianças recém-nascidas foram denominadas Togo, em homenagem ao almirante japonês vitorioso na batalha de Tsushima. Cemil Aydin escreve que "o momento global da guerra russo-japonesa influenciou a história internacional ao despedaçar de uma vez por todas o discurso europeu estabelecido sobre hierarquia racial, deslegitimando assim a ordem mundial existente e encorajando visões alternativas".[30] O exemplo japonês mostrou que povos não ocidentais eram capazes de se modernizar sem perder sua identidade cultural. É precisamente esse tipo de informação que é necessário para que se possa apreender a dinâmica global, compreender as tendências contemporâneas e prever de maneira significativa os eventos futuros.

Paradoxalmente, portanto, um mundo pós-ocidental tem grandes chances de soar estranho até para intelectuais da Ásia, da África e da América Latina, haja vista eles também terem perspectivas amplamente ocidentocêntricas (com frequência do tipo antiocidental). Ambos os lados – os enamorados pelo Ocidente e os pensadores pós-coloniais que responsabilizam o Ocidente por todos os infortúnios da história – sofrem uma fixação ocidentocêntrica que é inútil para interpretar o passado, o presente ou o futuro. Mesmo a Rússia, a crítica mais virulenta do Ocidente, é profundamente ocidentocêntrica, na medida em que o que ela luta para recuperar sob o entulho das distorções liberais é pouco mais do que uma imagem espelhada do Ocidente, tal como ele é visto através das lentes do senso comum russo. A antagonização da "falsa" Europa (que sofre do que os russos veem como tendências "pós-cristãs", tais como homossexualidade e ateísmo) se traduz na construção de uma Europa "verdadeira" centrada na Rússia, não numa alternativa não ocidental genuína.[31]

Os perigos do ocidentocentrismo no debate contemporâneo

Por que tudo isso importa? Ir além das perspectivas ocidentocêntricas nos permite reconhecer múltiplas interpretações da ordem global, assim como questões primordiais que vão de intervenção humanitária (e o conceito da Responsabilidade de Proteger – R2P)[32] até o agrupamento do Brics e a provisão de bens públicos globais pelas potências emergentes. Isso é importante porque visões não ocidentais sobre acontecimentos internacionais relevantes costumam receber pouca atenção.

A intervenção na Líbia em 2011, após a Resolução 1973, fornece um exemplo útil. Enquanto os observadores dos Estados Unidos a descreveram como uma "intervenção modelo",[33] para os países do Brics, o Ocidente tinha quebrado as regras, transformando a Responsabilidade de Proteger em missão de mudança de regime.[34] A crítica do Brasil e da Índia sobre a maneira como a Otan conduziu a intervenção na Líbia foi recebida com surpresa em Washington, em função da visão profundamente enraizada de que, visto que as potências ocidentais têm capacidade de liderar intervenções "duras" e mostram disposição de pôr seus soldados em perigo, os demais países contam com uma legitimidade apenas limitada para participar do debate sobre esse tipo de questão.[35] Contudo, para Brasília, Déli e Pretória, a maneira como o P3 (grupo formado pelos três países ocidentais que são membros permanentes do Conselho de Segurança da ONU: Estados Unidos, França e Reino Unido) lidou com o assunto – incluindo a decisão da França de fornecer armamento aos rebeldes quando um embargo de armas estava em curso, e a relutância em compartilhar informação sobre a campanha de bombardeio ou quando ela ia parar – simbolizou uma mentalidade unipolar que pouco se importa com regras e normas quando interesses reais estão em jogo, salientando o aspecto não inclusivo da ordem global de hoje.

Do mesmo modo, a iniciativa da Turquia e do Brasil de negociar um acordo nuclear com o Irã foi em parte rejeitada pelos Estados Unidos, pois, aos olhos do governo em Washington, esses países careciam de legitimidade para assumir a liderança num assunto tão sensível (ou de poder para implementar tal acordo).[36] Charles Kupchan, um pesquisador do Conselho de Relações Exteriores (CFR) escreve que a decisão do então presidente brasileiro, Lula, de se encontrar com o presidente iraniano Mahmoud Ahmadinejad serve como prova de que o Brasil "não aceitaria a ordem global ocidental".[37] As disputas da Turquia com Israel seriam supostamente evidência de que a Turquia "estava se afastando do Ocidente", e a postura de votação da Índia na ONU mostra que "seus interesses e seu status de potência emergente são determinantes mais importantes de sua política externa do que suas instituições democráticas", implicando, assim, que as instituições democráticas dos Estados Unidos seriam de algum modo mais importantes para os formuladores de política norte-americanos do que seu interesse nacional. Contudo, a história da política externa dos Estados Unidos está semeada de casos em que parcerias fortes com regimes não democráticos foram estabelecidas para promover o interesse nacional norte-americano: por exemplo, no Oriente Médio, onde a Arábia Saudita continua a ser um importante aliado dos Estados Unidos. Esse argumento altamente estadunidocêntrico mostra como será difícil para os formuladores de política em Washington se adaptar a um mundo verdadeiramente multipolar no qual os Estados Unidos serão apenas um entre vários grandes atores.[38] O comportamento de Brasil, Turquia e Índia não foi de modo algum antissistêmico, mas ainda assim esses países foram acusados de não se comportarem de acordo com os interesses norte-americanos. Somente aqueles que consideram a liderança dos Estados Unidos, em vez das regras e da funcionalidade do sistema, como o elemento decisivo da ordem de hoje dirão que as potências emergentes são revisionistas.

Do mesmo modo, o conceito de Responsabilidade de Proteger e a totalidade do debate sobre soberania são estruturados em torno da noção de difusionismo ocidental. A R2P costuma ser vista como um conceito ocidental, e analistas ocidentais muitas vezes apontam para potências não ocidentais "revisionistas" e "irresponsáveis", relutantes em compartilhar o fardo e realmente sustentar a R2P. A maioria dos observadores ocidentais vê a R2P, em essência, como uma expressão do pensamento ocidental liberal esclarecido. Para eles, o principal desafio é convencer as potências emergentes da utilidade do conceito. Como Hedley Bull e Adam Watson argumentam na frase de abertura de seu trabalho seminal, as regras e normas de hoje são essencialmente vistas como "a expansão da sociedade internacional dos Estados europeus para o resto do globo".[39]

Isso negligencia as origens em parte africanas da R2P e o fato de que todos os governos, inclusive os do Brics, se comprometeram com a R2P na Cúpula Mundial da ONU de 2005, tornando-a um verdadeiro conceito internacional. Embora em geral se pense que potências emergentes não ocidentais sejam relutantes em relação à R2P, as visões das potências ascendentes sobre a questão são muito mais nuançadas. Acusações comuns descrevendo o Brics como irresponsáveis são equivocadas, pois as potências emergentes apoiaram a R2P na vasta maioria dos casos.[40] Além disso, como escreve Isaac Terwase Sampson: "Apesar de alardeada como um novo paradigma na resposta internacional a catástrofes humanitárias sérias, elementos do que é conhecido como R2P já estavam institucionalizados na África, particularmente na região da Comunidade Econômica dos Estados da África Ocidental (Cedeao)."[41] Embora muitos analistas políticos em todo o mundo ainda confundam R2P com intervenção humanitária (a R2P é muito mais ampla e também envolve o dever de um Estado de proteger a sua população), a "Cedeao já desenvolveu e iniciou a operacionalização de seu mecanismo sobre prevenção, administração e resolução de conflitos com sucesso apreciável".[42]

Essa dicotomia equivocada de um Ocidente todo-poderoso contra um resto reativo não se limita aos defensores da R2P. Os críticos do conceito são divididos em dois grupos. O primeiro faz parte da "esquerda ocidental politicamente correta", como escreve Rahul Rao, "tão envergonhada dos crimes do imperialismo ocidental que se vê incapaz de denunciar as ações de regimes do Terceiro Mundo".[43] O segundo, frequentemente baseado no Sul Global, encara o conceito como uma trama imperialista dos poderosos para disfarçar intervenções militares conduzidas para defender interesses econômicos. Ambos os grupos erram por considerar o princípio da R2P como um conceito ocidental que serve a interesses ocidentais, esquecendo as importantes contribuições dadas por pensadores e líderes não ocidentais para desenvolvê-lo.

O argumento de que potências não ocidentais são categoricamente contrárias a intervir nos assuntos de outros países para proteger direitos individuais não é apoiado pela evidência histórica. Em 1964, a Índia foi o primeiro país a introduzir formalmente a questão do apartheid na ONU. O Brasil organizou o primeiro seminário importante da ONU sobre o apartheid em 1966, evento que contribuiu para uma iniciativa na Assembleia Geral visando isolar a África do Sul em âmbito diplomático – uma postura altamente intervencionista então criticada por muitas potências ocidentais. Do mesmo modo, a intervenção da Índia no Paquistão Oriental em 1971 – que ajudou a deter o genocídio da população local – foi vigorosamente criticada por potências ocidentais e levou ao isolamento diplomático temporário do país. Foi somente graças ao veto soviético que o Conselho de Segurança da ONU não condenou a Índia. Assim, a dicotomia crua "Ocidente contra o resto" e a crença de que a R2P é ocidental (implicando uma necessidade de convencer atores não ocidentais da sua utilidade) são inúteis de uma perspectiva histórica, teórica e política.

Da mesma maneira, ao falar da provisão de bens públicos no campo da segurança, as contribuições de nações não ocidentais são com frequência desconsideradas. Por exemplo, nas últimas décadas, a China se tornou a maior contribuidora isolada para as operações de manutenção da paz dos membros permanentes do Conselho de Segurança da ONU. Ela está organizando uma força de paz permanente de 8 mil soldados, se comprometeu a doar 100 milhões de dólares ao longo dos próximos cinco anos à União Africana, para a criação de uma força de resposta de emergência, e vai contribuir com 1 bilhão de dólares ao longo dos próximos dez anos para o estabelecimento de um "fundo de paz e desenvolvimento" China-ONU.[44]

Em 2015, cerca de um quinto de todas as forças de manutenção da paz da ONU vinha da China. A Índia fornece ainda mais soldados. No campo da antipirataria no oceano Índico, a China está dando uma contribuição significativa com suas forças navais. À diferença dos Estados Unidos, o país não acumulou nenhuma dívida com a ONU ao longo dos últimos anos. Mais recentemente, o governo chinês enviou um batalhão ao Sudão do Sul, e há uma presença de conselheiros militares chineses no Iraque para ajudar a estabilizar o país. Embora não haja consenso sobre os números exatos, a China vem fornecendo, há décadas, montantes significativos para ajuda em desenvolvimento e humanitária, e lançou recentemente uma série de iniciativas para fortalecer vínculos de infraestrutura em sua região, como a estratégia Um Cinturão, Uma Rota, que será descrita em detalhe no capítulo 5. Do mesmo modo, a Índia é uma assim chamada "doadora emergente", com um número crescente de projetos de ajuda tanto em sua vizinhança como na África. Por fim, pela primeira vez, a China designou seu ano de pico – 2030 – para emissões de carbono. Isso não significa que o engajamento global da China (ou da Índia) seja impecável ou sequer positivo de uma perspectiva total, mas serve como advertência de que a segunda maior economia do mundo, junto com outras potências emergentes, já não pode mais ser facilmente categorizada como "parasita", "ociosa" ou "predadora emergente", como sugerem tantos analistas ocidentais para sustentar o espectro do caos pós-ocidental. Simplesmente, já não é mais possível dizer que a China não assume responsabilidades internacionais, ou que seu comportamento está em desacordo significativamente maior com as regras e normas de hoje do que o dos Estados Unidos.

Em vez de avaliar de maneira objetiva a contribuição de bens públicos globais das potências emergentes, o ocidentocentrismo se concentra em esperanças de um colapso político da China. De uma perspectiva ocidental, é difícil entender como o Partido Comunista chinês foi capaz de manter o poder por tanto tempo, pois isso contradiz a expectativa amplamente aceita de que o crescimento econômico anda par a par com a ocidentalização e a democratização – mesmo que exista muito pouca evidência histórica dessa afirmação.[45] Aaron Friedberg, um professor de Princeton com alguma experiência em políticas públicas, escreve que "o objetivo último da estratégia norte-americana é apressar uma revolução, ainda que uma revolução pacífica, que vai varrer o Estado unipartidário autoritário da China e deixar uma democracia liberal em seu lugar".[46] Ao afirmar que, quando acontecerem mudanças políticas de longo alcance na China, "alguma coisa elas deverão ao engajamento de longo prazo da América", ele exagera enormemente a influência dos Estados Unidos nos assuntos internos chineses. Ao acreditar que uma China democrática aceitaria a ordem liderada pelos Estados Unidos, Friedberg não reconhece que mesmo uma China liberal e democrática buscaria hegemonia regional e trabalharia para limitar a influência estadunidense na Ásia. O que há na China é um amplo consenso de que a queda do país de sua posição de primazia é um erro histórico que deve ser corrigido.[47]

O Brics não é uma miscelânea

A ascensão do arranjo Brics propicia um estudo de caso conclusivo e útil sobre como o ocidentocentrismo distorce nossa capacidade de avaliar desenvolvimentos políticos de maneira adequada. De início, os analistas ocidentais tinham o hábito de descrever o Brics como "um quarteto discrepante",[48] uma "miscelânea"[49] ou um "arranjo bizarro".[50] A ideia do Brics como um bloco, segundo essa narrativa, era profundamente errada; os países-membros do Brics eram considerados diversos demais para um dia poderem atuar em uníssono.[51] Com a institucionalização do arranjo, alguns especialistas hoje encaram o Brics como uma ameaça potencial para o domínio ocidental e se limitam meramente a analisar suas reuniões de cúpula presidenciais anuais, embora o bloco seja muito mais que isso. Na verdade, a história do arranjo Brics pode ser dividida em três fases. Na primeira (2001-7), a sigla "Bric" (então ainda sem a África do Sul) significava pouco mais que uma categoria de investimento inventada pela Goldman Sachs. A segunda fase (2008-14) assistiu à emergência do Brics como plataforma política, ainda que de natureza amplamente informal. A transição para a terceira fase começou em 2015, marcada por um processo de institucionalização e pelo lançamento do Novo Banco de Desenvolvimento.

Hoje, os países do Brics veem o grupo como um instrumento para fortalecer as relações Sul-Sul e um meio para se adaptar a uma ordem mais multipolar, o que é sublinhado por mais de vinte reuniões intra-Brics por ano, em áreas tão diversas quanto agricultura, saúde e educação. Esses encontros costumam ser as primeiras instâncias nas quais os Estados-membros se incumbem de um número amplo de questões.[52] Entretanto, em vez de uma postura de neutralidade ao analisar o impacto potencial das instituições criadas por potências emergentes – como o Novo Banco de Desenvolvimento (NBD) ou o Banco Asiático de Investimento em Infraestrutura (BAII), liderado pela China –, a primeira questão que costuma ser feita é se elas irão minar ou prejudicar a ordem existente.[53] Embora estudiosos ocidentais concordem que as potências emergentes são importantes em âmbito individual, para a maioria dos analistas na Europa e nos Estados Unidos, o arranjo (como fenômeno institucional) desses países é pouco mais que uma excentricidade efêmera fadada a desaparecer rapidamente e, por isso, merecedora de pouca atenção. O ocidentocentrismo reduz, assim, a capacidade dos analistas de interpretar, contextualizar e predizer o comportamento de potências não ocidentais ou de se envolver com elas de maneira significativa.

O termo "ordem alternativa", muitas vezes empregado no contexto de análises relacionadas ao Brics, tem uma conotação inerentemente ameaçadora, mas essa abordagem supõe de maneira equivocada que iniciativas não ocidentais tenham um efeito desestabilizador. Os países do Brics não estão atacando frontalmente a hegemonia estadunidense, mas contestam as pretensões do Ocidente de liderança contínua do sistema em vigor, que já não parece mais legítima aos olhos das potências emergentes, em especial no âmbito da governança econômica.

Embora os formuladores de política em Pequim, Déli e outros lugares no Sul Global busquem um papel maior na estrutura existente, eles entendem que as potências estabelecidas não são propensas a provê-los do poder e da responsabilidade adequados; as reformas no Banco Mundial e no FMI têm sido muito lentas e insuficientemente abrangentes. Apesar do nome, o Banco Mundial continua a ser, aos olhos das potências emergentes, uma instituição dominada pelo Ocidente, e há poucas perspectivas de que isso venha a mudar em curto prazo. A agenda de reformas institucionais da primeira década do século XXI mostrou-se um amplo fracasso. Foi essa resistência a reformas das estruturas globais que contribuiu de maneira robusta para a ascensão da ordem paralela incipiente aqui descrita. Assim como o Ocidente usou instituições internacionais como o Banco Mundial e o FMI para projetar seu poder e atrair países para a sua esfera de influência, a China e outras potências não ocidentais usarão suas novas instituições para cimentar sua recém-adquirida centralidade, estreitando laços econômicos com outros países e engendrando, enfim, uma influência política mais forte. Além disso, elas aumentarão a capacidade das potências não ocidentais de navegar no sistema internacional segundo os seus próprios interesses, escolhendo com cuidado instituições caso a caso. Em vez de criar seu próprio "conjunto distinto de regras, instituições e moedas de poder, rejeitando doutrinas fundamentais do internacionalismo liberal e, particularmente, qualquer noção de sociedade civil global que justifique intervenção política ou militar", como alguns analistas acreditam,[54] é provável que a China e outras potências emergentes construam essas instituições segundo paradigmas e interesses amplamente semelhantes àqueles das potências ocidentais – com todos os benefícios e incoerências que essas estruturas implicam.

A ordem atual: fácil de aderir – desde que como seguidor

Tudo isso aponta para uma discordância mais fundamental sobre a natureza da ordem global de hoje: para o Ocidente, uma ordem mundial que seja "fácil de aderir e difícil de subverter" simplesmente não necessita de estruturas novas. Para Ikenberry, influente pensador da Universidade de Princeton, a ordem atual é a "mais bem-sucedida da história mundial... poder e regras não são inimigos, eles podem ser amigos, e participam ambos, necessariamente, da produção da ordem liberal".[55] Não há dúvida de que a ordem global produziu benefícios notáveis para a humanidade. A conquista da China de tirar mais seres humanos da pobreza do que em qualquer outro momento da história não teria sido possível sem um contexto global em que Estados relativamente subdesenvolvidos pudessem tirar vantagem de um mercado aberto.[56] Do mesmo modo, a ordem pós-Segunda Guerra Mundial foi notavelmente bem-sucedida em evitar guerras entre grandes potências. Ikenberry designa a ordem pós-Segunda Guerra Mundial como uma "combinação distinta de comando e reciprocidade, coerção e consentimento", na qual os Estados Unidos atuam como "potência soberana liberal". Em vez de ser uma ordem liberal pura e simples (aparentada com a que o presidente Woodrow Wilson teve em mente após a Primeira Guerra Mundial), a ordem atual é construída em torno de hierarquias institucionalizadas, mas o sistema também tem enraizada em si uma "lógica baseada no consenso".

Todavia, a mistura ambígua de hierarquia e regras faz as esperanças de Ikenberry de que a China e outras potências emergentes venham a aderir à ordem atual soarem um tanto insinceras, pois ele não explicita em que lugar da ordem hierárquica a China deve supostamente encaixar-se, e implica que os Estados Unidos manteriam de algum modo a liderança. É essa a questão que desagrada os formuladores de políticas em Brasília, Déli e Pequim, quando ouvem os chamados ocidentais para que as potências emergentes se tornem partes interessadas responsáveis. Com efeito, várias potências emergentes explicitam suas queixas sobre o que consideram ser uma ordem hierárquica em que os fortes muitas vezes desfrutam de direitos especiais e na qual as instituições não oferecem espaço suficiente para emergentes – gerando desse modo, automaticamente, contestação.

Isso reflete as preocupações históricas das potências não ocidentais sobre as duas faces do nacionalismo liberal: internacionalista quando voltado para o Ocidente e imperial a expensas dos não ocidentais, uma contradição que ainda seria altamente influente em 1919, quando os éditos liberais de Woodrow Wilson não se aplicavam a povos não europeus em busca de liberdade, e em 1945, quando a retórica liberal das Nações Unidas não se aplicava às colônias francesas e britânicas. Wilson, um símbolo do pensamento liberal do século XX e hoje compreendido como um formulador de política externa visionário, proclamou notoriamente que iria "ensinar as repúblicas sul-americanas a eleger homens bons".[57] Essa ambiguidade e incoerência moral foram o calcanhar de aquiles do liberalismo, em particular no Sul Global, onde a retórica do internacionalismo liberal ainda é vista como uma folha de figueira a esconder a promoção dos interesses nacionais das grandes potências: dentro da Europa, civilização significava paz; fora dela, violência.[58] Wilson, que aspirou a construir uma ordem internacional "aberta e justa", não se limitou apenas a rejeitar a proposta do Japão de incluir igualdade racial na Convenção da Liga das Nações, mas também deixou de criticar tratados desiguais que deram privilégios extraterritoriais a potências ocidentais, por exemplo na China. O direito internacional e a governança global servem com frequência para institucionalizar novas hierarquias e gradações de soberania, para legitimar depredações de autonomia política e autodeterminação de maneiras que por vezes remontam ao imperialismo do século XIX.[59]

Com efeito, há um argumento legítimo de que a práxis contemporânea do cosmopolitismo, convencida de que o espaço internacional é seguro e precisa superar fronteiras para esclarecer as poucas sociedades atrasadas remanescentes no mundo, se apoia na distribuição desigual de poder no sistema internacional. Historicamente, cosmopolitas esclarecidos muitas vezes desenvolvem justificativas morais para os exercícios de imperialismo desse sistema. Não é uma coincidência que o discurso liberal cosmopolita tenha florescido no momento unipolar propiciado pelo fim da Guerra Fria.[60]

Nesse sentido, o fim da unipolaridade pode ser visto como uma ameaça existencial contra o projeto cosmopolita e a retórica universalista ocidental, pois o Ocidente vai carecer de superioridade material (e possivelmente, um dia, militar) para poder refazer o mundo à sua imagem. Muitos pensadores, no Ocidente e em outras partes do mundo, exprimem sua preocupação em relação à capacidade humana de evitar guerras e de engajar-se em solução conjunta de problemas num ambiente tão novo. E, com efeito, há medos legítimos quanto ao que esses desenvolvimentos vão significar para o futuro da democracia e dos direitos humanos. Autocratas de todo o mundo podem se mostrar cada vez mais indispostos a tolerar organizações financiadas sobretudo por europeus e estadunidenses que promovam abertamente a democracia no exterior, no contexto de um deslocamento global de poder das potências estabelecidas na direção de atores emergentes.[61]

O objetivo deste livro não é tomar partido entre ocidentais e não ocidentais (conceitos espinhosos, como eu tento mostrar) nem denunciar o Ocidente por crimes ou arrogâncias passados. Tais caminhos tendem a pintar um quadro perigosamente unidimensional do Ocidente. Além disso, outros atores além do Ocidente, como a China, caíram, com a mesma frequência, vítimas da soberba.[62] Afinal, o fascínio pós-moderno pela diferença, especialmente nesse contexto entre Ocidente e não Ocidente, pode levar a um foco exagerado em alteridade, o que é inútil.[63] Na verdade, eu busco mostrar que a maioria dos pensadores (tanto ocidentais como antiocidentais) exagera o papel que o Ocidente desempenhou no passado. Eu gostaria que este livro contribuísse para a discussão sobre como nos adaptar a uma ordem mais multipolar na qual decisões de grande importância não poderão mais ser tomadas por um grupo de democracias ocidentais liberais, cuja maneira de pensar é amplamente semelhante. Esta necessidade, devemos observar aqui, não depende do cumprimento das expectativas com frequência irreais de analistas sobre a trajetória de crescimento futuro da China e da Índia. A ordem pós-unipolar de hoje já nos obriga a adaptar nossas visões e opiniões, bem como as instituições que nos ajudam a lidar com os desafios globais. Numa economia global liderada pela Ásia, os conceitos de centro e periferia, de importância essencial para muitas análises econômicas e políticas da ordem global, precisarão ser ajustados em aspectos fundamentais.

Este livro argumenta que, com o poder mais equilibradamente distribuído, o mundo estará diante de uma oportunidade de fortalecer a cooperação e engajar muito mais vozes do que em qualquer outro momento na história humana, a despeito do fato de que administrar tal sistema venha a ser uma tarefa muito mais complexa. Uma vantagem adicional costuma ser negligenciada: o mundo pós-ocidental será – muito em razão do emparelhamento do mundo em desenvolvimento – mais próspero, com níveis muito mais baixos de pobreza numa escala global do que toda e qualquer ordem anterior. O que é mais necessário é um debate amplo, que abra espaço para diferentes pontos de vista e possa questionar algumas noções amplamente aceitas. Ao mesmo tempo, devemos evitar uma visão de contribuições ocidentais versus não ocidentais e compreender como ideias que surgem a partir de contextos históricos e culturais diferentes podem ter uma relevância mais ampla.[64]

Todos os povos desenvolvem e sustentam os seus próprios mitos sobre a história fundadora de sua tribo, nação ou civilização. Um elemento importante desse mito diz respeito ao porquê de o grupo ser único e por que merece um lugar especial na história global. Exatamente como qualquer outra civilização, o Ocidente desenvolveu um sentido forte de excepcionalismo e uma crença de que tem uma contribuição única a dar ao mundo.[65] Embora essas narrativas sejam normais e, até certo ponto, possam ser bem-vindas, acreditar que o fim do domínio do Ocidente levará inevitavelmente ao caos limitará nossa capacidade de identificar e explorar oportunidades futuras de cooperação.

Para além do alarmismo

Ao examinar o mundo pós-ocidental, Moisés Naím prediz que no século XXI "está se tornando mais fácil romper o poder do que consolidá-lo", prevendo uma tendência perturbadora rumo a um sistema global muito menos resiliente, com instituições nacionais e internacionais mais fracas. Se "o futuro do poder jaz em disrupção e interferência, não em administração e consolidação", escreve Naím, "podemos esperar experimentar estabilidade outra vez?".[66] "O mundo total", Kupchan prevê, "se dirige a uma dissensão global."[67] Do mesmo modo, Schweller parece resignar-se a levantar os braços em desespero e, em seguida, tornar-se filosófico: "A desordem não é necessariamente algo a ser temido ou detestado. Nós podemos, em vez disso, acatar o mundo incognoscível, acatar o nosso mundo ininteligível, a nossa luta fútil para chegar a bom termo com a sua incompreensibilidade."[68] Tal declaração é prova tanto do provincianismo ocidental quanto de uma ordem global na qual o Ocidente nunca teve realmente de entrar em relação com outros num campo de jogo nivelado e construir um diálogo genuíno. A hegemonia ocidental está enraizada tão a fundo que pensamos que de algum modo ela seja natural, o que reduz nossa capacidade de avaliar objetivamente as consequências do seu declínio.[69]

Neste sentido, temores sobre uma ordem pós-ocidental são equivocados, em parte porque os sistemas passados e presentes são muito menos ocidentais do que se costuma presumir (a ordem mundial já contém muitas regras e normas que surgiram como produto do choque entre ideias ocidentais e não ocidentais). A transição para uma multipolaridade genuína será desconcertante para muitos. Todavia, é provável que seja muito mais democrática do que toda e qualquer ordem anterior na história global, criando condições para níveis superiores de diálogo autêntico, difusão mais ampla de conhecimentos e maneiras mais inovadoras e efetivas de lidar com os muitos desafios que enfrentaremos nas décadas futuras.

1. O nascimento do ocidentocentrismo

PARA A MAIORIA DOS ESTUDIOSOS de relações internacionais, foi a ascensão do Ocidente que levou à criação da primeira ordem global na história. Os relatos dominantes da ordem mundial na história global começam com a alvorada das eras modernas, quando Cristóvão Colombo "descobriu" as Américas em 1492, um momento que marcou o começo da expansão ocidental globo afora; e em 1648, quando a Paz de Vestfália estabeleceu os Estados-nações como principal elemento constitutivo da ordem internacional. Ecoando um amplo consenso, Hedley Bull e Adam Watson escreveram que, antes da ascensão do Ocidente, "[n]ão havia sequer um único corpo consensual de regras e instituições operante através das fronteiras de quaisquer dois sistemas internacionais regionais, isto sem falar no mundo como um todo".[1] Como escreve Charles Kupchan, no século XIX, as maiores potências da Europa

> exportaram concepções europeias de soberania, administração, direito, diplomacia e comércio. Neste sentido, a Europa não só eclipsou e dominou o resto do mundo, mas estabeleceu uma ordem global baseada em valores e instituições singularmente europeias. Os europeus replicaram de maneira efetiva, em âmbito global, os princípios fundadores de sua própria ordem regional.[2]

Em *The Rise of Christian Europe*, o historiador Hugh Trevor-Roper prediz:

> Os novos soberanos do mundo, quem quer que venham a ser, herdarão uma posição que foi construída pela Europa e só pela Europa. Foram técnicas

europeias, exemplos europeus, ideias europeias que sacudiram a poeira do passado do mundo não europeu – a poeira do barbarismo na África, a poeira de uma civilização mais antiga, mais lenta e mais majestosa na Ásia; e a história do mundo, ao longo dos últimos cinco séculos, até onde tenha significância, foi uma história europeia.[3]

Para pensadores da assim chamada escola inglesa, uma proeminente teoria das relações internacionais, a "expansão da sociedade internacional" alude ao processo através do qual regras e normas europeias, inspiradas pela cristandade latina, pouco a pouco se propagaram e incluíram o resto do mundo num espaço normativo universal. Isso é muito importante para o debate sobre a ordem global, pois essa perspectiva forma os pensadores contemporâneos; e acredita-se implicitamente que conceitos como democracia e liberdade civil ainda sejam, às vezes, de algum modo estranhos ao mundo não ocidental. Escrevendo sobre o relacionamento dos Estados Unidos com as potências não ocidentais, G.J. Ikenberry e Daniel Deudney escrevem que, como "direitos humanos e democracia política não são apenas de origem ocidental, mas ocidentais em seu caráter, sua realização é incompatível com os valores essenciais de civilizações não ocidentais"[4] – uma noção também distintamente expressa por Robert Kagan, que abraçou a dicotomia entre democracia ocidental e autocracia não ocidental.[5]

As visões ocidentocêntricas típicas adotam de maneira inconsciente uma interpretação comum, embora altamente distorcida da história, baseada numa metanarrativa questionável: os povos ocidentais foram agentes do progresso, portadores de ideias novas e em geral esclarecidas, que muitas vezes ajudaram a gerar progresso em outras partes do mundo. Com efeito, nossa convicção do papel decisivo do Ocidente na história global é tão esmagadora que, quando publicou *Diplomacia*, em 1994, Henry Kissinger nem sequer se deu o trabalho de mencionar, na introdução, que seu livro era, na verdade, sobre a diplomacia *ocidental*, ignorando o resto do mundo e sua história, exceto quando isso se tornava temporariamente objeto do interesse ocidental. O livro de Kissinger não chega a ser diferente das muitas histórias mundiais escritas por estudiosos de assuntos internacionais ao longo das últimas décadas e séculos, as quais presumem que havia muito pouco que valesse a pena registrar antes do começo das descobertas da Europa e da Paz de Vestfália (com exceção da Grécia antiga).[6]

Em uma tentativa de explicar por que essa visão de mundo é tão problemática para a discussão da ordem global contemporânea, este capítulo discute três pontos. Primeiro, descrevo de maneira breve a natureza da ordem global antes da ascensão do Ocidente. Essa análise demonstra que, embora geralmente negligenciada pelos estudiosos de assuntos internacionais, havia uma ordem internacional já instalada. Além disso, conceitos como liberdade religiosa, direitos humanos e soberania já eram objeto de ampla discussão fora da Europa.[7] É necessário incluir essa informação numa análise histórica mais abrangente para entendermos o papel do Ocidente, não como criador da ordem global *per se*, mas sim como um ator plausivelmente importante. Sem dúvida, o argumento de Kupchan de que as contribuições do Ocidente foram únicas é verdadeiro – não obstante, do mesmo modo, as contribuições chinesas, muçulmanas, judaicas e africanas são únicas e nenhuma delas se desenvolveu sem ser fortemente influenciada pelas outras.

Assim, para os povos do Oriente Médio, da África e da Ásia, a ordem internacional e a globalização não começaram com a ascensão do Ocidente. Na verdade, o domínio ocidental é apenas um capítulo num processo muito mais longo. Embora pensadores ocidentais muitas vezes chamem a China de "potência ascendente" ou "potência emergente", essa descrição costuma ser vista como inadequada na China – que se vê como uma potência mundial com uma tradição muito mais longa do que qualquer ator ocidental. Afinal de contas, das catorze dinastias da China, dez tiveram exercício mais longo – cada uma delas isoladamente – do que toda a história dos Estados Unidos. Assim, o domínio global ocidental por vezes é visto como uma aberração histórica – simbolizada, na interpretação chinesa da história, pelo "século de humilhação" que hoje está em processo de ser corrigido (e, dizem os críticos, utilizado pelo governo chinês como grito de guerra para fomentar o nacionalismo).

Uma segunda seção deste capítulo analisará de maneira breve por que a Europa, uma região historicamente fraca e desunida com pouca importância econômica, começou a avançar de maneira dramática por volta de 1500, dominando posteriormente o globo, como nenhuma outra civilização jamais tinha feito. A maioria dos historiadores destaca vantagens naturais ou culturais de que a Europa se beneficiou na época, que facilitaram o surgimento de novas ideias e tecnologias. Essa análise, contudo, questiona os relatos convencionais, de que os europeus foram pioneiros independentes de seu próprio desenvolvimento e que o Oriente foi um espectador passivo. Por exemplo, Abd al-Rahman I, fundador da dinastia muçulmana que governou a maior parte da península Ibérica durante séculos, implementou políticas que contribuíram para plantar as sementes do florescimento intelectual da Europa na Alta Idade Média e no Renascimento. Essa análise é importante para a discussão, pois mostra a incorreção de noções comuns no Ocidente sobre sua origem supostamente pura. Como qualquer outra cultura, as origens da civilização ocidental são resultantes de uma interação complexa de muitos atores diferentes, muitos dos quais não ocidentais. Essa interação, e não uma imposição ou eliminação manifesta de ideias ocidentais, será a dinâmica dominante no futuro.

Por fim, este capítulo vai mostrar que, embora o Ocidente tenha se visto sitiado e adotado normas estrangeiras até recentemente, seu papel como primeira civilização dominante em âmbito global a partir de meados do século XIX fortaleceu sua autoimagem como encarnação de modernidade, uma tendência que tornou os países ocidentais extremamente autoconfiantes e, ao mesmo tempo, dogmáticos e paroquiais. O sucesso militar e econômico do Ocidente ao longo dos últimos dois séculos pareceu tão retumbante que os pensadores e formuladores de política europeus e estadunidenses acharam difícil distinguir entre modernização e ocidentalização.[8] Nessa mesma linha, o fim da Guerra Fria contribuiu para a emergência de um sentido notável de soberba, que basicamente compreendeu todas as alternativas à modernidade ocidental como becos sem saída. Acreditava-se que seria só uma questão de tempo até que as outras sociedades no mundo percebessem isso. Suprir esse pano de fundo é de grande importância para o debate contemporâneo; elementos fundamentais dessa abordagem intelectual sobrevivem hoje e afetam a maneira como os estudiosos das relações internacionais pensam a ascensão de potências não ocidentais. O resultado é uma dimensão desproporcional da percepção de autoria ocidental das regras e normas que constituem a ordem global contemporânea. Em outras palavras, uma versão ocidentocêntrica da história dirige o desenvolvimento da teoria contemporânea no campo das relações internacionais.

O ocidentocentrismo presume que o Ocidente é fundamentalmente diferente de qualquer outra coisa, e produziu a premissa intelectual que divide o mundo entre o Ocidente e o resto (ou centro e periferia). Isto rebaixa o "resto" a um agrupamento cuja característica principal é a sua alteridade, isto é, o fato de não serem ocidentais. Isto leva a uma negligência das diferenças entre os países em desenvolvimento, assim como das ricas interações que tiveram lugar entre regiões como a Ásia e a África. A difusão de ideias foi muito mais pluridirecional e difícil de categorizar do que os eixos centro-periferia geralmente utilizados podem mostrar. As ideias de Gandhi sobre desobediência civil, por exemplo, tiveram um impacto profundo no movimento afro-americano pelos direitos civis, fenômeno histórico que hoje é visto como um elemento central da autopercepção dos Estados Unidos. Algumas das ideias de Gandhi foram, por sua vez, em parte influenciadas pela visão de Tolstói de uma utopia rural autárquica.[9] Mais recentemente, pesquisadores descobriram que o projeto da Estátua da Liberdade foi influenciado pela arquitetura egípcia, que deixara forte impressão em Frédéric Auguste Bartholdi quando ele viajou para o Egito em 1855 (a estátua foi originalmente desenhada para ser um farol no canal de Suez).[10]

Por fim, ao extrapolar a força do Ocidente para o passado, com base na dominância contemporânea, estudiosos e formuladores de política começaram a acreditar que a ascensão do Ocidente foi um fenômeno puramente endógeno, que não dependeu da contribuição de outras civilizações. Uma distorção tão radical da história foi necessária para desenvolver a estrutura intelectual que alinharia as muitas ideias liberais que surgiram na Europa na época com a mais iliberal de todas as práticas: o imperialismo. Porém, como qualquer historiador poderá afirmar, nem aqui o Ocidente foi pioneiro, considerando a longa lista de casos de imperialismo na história mundial.

Ordem global pré-ocidental

É notável como o observador comum sabe pouco sobre a economia global ou a ordem global antes da ascensão do Ocidente, e quão pouco os estudiosos usam acontecimentos que ocorreram antes de 1492 ou 1648 para desenvolver suas teorias. A exceção notável é a Grécia antiga, estilizada como um tipo de precursora do Ocidente. Ao contrário do que afirma a maioria dos estudiosos, que acredita que não houve nenhum sistema econômico global antes do Ocidente, o único elemento que impediu a ordem pré-ocidental de ser completamente globalizada é que ela não incluiu o hemisfério ocidental (as Américas). A economia europeia não teve nenhum papel de liderança na criação de um sistema econômico global, mas se integrou ao sistema preexistente. A Europa, escreve Abu-Lughod, foi "um novo-rico periférico perante uma operação que já estava em curso".[11] Mais simbólico, talvez, foi o líder mongol Gêngis Khan, que, depois de chegar ao que é hoje a Hungria, em 1225, decidiu não conquistar a Europa, mas atacar a China, que ele considerava mais importante. A frota de 20 mil homens do general chinês Cheng-ho viajou para o mar Vermelho e a costa oriental da África no começo do século XV, antes que os marinheiros europeus tivessem adquirido o conhecimento navegacional para viajar para as Américas ou o Atlântico Sul.

Os europeus com frequência se envolveram com atores políticos e econômicos não ocidentais muito antes de 1492. Nos primeiros séculos da era cristã, embarcações romanas foram com frequência à parte meridional da Índia para comprar especiarias e seda, geralmente pagas com prata. Em determinado momento, o rei da Índia do Sul enviou um emissário a Roma para encontrar maneiras de lidar com problemas da balança de pagamentos do Império Romano. O comércio no oceano Índico ganhou ímpeto no século III a.C., criando condições para trocas amplas não só de bens, mas também de cultura e ideias religiosas, o que levou à difusão da religião sânscrita na região. O comércio internacional, centrado no altamente cosmopolita oceano Índico, era assim muito mais regulamentado e institucionalizado do que o comércio no Ocidente – era marcado não por pilhagens, mas por oferta e demanda. Recentemente, moedas romanas cunhadas em Colônia foram escavadas na Tailândia, sublinhando o quanto as redes de comércio eram extensas e difundidas na época.[12] A ampla disseminação das tradições legais islâmicas também ajudou a criar um conjunto de regras e normas para sustentar uma economia quase global, inclusive os instrumentos legais exigidos para crédito mercantil, um elemento importante da ordem internacional na época.[13]

Durante séculos, os comerciantes europeus foram obrigados a operar aceitando estruturas locais de autoridade política na África e na Ásia, e sob as regras e normas que davam suporte a elas. Assim foi com os impérios Chinês, Japonês e Mogol. Quando este último foi fundado, em meados do século XVI, os comerciantes europeus aceitaram posições subordinadas, assim como outros soberanos locais – o que envolveu soberanos locais jogando os europeus uns contra os outros durante as negociações para obter concessões comerciais (embora a Companhia das Índias Orientais tenha aprendido a fazer o mesmo posteriormente). Ao fazê-lo, eles aceitavam a soberania e a legitimidade dos soberanos mogóis, o que, assim, representava a existência de um sistema internacional com regras e normas aceitas antes da dominação ocidental. A Grã-Bretanha assinou tratados entre 1750 e 1850 com várias entidades extraeuropeias em toda a Ásia e a África, o que sugere a existência de um sistema coerente o bastante de soberania mutuamente reconhecida, isto é, a existência de uma ordem global.[14]

Mesmo depois de 1492, as transações com asiáticos ou africanos eram com frequência ditadas e negociadas com base na fraqueza e nas limitações dos europeus. Contrariamente ao senso comum, mesmo no apogeu do imperialismo, em meados do século XIX, boa parte do mundo permanecia fora do controle direto europeu. Potências ocidentais raras vezes controlaram territórios africanos em sua totalidade, dependendo com frequência de parcerias locais negociadas. Isso também significa que instituições como o comércio de escravos estavam longe de ser um empreendimento europeu autônomo. Na verdade, a prática tinha uma longa tradição na África antes da chegada dos europeus e dependia intensamente de parcerias com líderes locais africanos que colaboravam com o Ocidente, muitas vezes em termos de igualdade. Por exemplo, em Ajudá, na atual República do Benin, franceses, ingleses e portugueses construíram fortificações, mas, como escreve Law:

> Nunca houve qualquer dúvida de que os estabelecimentos europeus fossem em última análise sujeitos a controle local, e não centros independentes de potências europeias. Isso foi tratado de maneira explícita na política dos reis de Ajudá de proibir combates entre os europeus em seu reino, mesmo quando as nações estivessem em guerra na Europa.[15]

Desde o seu começo, a ordem mundial liderada pelo Ocidente não foi sempre uma imposição forçada de preferências e agendas europeias, mas uma questão de negociações e compromissos complexos, afetando normas de ambos os lados. Coisas semelhantes podem ser ditas sobre a colonização britânica da Índia, que foi muito mais produto de uma busca de lucro pessoal (de ambos os lados) do que uma estratégia de longo prazo planejada em Londres. A ideia de que a Grã-Bretanha fora moralmente obrigada a trazer normas ocidentais para a Índia foi inventada muito mais tarde. Do mesmo modo, a Companhia das Índias Orientais britânica não construiu a administração da Índia a partir do nada: antes, foi o sistema de renda mogol que propiciou os meios financeiros necessários para construir um *raj* subcontinental no século seguinte à Batalha de Plassey (1757).[16] Mesmo no apogeu de seu poder, as potências coloniais europeias fracassaram em estabelecer domínio territorial efetivo e não transformaram fundamentalmente a Ásia.

De muitas maneiras, regiões não ocidentais foram mais desenvolvidas do que a Europa ao longo dos séculos. No século VII, a Ásia possuía uma universidade moderna (chamada Nalanda, na Índia) com cerca de 10 mil estudantes, oferecendo cursos de filosofia budista, línguas, literatura, arquitetura, medicina e saúde pública, entre outros. Depois de mais de sete séculos de ensino, Nalanda e outras instituições de educação superior em torno de Pataliputra foram demolidas nos anos 1190 por exércitos turcos invasores. Todo o corpo docente e os monges foram mortos e todos os seus símbolos – estátuas budistas e uma biblioteca de nove andares – foram completamente destruídos. Na época, a Europa não tinha nada comparável: Nalanda cessou de existir entre a fundação de Oxford em 1167 e o estabelecimento de Cambridge em 1209.[17]

Em 1650, Istambul, com seus 700 mil habitantes, era a maior cidade do mundo, e Pequim a segunda maior. O norte muçulmano da África também era mais urbanizado do que a Europa: Paris, por volta de 1500, tinha 125 mil, ao passo que o Cairo tinha quase meio milhão de habitantes, com a população de Fez já tendo declinado de suas 250 mil pessoas. Calicute, na Índia, tinha 500 mil, e Pagu em Mianmar e Angkor no Camboja eram cidades grandes.[18] Foi somente em 1850 que Londres substituiu Pequim como maior cidade do mundo.[19] Em 1800, o PIB per capita da China ainda era superior ao da Europa ocidental, e padrões e expectativa de vida no delta do Yangtzé eram comparáveis aos da Grã-Bretanha.[20]

A Ásia oriental foi um centro importante do desenvolvimento econômico global ao longo de toda a extensão dos séculos XVI, XVII e XVIII.[21] Segundo o historiador econômico Angus Maddison, o PIB da China em 1820 era de 228,6 bilhões de dólares – quase quatro vezes maior do que era em 1600.[22] Dados históricos mostram que a China manteve a posição de maior economia do mundo até tão recentemente quanto 1870.

Considerando que a ordem global anterior ao século XIX era verdadeiramente multipolar, há pouca razão para crer que o Ocidente foi o produtor exclusivo das ideias e normas que deram forma ao nosso sistema internacional contemporâneo. Com efeito, há muitas evidências sólidas de que elementos importantes como monopólio de autoridade política territorialmente estabelecido, regulação social da guerra e da diplomacia modernas – isto é, o estabelecimento de canais permanentes entre representantes de comunidades políticas independentes – surgiram em muitos lugares em todo o mundo, não apenas e tão somente na Europa. Como escreve Marcos Tourinho, "mesmo histórias distintamente convencionais

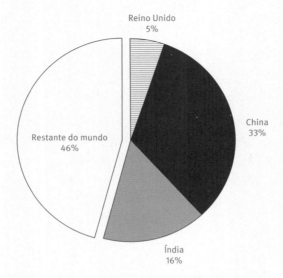

GRÁFICO 1.1. As três maiores economias do mundo em 1820, em PPC. *Fonte*: Angus Maddison[23]

do direito internacional (que são centradas na Europa e seguem a lógica geral de expansão) apontam para vários exemplos anteriores de construtos normativos análogos aos que adviriam posteriormente na Europa".[24] Isso tem particular relevância quando consideramos que o período de domínio ocidental real foi muito mais curto do que se costuma presumir. Como destaca Frank, "durante o período 1400-1800, por vezes visto como de 'expansão europeia' e de 'acumulação primitiva' levando ao capitalismo pleno, a economia mundial ainda estava sob o forte predomínio da influência asiática".[25] Sem desenvolvimentos anteriores na Ásia, no Oriente Médio e no norte da África, a ascensão da Europa não teria sido possível. Do mesmo modo, o retorno da China ao topo no século XXI ocorre, em parte, devido aos muitos avanços engendrados no Ocidente nos últimos dois séculos. Em ambos os casos, fatores endógenos, supostamente "puros", não levaram à ascensão de cada região, mas sustentaram uma interação complexa.

A ascensão do Ocidente

Após seu papel como província econômica e cultural, o Ocidente se levantou de maneira notável para assumir seu predomínio. A Europa não era mais avançada nem mais progressista do que as demais regiões antes do começo da colonização (1492), e não foi então que a superioridade cultural e tecnológica lhe permitiu expandir sua influência modernizadora em todo o planeta. Se a Europa era tão semelhante ao resto, por que saltou à frente das demais regiões?

Segundo uma visão de mundo ocidental dominante, haja vista características europeias específicas, como empoderamento do protestantismo, racionalidade, instituições, empreendedorismo, tecnologia, separação dos poderes político e religioso – em resumo, o excepcionalismo civilizacional –, estarem ausentes alhures, o resto do mundo estava destinado a permanecer estagnado. O eurocentrismo acabou desse modo imputando ao Oriente uma "lei [permanente] de não desenvolvimento". Ideias de muitos pensadores europeus importantes, como Karl Marx, seguiam essa lógica ocidentocêntrica.

A visão dominante continua a ser que o desenvolvimento da Europa pode ser explicado somente por fatores endógenos, e que a Europa ascendeu em um vácuo. Não obstante, explicações baseadas em fatores primordiais de longa duração, sejam raciais ou culturais, são insatisfatórias, teórica e empiricamente, considerando que a divergência aconteceu muito tarde. Além disso, elas tendem a fazer parte de um argumento mais amplo que interpreta a história de maneira teleológica, maneira esta que implica interpretar o passado do ponto de vista do presente, projetando sobre o passado a vantagem vigente, muitas vezes em termos quase espirituais ou mitológicos.[26] O resultado é com frequência desconcertante, na medida em que ideias são extrapoladas retroativamente, mesmo contra a evidência histórica: Samuel Huntington, por exemplo, argumentou que o estado de direito foi decisivo ao longo de toda a história do Ocidente, a despeito de, por longos períodos de tempo, "o estado de direito ter sido mais ignorado do que praticado".[27]

Há muitos exemplos que mostram que a Europa foi menos excepcional do que geralmente se supõe. Por exemplo, a promoção por Ashoka de direitos religiosos no século III está entre as primeiras defesas políticas da tolerância religiosa irrestrita, e quando um imperador indiano posterior, Akbar, fazia discursos semelhantes em Agra nos anos 1590, a Inquisição grassava na Europa e hereges estavam sendo queimados na fogueira.[28] Isso não significa que a Índia seja a "verdadeira" origem dos direitos humanos; antes, toda a discussão sobre a origem dessas ideias aponta para uma falta de compreensão do quanto a interação constante e pluridirecional formou a história global, e do quanto ideias como direitos humanos não devem ser classificadas como apenas "ocidentais" nos debates hoje em curso.

Em vez de um conjunto de fatores civilizacionais singulares, conforme destacado nesses relatos ocidentocêntricos, parece mais provável que uma combinação particular de fatores, produzindo uma janela de oportunidade, tenha permitido que a Europa lograsse êxito: crescimento mais lento na Ásia, acesso exclusivo a um montante maciço de recursos das Américas e de escravos da África, maior capacidade militar devido à rivalidade constante na Europa e nas colônias, um sistema de Estado mais capaz de abarcar inovação e industrialização.

Uma desaceleração na Ásia

Assim como a Europa após a desintegração do Império Romano, partes da Ásia entraram num período de desordem mais ou menos na época em que a Europa ascendeu. Isso foi em parte devido à sua destruição interna, como nos territórios asiáticos controlados pelos árabes que foram devastados por Tamerlão, o conquistador turco-mongol, por volta de 1400.[29] As dificuldades econômicas enfrentadas pela Ásia – em parte resultantes do fechamento dos portos marítimos chineses devido à ameaça continuada do norte – levaram à ruptura de um sistema antes sofisticado. Embora o crescimento continuasse, a região estava enfraquecida na época em que Portugal, um novo ator, entrou no oceano Índico logo depois de 1500. Os portugueses dificilmente teriam sido capazes de projetar poder no oceano Índico se tivessem chegado lá dois séculos antes. Ainda assim, os exploradores ocidentais não encontraram espaços livres de governantes e regras. Muito pelo contrário, há ampla evidência de rotas sofisticadas de comércio tanto na terra quanto no mar. Os conquistadores ocidentais se beneficiaram do saber local.

Outra explicação decisiva para o enfraquecimento da Ásia foi a desaceleração econômica da China. Depois de séculos de dinamismo, o último período da dinastia Qing (1644-1912) foi marcado por estagnação. O governo estava enfrentando desafios demais para pensar em projetos imperiais. A expansão era geralmente compreendida como um empreendimento continental, não como iniciativa envolvendo frotas, as quais eram as principais portadoras de novas ideias. Debatendo-se com a modernização de sua economia, o império mal pôde crescer no século XIX. Particularmente na segunda metade desse século, tal estagnação pode ser explicada por instabilidade política e dominação estrangeira. Além disso, o centro econômico da China estava começando a sofrer de superpopulação e de falta de terras aráveis. Havia disponibilidade de carvão, o que, em teoria, poderia ter fortalecido o desenvolvimento econômico, mas seus depósitos ficavam afastados demais dos polos econômicos, localizados no litoral.

Recursos facilmente acessíveis para as potências europeias

A Europa, comparativamente, teve melhor sorte. Grandes quantidades acessíveis de carvão foram descobertas na Grã-Bretanha. Isso diminuiu a necessidade de madeira para sustentar a Revolução Industrial no país. Ainda mais importante, a combinação singular de terras baratas e recursos naturais no hemisfério ocidental, e de trabalho barato na forma de escravos (pago com açúcar das Américas), foi crucial para fomentar a economia. A apropriação pela Europa de recursos americanos e africanos também a ajudou a recuperar o atraso, permitindo que reduzisse o déficit comercial com a Ásia. Entre 1500 e 1800, 85% da produção de prata e 70% da produção de ouro no mundo vinham das Américas. Embora estudiosos de RI costumem afirmar que a Grã-Bretanha adotou o livre comércio em seu império, as colônias não foram modernizadas, mas, antes, mantidas pobres a fim de fornecer produtos para financiar a modernização da Europa.[30] Sob dois séculos de domínio britânico, o PIB per capita da Índia cresceu 5,5% (não por ano, mas durante duzentos anos) – essencialmente, uma paralisação total –, ao passo que, uma vez que ela tenha se tornado independente, o crescimento começou a se restabelecer. Para compreender a vastidão do impacto do comércio de escravos, estima-se que a exportação de escravos, combinada com a ocupação europeia, reduziu a população da África em 50%.[31] Notadamente, os Estados chinês e indiano não tiveram acesso a nada comparável. Se as Américas tivessem sido mais acessíveis aos centros indianos meridionais do que aos centros europeus, escreve Blaut, a Índia poderia "ter se tornado a pátria do capitalismo, o lugar da revolução burguesa e a soberana do mundo".[32] Nesse sentido, a contingência foi um fator decisivo.

Superioridade militar e abertura para mudanças tecnológicas

A superioridade militar crescente dos exércitos europeus face aos da Ásia começou no princípio do século XVIII. Guerras frequentes no continente e rivalidade sobre as colônias levaram à necessidade de investir em poderio militar, e assim os governos desenvolveram sistemas de imposto sofisticados, aumentaram a eficiência de suas burocracias e desenvolveram seus arsenais – tudo isso, é claro, foi facilitado pelo comércio altamente lucrativo de escravos e de recursos naturais vindos do hemisfério ocidental.[33] Em consequência, os exércitos europeus logo ficaram muito superiores aos da Ásia. Como diz John Darwin: "Talvez não tenha sido a modernidade da Europa que triunfou, mas sim a sua capacidade superior de violência organizada."[34]

A China igualmente ocupou outros territórios, mas eles eram situados no interior, menos produtivos e demasiado distantes da costa para ter um impacto significativo no crescimento econômico. A China tampouco se envolveu em comércio de escravos numa escala comparável à da Europa. Paradoxalmente, o governo chinês teria tido uma boa desculpa para projetar seu poderio militar, visto que um grande número de chineses migrou para outras regiões. Contudo, em grande parte porque a China se via como potência continental e não como potência marítima, ela não emulou a expansão britânica. Além disso, os líderes em Pequim se preocupavam tradicionalmente mais com a coesão e a estabilidade interna, ao passo que os governos europeus eram mais propensos a assumir riscos, promovendo o capitalismo comercial, o que os tornou, no fim das contas, muito mais sensíveis às oportunidades que a inovação tecnológica oferecia.[35] A vantagem da Europa sobre a China e o resto da Ásia foi assim muito mais resultado de uma combinação fortuita de fatores do que a manifestação súbita de uma civilização superior. Com a ausência de apenas um dos fatores acima, o Ocidente dificilmente teria sido capaz de ascender da maneira como ascendeu. Não obstante, nosso entendimento da história é dominado pelo que Hobson chama de "o mito do Ocidente prístino":

> De que, por seu próprio engenho, racionalidade e características sociais democráticas superiores, os europeus foram pioneiros de seu próprio desenvolvimento na completa ausência de ajuda oriental, de tal modo que seu avanço triunfante para o capitalismo era inevitável.[36]

As fontes orientais da civilização ocidental

Passos essenciais do seu desenvolvimento não poderiam ter sido dados pelo Ocidente sem o Oriente. A importância do islã para o desenvolvimento socioeconômico da Europa provê um exemplo poderoso de quanto o Ocidente se beneficiou de contribuições de outras civilizações. Preocupado com o fato de os árabes terem chegado perto de derrotar os francos nas cercanias de Poitiers em 732, Edward Gibbon escreveu em *O declínio e a queda do Império Romano* que, se os muçulmanos tivessem ganhado a famosa batalha, a frota árabe poderia ter navegado sem combate naval, entrando na foz do Tâmisa. Talvez a interpretação do Alcorão fosse agora ensinada nas escolas de Oxford, e seus púlpitos demonstrariam a um povo circuncidado a santidade e a verdade da revelação de Maomé.[37]

Entretanto, não está claro se a célebre vitória dos francos em Poitiers (liderados pelo duque Odo e por Carlos Martel, avô de Carlos Magno) sobre a coalização árabe-berbere (liderada por Abd al-Rahman), saudada por muitos historiadores como decisiva na defesa do Ocidente contra o islã, foi mesmo benéfica para a Europa. Afinal de contas, um triunfo islâmico teria difundido conhecimento por todo o continente, inclusive astronomia, álgebra (o termo vem do livro de al-Khwarizmi, *Al-Jabr wa al-Muqabalah*), trigonometria, o sistema decimal (que evoluiu na Índia nos primeiros séculos do primeiro milênio), filosofia grega e medicina. Muito do que era conhecido no Ocidente latino sobre o mundo clássico foi transmitido para a Europa por estudiosos muçulmanos na Espanha. Levering Lewis escreve que a vitória dos francos "deve ser vista como uma grande contribuição para a criação de uma Europa economicamente atrasada, balcanizada e fratricida, que, ao se definir em oposição ao islã, fez virtude da perseguição religiosa, do particularismo cultural e da aristocracia hereditária".[38]

Com efeito, de muitas formas, a cultura medieval muçulmana era mais avançada do que a sua contrapartida europeia, e foi em parte graças à ocupação árabe da península Ibérica e às tentativas continuadas de ocupar o que hoje é a França que a ideia de Europa surgiu inicialmente. Numa crônica latina escrita em 754, o autor chamou os vitoriosos em Poitiers de *europenses*, o primeiro uso registrado de uma palavra latina para o povo da Europa. Não é de surpreender, a crônica foi escrita em al-Andalus.

Os governantes de al-Andalus implementavam uma política de pluralismo que permitia uma diversidade de costumes, crenças e instituições inigualada pelo Ocidente desde a Roma augustiniana. Embora o árabe tenha se imposto lentamente como língua do direito e do comércio, nenhuma pressão foi exercida sobre a maioria católica para que se convertesse ao islamismo. Talvez o mais simbólico dessa tolerância, na época da conquista de 711, a igreja visigótica de Córdoba foi dividida por tratado para servir a muçulmanos e cristãos sob o mesmo teto. Judeus e cristãos ocupavam posições destacadas na administração: o embaixador de Córdoba para Constantinopla, por exemplo, era um bispo católico. É claro que, apesar dos elementos liberais, al-Andalus não era uma democracia: não crentes tinham que usar insígnias de identificação e só podiam andar a cavalo mediante autorização prévia. Em alguns aspectos, como direitos das mulheres, al-Andalus era menos liberal do que o restante da Europa, particularmente depois que Carlos Magno começou a proibir a poligamia.

Todavia, foi a invasão muçulmana da "Grande Terra" para além dos Pirineus que contribuiu para o estabelecimento da identidade europeia. E não foi a batalha de Poitiers, mas, sim, uma luta interna pelo poder entre facções no seio do islã que impediu os muçulmanos de avançarem além da península Ibérica, dando a Carlos Magno o tempo necessário para consolidar seu império e desse modo assentar a fundação da civilização europeia. Com efeito, o soberano carolíngio dificilmente poderia ter combatido os saxões (notórios resistentes à cristandade) e os lombardos, na Itália, se a *jihad* tivesse continuado.

Um aspecto importante de al-Andalus sob Abd al-Rahman foi a economia monetária; o império de Carlos Magno, em contraste, era baseado em arranjos de troca e serviços, o que reduzia dramaticamente a renda dos impostos. Abd al-Rahman fez de al-Andalus o canal através do qual a ciência e a filosofia da Antiguidade clássica, preservada e aumentada na Dar al-Islam, fluiriam constantemente para o vazio ocidental. Henri Pirenne enfatizou a dependência externa da Europa quando advertiu, em 1935, que não poderia ter havido "Carlos Magno sem Maomé".[39]

Entretanto, assim como é errado ver o Ocidente como o berço da democracia e da liberdade, também é equivocado argumentar que sua origem tenha sido não ocidental. Antes, o debate em torno da origem das ideias supostamente ocidentais que levaram à criação da ordem liberal de hoje pode ser mais bem descrito pela parábola de Peter Katzenstein do "biscoito da sorte", que aponta a futilidade de atribuir origens históricas específicas a ideias amplas como democracia ou direitos humanos:

No século XIX, biscoitos da sorte eram uma invenção japonesa. Então, ninguém pensava em pô-los no mercado [no Ocidente]: nos anos 1920 e 1930, sino-americanos iam a confeitarias japonesas na Califórnia para comprar biscoitos da sorte japoneses. Nos anos 1940, os biscoitos da sorte japoneses se tornaram plenamente chineses, muito provavelmente por causa da internação dos japoneses após Pearl Harbor. Lojas dirigidas por japoneses foram fechadas ou se mudaram, e os pequenos fragmentos de sabedoria passaram a ser escritos em inglês em vez de em japonês. Nos anos 1940, os biscoitos da sorte eram comuns em São Francisco e na Califórnia moderna, apreciados especialmente por soldados de licença, que logo passaram a procurá-los em escala nacional. Em 1946, os "bolinhos da sorte chineses", como eram então chamados, foram removidos da lista de controle do Serviço de Administração de Preços. E os biscoitos da sorte abriram caminho até os restaurantes norte-americanos e, depois, até os restaurantes da Europa e de todo o mundo – exceto na China... Repletas de consequências involuntárias e de voltas e reviravoltas históricas, eis refletidas diversas práticas que atravessam e abrangem Oriente e Ocidente.[40]

Em vez de uma civilização dominando outra e impondo suas visões, trata-se sempre, destaca Katzenstein, "de dar e receber", mesmo em caso de assimetria extrema de poder. Os muçulmanos adotaram hábitos da população local da península Ibérica do mesmo modo que os europeus imperialistas adotaram uma profusão de novos traços culturais ao dominarem a Ásia e a África.

Quando o Ocidente, por sua vez, ficou mais forte e começou a dominar outras regiões, um processo pluridirecional semelhante teve lugar. A influência ocidental criou forte resistência na Ásia, inicialmente ao impedir a industrialização local, inundando os mercados com bens manufaturados europeus baratos. A chegada da medicina europeia levou a uma expansão das populações asiáticas, o que, sem o crescimento econômico correspondente, levou a um aumento da pobreza. Ao mesmo tempo, a influência ocidental levou a inovações híbridas na Ásia, de maneiras semelhantes àquelas pelas quais o islã ajudou a Europa a se modernizar. Jamal al-Din al-Afghani

O nascimento do ocidentocentrismo

(1838-97), um intelectual, pensador, viajante e ativista pan-asiático intrigado pela ascensão econômica do Ocidente, fundou vários jornais em todo o mundo árabe e buscou modernizar o islã e criar uma identidade comum para que as populações da Índia, do Egito e da Turquia pudessem competir com a Europa. Liang Qichao (1873-1929), um pensador chinês, penava para absorver algumas das virtudes do Ocidente e ao mesmo tempo manter o confucionismo, que provia a base política e social da sociedade chinesa. Poderia uma nação chinesa moderna advir sem que fosse destruída a orgulhosa identidade cultural da China? Nacionalismo ou cosmopolitismo pan-asiático, qual era a resposta? Rabindranath Tagore lidou com desafios muito semelhantes. Ele tinha dúvidas quanto a outras nações asiáticas deverem ou não seguir o Japão modernizante, que era visto como modelo por muitos asiáticos. "O Novo Japão", argumentou Tagore durante uma recepção em Tóquio com o primeiro-ministro japonês, "é somente uma imitação do Ocidente." Ele via muitas vantagens da civilização oriental sobre um Ocidente desmoralizado e desumanamente utilitário. Ao final, porém, sentindo-se chocado com as tendências expansionistas japonesas, reduziu seu entusiasmo pelas ideias pan-asiáticas.[41]

A soberba do poder e a ascensão do ocidentocentrismo

Quando os intelectuais europeus se envolveram pela primeira vez com a China, isso aconteceu num contexto de inferioridade econômica relativa. A maioria dos pensadores do Iluminismo se associou positivamente com a China e suas ideias, incluindo Montaigne, Malebranche, Leibniz, Quesnay, Wolff e Hume. Voltaire argumentou celebremente: "Se, como filósofo, alguém desejar se instruir sobre o que teve lugar no globo, precisa antes de tudo voltar os olhos para o Oriente, o berço de todas as artes, ao qual o Ocidente tudo deve."[42] Ele não estava sozinho em sua noção de que a China era a principal civilização do mundo. As elites intelectuais alemãs tinham havia muito aprendido sobre o país e passado a admirá-lo. Do mesmo modo, estudaram amplamente a religião, a literatura e a arte indianas. Em 1789, a peça em sânscrito de Kālidāsa, *The Recognition of Sakuntala*, foi traduzida para o inglês e o alemão. Johann Wolfgang von Goethe expressou seu fascínio pela cultura indiana – do mesmo modo, ele popularizou gazais persas de Hafiz e a literatura chinesa entre as elites intelectuais europeias.

Leibniz escreveu: "Na verdade, tudo que há de excelente e admirável veio das Índias Orientais... As pessoas educadas observaram que não há em todo o mundo comércio como o da China."[43] Artefatos trazidos por funcionários da Companhia das Índias Orientais eram de grande interesse para Johann Gottfried von Herder e Friedrich Schlegel. Ambos dedicaram tempo ao estudo do sânscrito, uma pedra de toque linguística e religiosa empírica para o futuro romantismo no pensamento alemão.[44] Adam Smith considerava a China um exemplar de desenvolvimento baseado no mercado, e observou, em 1776, que a China era um país muito mais rico e possuía uma economia mais desenvolvida do que qualquer parte da Europa.

Em meados do século XIX, contudo, o domínio da Europa alcançou níveis extraordinários. Na época, o começo da industrialização e do imperialismo europeus, que então alteraram profundamente a visão da Europa de seu próprio papel nos assuntos globais, levou a uma considerável deterioração da reputação da Ásia e do Oriente Médio.

Embora houvesse muitos indianófilos na hierarquia do Império Britânico no século XVIII, a postura de Londres em relação à Índia se tornou mais negativa no século XIX. James Mill, cujo livro sobre a Índia modelou o entendimento britânico do subcontinente (embora ele nunca tenha visitado a Índia), escreveu que, apesar de a Europa ter visto a Índia anteriormente como um "povo de alta civilização, ... na verdade eles só deram poucos dos primeiros passos no progresso para a civilização".[45] T.B. Macaulay explicou que ele "nunca havia conhecido [uma pessoa] ... que pudesse negar que uma única prateleira de boa literatura europeia valesse toda a literatura nativa da Índia e da Arábia".[46]

No caso da China, o ponto de inflexão foi a Primeira Guerra do Ópio, de 1839 a 1842, visto na China de hoje como o início do "século de humilhação", o qual só terminaria quando Mao Tsé-Tung proclamou a República, após derrotar o Japão na Segunda Guerra Mundial. No final do século XIX, a China era vista como a "última fronteira do colonialismo", um ator vigorosamente cobiçado, economicamente promissor, ainda que politicamente caótico e crescentemente incapaz de livrar-se da dominação estrangeira. A intriga política em Pequim e a corrupção nas províncias permitiram que os problemas sociais se inflamassem. A construção da estrada de ferro, moderna e eficiente, tirou o emprego de milhões de homens jovens que trabalhavam em setores mais tradicionais dos transportes, desencadeando instabilidade social. Uma seca severa, somada à criminalidade e à desordem econômica crescentes em reação à expansão de esferas de influência estrangeiras, levou ao surgimento de um movimento antiestrangeiro protonacionalista entre 1899 e 1901, através da Sociedade da Justa Harmonia (ou Boxers), em oposição ao imperialismo estrangeiro e ao cristianismo.

Logo em seguida, os Boxers estavam atacando estrangeiros e trabalhadores da estrada de ferro em todo o país, espalhando medo e caos, diante dos quais a imperatriz Tseu-Hi inicialmente se mostrou relutante, mas depois foi incapaz de reprimir. O assassinato do barão August Freiherr von Ketteler, um ministro alemão, e o ultimato da imperatriz a todas as legações estrangeiras para saírem de Pequim levaram por fim à guerra, as tropas da China imperial se juntando às dos Boxers. Numa tentativa de humilhar a China, unidades de exércitos estrangeiros marcharam dentro da Cidade Proibida. O Protocolo Boxer, como foi chamado o tratado de paz, foi duro, como era de esperar. Os líderes europeus ridicularizaram a civilização chinesa e forças ocidentais venceram facilmente o que os intelectuais encaravam, ainda um século antes, como a civilização mais avançada do mundo. O estado de coisas na China se deterioraria mais durante os cinquenta anos seguintes. Em 1913, o PIB do Reino do Meio estava a 241,3 bilhões de dólares; em 1950, caíra para 239,9 bilhões.[47]

A dominação do mundo traz perigos consideráveis para o trabalho intelectual, particularmente para historiadores e cientistas sociais, aumentando de maneira dramática o risco de triunfalismo. Os avanços tecnológicos da Europa e dos Estados Unidos transformaram suas sociedades, fazendo-as parecer muito diferentes de suas contrapartes asiáticas. Isso aumentou a autopercepção de estar à parte do resto do mundo; desta perspectiva, as raízes do sucesso pareciam ser muitíssimo anteriores ao que de fato eram. Foi esse aspecto, mais do que qualquer outra coisa, que mudou a natureza da ordem global. Nesse contexto, o sucesso econômico e militar da Europa tornou os intelectuais muito mais autocentrados do que haviam sido no começo do século XIX. Os europeus não esperavam nada menos que o domínio permanente do mundo. Um fenômeno semelhante pôde ser observado um século mais tarde: o fim da Guerra Fria levou pensadores nos Estados Unidos a se perguntarem se o fim da história tinha chegado – convenientemente, justo no momento da hegemonia inigualada dos Estados Unidos.

Conforme observa Goody:

> A ideia de diferença, de divergência, foi amplamente produzida pelos europeus ... nos séculos XVIII e XIX, quando a economia da Revolução Industrial na Europa deu ao continente uma vantagem econômica distinta sobre o resto do mundo ... Em outras palavras, havia um elemento forte de tecnologia por trás da afirmação europeia de que sua tradição se distinguira em tempos anteriores, nos quais se considerava que sua superioridade subsequente tinha origem.[48]

A ascensão econômica da Europa levou os pensadores europeus a adotar uma visão crescentemente distorcida do resto do mundo. Os europeus deixaram de encarar a China como exemplo e modelo e passaram a chamar os chineses de povo eternamente paralisado. Com efeito, o advento da Revolução Industrial e os primórdios do colonialismo europeu na Ásia pareceram criar uma narrativa tão irresistível que a maioria dos intelectuais se deixou seduzir pela noção de que o Ocidente havia fundado uma verdade universal e uma obrigação moral de guiar o resto do mundo. Desenvolveu-se um sentido exagerado de singularidade (embora vários intelectuais importantes tivessem interesses comerciais no empreendimento colonial).

Foi esse sentido de superioridade que levou pensadores liberais e progressistas como Bentham, Mill e Macaulay a defender as estruturas não democráticas e não representativas que a Grã-Bretanha criou mundo afora. Liberalismo e império não se contradiziam; ao contrário, estavam fortemente relacionados: no contexto do Império Britânico, Singh Mehta descreve o liberalismo como doutrinário em suas certezas, universalista, indiferente, despreocupado em compreender o que não é familiar, desatento ao que é, e interessado, em vez disso, em projetar o que será e deveria ser.[49]

Depois de 1818, quando os britânicos subjugaram os marathas, a última ameaça séria que enfrentavam na Índia, e quando os partidários whigs ascenderam nos anos 1830, o pensamento liberal assumiu uma postura paternal: uma estranha mistura de maturidade, preocupação familiar e consciência subjacente da capacidade de dirigir e, se necessário fosse, coagir. Escritores liberais na época usavam com frequência a metáfora da infância e viam a religiosidade indiana em termos de superstição. A Índia, costumava argumentar Stuart Mill, era uma "sociedade atrasada" que necessitava de tutelagem. O pensamento liberal foi basicamente moldado pela relação desigual entre a Europa e o resto do mundo. Foi aqui, em particular, que o contraste com a indiferença benigna do liberalismo tradicional em relação a identidades privadas e coletivas dos povos foi mais espetacular.

Do mesmo modo, a universalidade da liberdade associada com o liberalismo não correspondia à política sustentada de exclusão de vários grupos e "tipos" de pessoas. Tais contradições, é claro, não escaparam aos observadores. Sir Henry Maine, por exemplo, escreveu na época: "a posição paradoxal deve ser aceita no experimento extraordinário, o governo britânico na Índia, o governo virtualmente despótico de uma possessão por um povo livre". E foi assim que o liberalismo expôs a sua base excludente (como Locke escreveu, "a inclusão política depende de uma capacidade qualificada de argumentar"):[50] considerando a natureza constitutiva do impulso de melhorar o mundo, havia uma tensão constante com outras noções liberais, como a de tolerância.

A perspectiva ocidentocêntrica que emergiu no século XIX e permanece presente até hoje não se limita apenas aos pensadores ocidentais, mas também é encontrada em escritores pós-coloniais ou antiocidentais, que tendem a superestimar vastamente a importância do Ocidente na história global, contribuindo assim para um clima atitudinal que é fixado no Ocidente.[51] Hobson identifica duas subdivisões: uma imperialista e outra anti-imperialista:

> A primeira, eu chamo de "eurocentrismo paternalista", que distingue as sociedades ocidentais como agência pioneira capaz de se autogerar ou autodesenvolver rumo à modernidade, ao passo que, inversamente, concede às sociedades orientais uma agência condicional, sendo elas incapazes de se autogerar ou se desenvolver por si mesmas ... Em contraste, a variante anti-imperialista toma a forma de eurocentrismo antipaternalista.[52]

Com efeito, o ocidentocentrismo antipaternalista é obcecado pela relação extrínseca com potências ex-coloniais, a qual frequentemente ajuda aqueles que, nos países não ocidentais, buscam demonizar uma ideia, caracterizando-a erroneamente de ocidental, ignorando partes importantes de sua própria história: esse tratamento tem sido dirigido contra conceitos como democracia, ciência ou direitos humanos. Foi um instrumento poderoso entre religiosos e elites políticas conservadores nos países em desenvolvimento, reduzindo o apoio à democracia em todo o mundo (uma dinâmica que Amartya Sen chama de "a dialética da mente colonizada").[53]

O trabalho de Karl Marx é talvez o exemplo mais interessante para mostrar que o eurocentrismo definitivamente não era limitado àqueles que apoiavam o capitalismo ou o imperialismo. Em vez disso, Marx acreditava que a intervenção estrangeira no que ele chamava de sociedades atrasadas como a China e a Índia era necessária para que elas pudessem mudar. Ele afirmou:

> A sociedade indiana absolutamente não tem história, pelo menos não uma história conhecida. O que chamamos de sua história não passa da história de sucessivos invasores, que fundaram seus impérios sobre a base passiva dessa sociedade submissa e imutável. A questão, portanto, não é se os ingleses tinham direito de conquistar a Índia, mas se devemos preferir a Índia conquistada pelos turcos atrasados, pelos persas atrasados, pelos russos, à Índia conquistada

pelos bretões... A Inglaterra tem que cumprir uma missão dupla na Índia: uma destrutiva, a outra regenerativa – a aniquilação da velha sociedade asiática e a implantação das fundações de uma sociedade ocidental na Ásia.[54]

Como Marx, Hegel chamava a China de "semicivilização em putrefação", e disse que, a não ser que o Ocidente lhes levasse progresso, a Índia e a China estavam condenadas a permanecer numa "existência vegetativa perpétua e natural".[55] Essas visões constituíam uma semelhança notável entre Marx, Lênin, Rosa Luxemburgo e os capitalistas imperiais liberais da época. Lênin conferia ao Ocidente uma agência hiperimperial, enquanto a agência do resto era essencial e completamente eliminada, e seu papel reduzido ao de vítima passiva. O desejo de diálogo construtivo entre civilizações e de aprendizado mútuo, tão apreciado por pensadores anteriores, foi eclipsado pela soberba.

Marx pode ter sido crítico ao capitalismo e ao colonialismo, mas os encarava como etapas necessárias para assentar as fundações de uma nova forma de sociedade, que as sociedades não ocidentais nunca alcançariam por si mesmas. Immanuel Wallerstein, o pai da teoria dos sistemas-mundo, era igualmente eurocêntrico, vendo a ascensão do Ocidente como um fenômeno endógeno, em vez de um processo complexo que lançou mão de muitas ideias desenvolvidas alhures. Notadamente, o começo do século XX viu não apenas o ápice do ocidentocentrismo, mas também o nascimento das relações internacionais como disciplina.

O ocidentocentrismo se espalhou então mundo afora. Nacionalistas hindus, que rejeitavam a influência ocidental e promoviam valores tradicionais, não puderam escapar do fato de que o hinduísmo, tal como ele hoje figura na política indiana, é subproduto de um encontro com o Ocidente. Na verdade, os movimentos anticoloniais reinventaram o hinduísmo como religião, para que pudesse servir como defesa válida contra o Ocidente, criando assim, involuntariamente, um sistema simplificado de crenças, moldado no conceito ocidental de religião.[56]

Com efeito, o ocidentocentrismo não é de modo algum limitado, desde então, ao ambiente acadêmico, aos pensadores ocidentais. Como descreve

Ayse Zarakol, as elites não ocidentais em todo o mundo – mesmo aquelas que são críticas ao Ocidente – abraçaram a dicotomia entre atraso e modernidade: "Elas acreditaram, juntamente com seus contemporâneos europeus, que havia de fato uma diferença estrutural entre civilizações." A superioridade ocidental não era mais estruturada como uma mera vantagem material, mas sim como uma vantagem cultural, moral e social.[57] Segundo Blaut, o ocidentocentrismo contribuiu para uma compreensão muito particular da história global, fenômeno que ele chamou de "história tunelada":

> A história e a geografia histórica, como são ensinadas, escritas e pensadas pelos europeus hoje, jazem, por assim dizer, num túnel do tempo. As paredes desse túnel são, figurativamente, as fronteiras espaciais da Grande Europa. A história é questão de olhar para trás ou para baixo nesse túnel europeu do tempo e tentar decidir o que aconteceu onde, quando e por quê. "O porquê", é claro, evoca conexões entre acontecimentos históricos, mas só entre os acontecimentos que se encontram dentro do túnel europeu. Fora de suas paredes, tudo parece ser inacessível, perpétuo, tradição não questionada... O que não é Europa (África, Ásia a leste das Terras da Bíblia, América Latina, Oceania) só recebe atenção significativa como locais de atividades coloniais europeias, e a maior parte do que foi dito sobre essa região era essencialmente história do império.[58]

Isso se torna particularmente óbvio quando analisamos a história da Ásia sob domínio europeu. Enquanto a história ocidentocêntrica enfatiza o quanto foi importante a influência da Europa ao trazer a democracia para a região (ocidentocentrismo paternalista), ou o quanto ela mutilou as sociedades asiáticas permanentemente (ocidentocentrismo antipaternalista), o mais importante do que se passou costuma ser negligenciado. "A verdadeira história da Ásia no longo século XIX", escreve John Darwin, "foi uma história de persistência asiática e não de derrota asiática."[59] A China é o melhor exemplo: apesar de um século de ocupação parcial, interferência estrangeira, declínio e caos, a ideia de China sobreviveu e a China hoje ainda tem amplamente as mesmas fronteiras que nos anos 1830, quando as potências ocidentais começaram a atacá-la. O mesmo se aplica a países como Turquia, Irã, Egito e Japão, que não deixaram de existir em face da dominação do Ocidente (mesmo que alguns deles fossem muito diversos e pudessem, em teoria, ter se desintegrado). As razões para tal resiliência restam mal compreendidas ou inexplicadas na nossa história ocidentocêntrica.

O ocidentocentrismo é comum hoje na América Latina, na África e em muitas partes da Ásia, onde a história da Europa é vista como muito mais importante do que a de outras partes do Sul Global. Foi precisamente este padrão global que levou à situação extraordinária de hoje, na qual países no Sul Global não sabem praticamente nada uns sobre os outros – e, se o sabem, o conhecimento que possuem vem de fontes ocidentais: brasileiros e sul-africanos que querem aprender mais a respeito da China compram *Sobre a China*, do escritor estadunidense Henry Kissinger, e africanos sequiosos de aprender sobre a Índia leem livros como *In Spite of the Gods*, do jornalista britânico Edward Luce. Esses livros, apesar de serem excelentes, contêm invariavelmente visões ocidentocêntricas, que analisam o mundo segundo os interesses dos Estados Unidos ou da Europa, complicando os esforços feitos por aqueles nos países em desenvolvimento para expressar suas próprias opiniões sobre as questões mais urgentes, como a ascensão da China. A ascensão da China, por exemplo, é vista frequentemente no contexto de duas narrativas ocidentais concorrentes – a de que a China ascenderá e buscará minar e por fim destruir a ordem ocidental; ou a de que ela se socializará, se democratizará e selará o "fim da história", isto implicando que a democracia e o capitalismo ao estilo ocidental terão completado com sucesso a sua difusão universal. O sentimento dominante quanto à ascensão da China tanto na Europa quanto nos Estados Unidos é de medo, e os analistas ocidentais costumam advertir que o avanço da China "eclipsará" o sol do Iluminismo ocidental, que será apagado pela dominação econômica da China e por uma sombra que irá cobrir o mundo ocidental. Está longe de ser claro se este também deve ser o sentimento inicial de outras regiões, mas países como Brasil, África do Sul e Rússia ainda têm que desenvolver as suas próprias narrativas dos desenvolvimentos em curso, mesmo que iniciativas como o Brics sejam sinais de que um engajamento mais profundo esteja em andamento.

É notável a amplitude com que o ocidentocentrismo informou o pensamento convencional em assuntos internacionais. Livros populares que procuram explicar a ascensão do Ocidente, como *Armas, germes e aço*,[60] de Larry Diamond, ou *Why the West Rules – For Now*,[61] de Ian Morris, são fortemente influenciados por um determinismo geográfico e cultural. O próprio conceito de ocidentocentrismo ficou restrito a um pequeno grupo de acadêmicos. Acadêmicos que se perguntam por que chamamos a Europa de continente, a Índia de subcontinente e a China de mero país geralmente não têm prestígio e são vistos como quixotescos e motivados por ódio antiocidental (o que sem dúvida é verdade em alguns casos), mesmo que essas perguntas sejam pertinentes.

As origens da "ordem ocidental"

A distorção ocidentocêntrica é talvez mais visível quando examinamos a ascensão da ordem atual, com frequência chamada de "ordem ocidental". Um importante exemplo é a Segunda Conferência de Haia, em 1907, em que os ideais ocidentais de primazia das grandes potências entraram em choque com propostas não ocidentais de cooperação multilateral baseada em tratados, produzindo dois conceitos diametralmente opostos sobre como organizar a ordem internacional. Marcos Tourinho escreve sobre essa conferência:

> De um lado, grandes potências buscaram estabelecer, à maneira clássica europeia, um sistema de prerrogativas diferenciadas com base em seu tamanho e poder. Do outro, um grupo de Estados sul-americanos liderado por Rui Barbosa insistiu que os arranjos internacionais de governança tinham necessariamente que se fundar em um regime baseado de maneira estrita na igualdade soberana de todos os Estados. Em grande parte por causa dessa dissensão, a corte internacional de justiça compulsória não logrou concretizar-se – naquela altura, porém, ficou claro que a sociedade internacional não estava jogando exatamente pelas regras europeias.[62]

Nas décadas seguintes, indivíduos como Lloyd George, Woodrow Wilson e Winston Churchill, em geral vistos como figuras importantes na construção da ordem global depois das Guerras Mundiais, eram na prática oponentes da autodeterminação, seja baseados nas suas convicções de superioridade racial branca, seja por considerações pragmáticas que os levaram a manter suas estruturas imperiais. Mark Mazower descreve a relutância de Churchill em aceitar a legitimidade dos movimentos anticoloniais: "Churchill ... instou não meramente o bombardeio aéreo, mas o uso de gás mostarda contra 'tribos incivilizadas' na Índia e na Mesopotâmia ... Nesse ínterim, o que era eufemisticamente conhecido como 'controle aéreo' continuou a ser o principal mecanismo operacional de repressão em amplas áreas do Oriente Médio."[63]

A decisão da Grã-Bretanha de permitir que o Iraque se tornasse um país independente em 1932 definitivamente não foi baseada em princípios nobres de autodeterminação; em vez disso, os formuladores de política em Londres acreditavam que um reino fraco recém-independente seria mais fácil de controlar do que um mandato refratário. Em outros lugares, o domínio colonial entrou em colapso porque se tornou política e economicamente insustentável, não em razão de um processo ideológico nem de algum esquema benévolo predeterminado. A retirada da Grã-Bretanha da Índia foi uma escolha estratégica, que lhe permitia concentrar seu esforço em restabelecer seu império na Ásia meridional. Para Londres e Paris, as colônias eram vistas como cruciais para ajudar a financiar a reconstrução de sua infraestrutura destruída pela Segunda Guerra Mundial, depois de tropas dessas mesmas colônias as terem ajudado a evitar a derrota pelas potências do Eixo. Chamando atenção fundamentalmente para a mesma coisa, Shashi Tharoor questiona a noção ocidentocêntrica da história:

> Há um quê de opulência em oprimir, escravizar, matar, torturar e mutilar pessoas durante duzentos anos e, depois, celebrar o fato de que elas sejam democráticas ao fim disso tudo. Negaram-nos a democracia ... Nós tivemos que arrebatá-la, tomá-la [dos britânicos]. Com a maior das relutâncias, ela foi levada em conta no caso da Índia, após 150 anos de domínio britânico.[64]

Em resumo, foram ativistas e formuladores de política não ocidentais em todo o mundo, e não pensadores ocidentais, que transformaram o princípio da autodeterminação em um direito. Visto que a luta anticolonial precedeu as ideias de autodeterminação de Wilson, é errado argumentar que pensadores não ocidentais apenas se apropriaram de uma ideia nascida originalmente no Ocidente, na qual não tinham pensado antes. O sucesso dos líderes anticoloniais criou um sistema normativo global, superando os obstáculos criados pelo direito internacional ocidentocêntrico e reinterpretando a Carta da ONU, que fora desenhada para manter o sistema colonial e a dominação branca. Quando os movimentos anticoloniais utilizaram a ONU como sua plataforma principal, os líderes imperiais da Europa criticaram a instituição. Charles de Gaulle chamou as reuniões da ONU de "não mais que sessões tumultuosas e escandalosas, onde não há como organizar um debate objetivo, pois as sessões são repletas de invectivas e insultos".[65]

Potências não ocidentais também influenciaram questões de soberania e de igualdade de todas as nações. Embora os Estados Unidos considerassem propor um sistema de votação ponderada durante a criação da ONU, hoje cada Estado tem um voto na Assembleia Geral da organização devido à resistência dos Estados menores. Países como o Brasil e o México também foram decisivos ao promover a filiação universal na ONU quando o processo de descolonização começou, enquanto a Índia liderava a campanha para pôr questões de discriminação racial e desigualdade na agenda da ONU.

Depois da criação da ONU, a ordem liderada pelos Estados Unidos não foi, como frequentemente se pensa na Europa e nos Estados Unidos, uma expansão unidirecional e bem-vinda das ideias ocidentais para o resto do mundo, mas um processo complexo de negociação. Potências menores foram com frequência coagidas a aceitar a liderança política e econômica dos Estados Unidos. Em muitos países em todo o mundo, líderes democraticamente eleitos foram derrubados quando se considerou que representavam uma ameaça à hegemonia norte-americana. Por exemplo, para a liderança latino-americana de hoje, o golpe contra Salvador Allende no Chile foi um dos acontecimentos mais marcantes na sua formação. Foi esse elemento violento que marcou o primeiro contato de vários líderes políticos de hoje no Sul Global com a ordem global liderada pelos Estados Unidos.[66]

Assim, as potências ocidentais nunca tiveram em mente um sistema normativo de Estados iguais (o elemento da ordem de hoje), e, até os anos 1960, buscaram ativamente evitar tal resultado. Kupchan e outros estão certos ao indicar que os movimentos anticoloniais adotaram o estilo europeu de Estado-nação para se livrarem de seus senhores coloniais. Contudo, a agência, nesse caso, não estava no Ocidente, mas amplamente nas ex-colônias, como já mencionado. Por isso, seria errado afirmar que a ordem global de hoje é apenas o produto do pensamento esclarecido ocidental. A expansão de ideias ocidentais nunca foi a lógica dominante – em vez disso, tratou-se antes de um processo muito menos estruturado de contestação, apropriação e adaptação, o qual levou à criação de algo inteiramente diferente.[67] Isso sugere que expressões como "mundo ocidental" (e, em certa medida, "mundo pós-ocidental") sejam culpadas de ocidentocentrismo, mesmo que a expressão "mundo pós-ocidental" denote o fim do domínio ocidental, isto é, da "ordem liderada pelo Ocidente".

Isso mostra que, mesmo que atores não ocidentais possam um dia concentrar poderes como outrora fez o Ocidente, os formuladores de política de Pequim não seriam capazes de impor suas visões nem de projetar suas interpretações de regras e normas globais sobre os demais. Isso mostra, na verdade, que os poderosos tendem a lutar com todas as forças para ter as coisas feitas ao seu modo. Em vez de impor ou sofrer imposição, as regras globais futuras continuarão a ser produto de contestação e negociação intensivas, construindo-se sempre a partir de sistemas de regras precedentes. Novas ordens raras vezes surgem a partir de cancelamento ou destruição completa de estruturas existentes. Os elementos velhos continuam vivendo e se tornam o material a partir do qual se desenvolve a reestruturação, quando atores antes periféricos se tornam atores centrais no novo sistema. Uma análise da criação da ordem pós-Segunda Guerra Mundial confirma isso: em vez de uma organização completamente nova que rompeu com o passado, a ONU pode muito bem ser vista como uma adaptação das estruturas existentes, como a Liga das Nações. Do mesmo modo, não é provável que a China – país que parece preparado para ocupar um papel mais proeminente numa ordem pós-ocidental mais multipolar – vá cancelar ou destruir as regras, normas e estruturas hoje existentes. Em vez disso, ela vai modificá-las segundo seus interesses, construindo com base no passado, como fez qualquer grande potência com capacidade de modelar sistemas, como os Estados Unidos.

Conclusão

Nossa decisão de ignorar a ordem global pré-ocidental engendrou uma impressão subjacente de que foi preciso o ativismo global do Ocidente para criar ordem numa escala global e que foi essencialmente o Ocidente que inventou a globalização. A compreensão de que a ordem global de hoje não é puramente ocidental em sua origem nos ajuda a desenvolver teorias melhores sobre por que potências emergentes não são inclinadas a derrubá-la: ela não é tão estranha a elas quanto sugere a nossa perspectiva ocidentocêntrica. Elas têm um interesse investido considerável nas regras e normas dão suporte à ordem atual. É a liderança ocidental, não a essência do nosso sistema, que as potências emergentes desafiarão, uma vez que se encontrem em posição material para tanto. Só aqueles que encaram a hegemonia ocidental como essencial, em vez de uma ordem em exercício, vão encarar desenvolvimentos futuros como uma ameaça.

Pode até ser de conhecimento comum entre historiadores ocidentais que o Oriente teve um papel importante como fonte de criatividade científica. Entretanto, as entidades orientais não são vistas como comparáveis em importância com o Ocidente vanguardista, encarnação última da modernidade.[68] Essa noção é tão abrangente, tanto no Ocidente como em outras partes do mundo, que a liderança da norma por potências não ocidentais ainda é considerada estranha. A cooperação entre potências não ocidentais é vista como negligenciável ou como ameaçadora, pois há uma expectativa de que todas as relações e discussões importantes em assuntos internacionais sejam mediadas pelo centro.

Ao longo da história, o Ocidente não foi o único centro de poder a interpretar a história de maneira seletiva. A China foi claramente vítima dessa mesma soberba e egocentrismo, e, por muito tempo, seus líderes se consideraram o Reino do Meio (como seu próprio nome – 中国 / Zhōngguó – implica). Isso é simbolizado por uma carta hoje célebre escrita em 1793 por Qianlong, imperador da China, ao rei Jorge III, na qual ele desenha a relação da dinastia Qing com a Grã-Bretanha numa perspectiva diplomática sinocêntrica.[69] Do mesmo modo, a análise acima não significa diminuir o papel crucial do Ocidente na construção da ordem global. Ainda assim, como mostra a referida análise, a assim chamada "ascensão do resto" engendra a falsa impressão de uma transmissão de poder para quem nunca participou ativamente na criação das regras e normas globais. Muitas considerações teóricas de pensadores ocidentais são implícita ou explicitamente baseadas na presunção de que o Ocidente foi o responsável exclusivo pela criação da ordem de hoje, e de que tenha, dentro dela, uma percepção singular de propriedade. Isso não poderia estar mais longe da verdade. De fato, uma análise cuidadosa revela que até mesmo os elementos básicos da ordem global atual – como o Estado-nação – não surgiram graças a ideias europeias e sua subsequente difusão, mas, sim, *apesar* da influência dos modelos altamente hierarquizados de ordem desenvolvidos na Europa.[70] Mesmo pensadores antiocidentais ou pós-coloniais operam dentro de uma visão de mundo limitada que tem no Ocidente a sua principal dimensão, e também costumam superestimar o papel que o Ocidente desempenhou no passado. Essa visão histórica mais ampla nos ajuda a compreender que o processo corrente de multipolarização é muito menos extraordinário, ou ameaçador, do que se costuma acreditar.

2. Deslocamentos de poder e a ascensão do resto

IDEIAS COMO A DA "ascensão do resto", como mostramos no capítulo anterior, são ocidentocêntricas na medida em que exageram o grau em que a ordem global é de origem ocidental. Além disso, como observa Amartya Sen, ao dividir o mundo em linhas civilizacionais separadas, "o poder divisivo de prioridade classificatória é usado de maneira implícita para colocar pessoas firmemente dentro de um conjunto único de compartimentos, subestimando a vasta influência mútua entre elas".[1]

Todavia, desde que seu viés ocidentocêntrico seja reconhecido como uma importante advertência, o uso da expressão pode ser justificado. Afinal, "mundo ocidental" pode não se referir necessariamente à origem da ordem global, mas à concentração histórica de poder econômico e militar no Ocidente depois do fim da Guerra Fria e na virada do século XXI, o que pode ser mais bem descrito como "ordem sob liderança ocidental". O título do livro diz respeito ao fim próximo dessa concentração pouco usual, e não a um mundo no qual as regras e normas de hoje não importem mais. Do mesmo modo, portanto, a expressão "ascensão do resto", embora crua e imprecisa, pode ser usada como forma abreviada indicativa da descentralização em curso do poder econômico, desde que seus usuários deixem claro que a ideia não logra refletir a vasta diversidade existente entre regiões fora da Europa e da América do Norte, sugerindo erroneamente a existência de um "resto" unificado e coesivo. "Multipolarização econômica" ou "desconcentração econômica" podem ser descrições mais adequadas.

Como essa tendência rumo à multipolarização e à erosão da unipolaridade afetará a ordem global? Antes de responder a essa pergunta, vale observar que não há nenhum consenso na literatura acadêmica sobre a ordem global de hoje constituir ou não uma unipolaridade. Os Estados Unidos nunca tiveram controle completo, nem sequer ao final da Segunda Guerra Mundial, quando o PIB estadunidense representava quase a metade da economia mundial. Exemplos como a incapacidade dos Estados Unidos de impedirem a repressão soviética de uma revolta na Hungria, a perda francesa do Vietnã, a revolução em Cuba e no Irã, a aquisição de armas nucleares por Israel, Paquistão e Índia, ou a invasão de Suez por aliados dos Estados Unidos, da Grã-Bretanha, da França e de Israel, são uma demonstração clara de que os Estados Unidos nem sempre conseguiram o que queriam na segunda metade do século XX.

Ao longo da Guerra Fria, a assim chamada ordem liberal não pareceu particularmente benigna nem digna de ser adotada por quem não era membro do clube, como Índia, China, Indonésia, Congo, Irã e Guatemala – pátrias de uma parte considerável da humanidade na época. Além disso, como mostramos, muitas das regras e normas hoje frequentemente consideradas de inspiração ocidental, como soberania nacional e autodeterminação, são de fato produto de negociações entre atores ocidentais e não ocidentais, e não imposições ocidentais. Na verdade, a aplicação global do direito internacional pode assim ser vista não como um sinal de força ocidental, mas de sua fraqueza, pois o Ocidente perdeu a capacidade de manter o colonialismo, a forma de ordem muitíssimo mais hierárquica que precedeu o multilateralismo. Os formuladores de política ocidentais com frequência adotam regras e normas internacionais, pois é altamente consensual que exercer controle através delas é mais produtivo do que a força bruta, aliviando as potências ocidentais de pesados encargos.

A despeito de nenhum país ter concentrado tanto poder militar e econômico quanto os Estados Unidos na segunda metade do século XX, a hegemonia estadunidense, portanto, nunca foi verdadeiramente global. Contudo, é muito comum analistas convencionais descreverem a ordem pós-Segunda Guerra Mundial como o "século americano".[2] Do mesmo modo, Nuno Monteiro enfatiza a natureza unipolar da ordem global de hoje e até prediz que o fim do domínio dos Estados Unidos não está sequer à vista.[3] Contradizendo essas concepções comuns, Simon Reich e Richard

Lebow argumentam que o debate sobre o que virá depois da hegemonia dos Estados Unidos está equivocado. A hegemonia, argumentam eles, acabou há décadas, e hoje nada mais é que uma "ficção propagada para suportar um grande establishment de defesa, justificar as afirmações americanas de liderança mundial e reforçar a autoestima de eleitores".[4] Ao rejeitar a reivindicação de liderança dos Estados Unidos depois do fim da Guerra Fria, os autores argumentam que, embora os Estados Unidos tenham *hard power*, já não são mais capazes de convertê-lo em influência real sobre os demais. Contradizendo autores como Ruggie e Keohane, Reich e Lebow sugerem que os formuladores de política em Washington já não administram mais efetivamente o sistema econômico, nem são capazes de manter e impor regras globais.

Predições sobre o futuro dependem, portanto, de como nós definimos unipolaridade. Se falarmos de poderio militar, os Estados Unidos são esmagadoramente dominantes, ainda quase superando a despesa militar de todo o restante do mundo combinado, mesmo que a China venha avançando consideravelmente ao longo da última década. Já quando se trata de distribuição de poder econômico, a ordem global de hoje não pode mais ser descrita como unipolar, pois a parte dos Estados Unidos na economia global se situa em meros 14% e pode-se esperar que decline ainda mais, a uma taxa relativamente lenta. Em negociações sobre clima, o sistema é completamente multipolar. O sistema financeiro, entretanto, permanece relativamente unipolar, com Nova York e Londres como os centros financeiros do mundo e o dólar americano como moeda de reserva global. Alguns aspectos importantes da ordem corrente são unipolares. Não obstante, estamos testemunhando um processo de multipolarização, o qual discutirei a seguir.

Fundamentada na experiência histórica discutida no primeiro capítulo, esta seção do livro vai analisar de maneira crítica esse processo, observando os deslocamentos de poder nos domínios econômico e militar. Irá a China ultrapassar os Estados Unidos? Que dinâmicas provavelmente darão forma à ordem global? Será um processo pacífico? Será durável?[5]

Rumo à multipolaridade econômica

É notável a frequência com que analistas econômicos deixam de acertar. A história mostra que extrapolações diretas, feitas em linha reta, quase sempre estão erradas. Ainda assim, os especialistas parecem não resistir a elas, seduzidos por aspirações e um desejo de certeza. Se voltarmos atrás e pensarmos nos acontecimentos mais relevantes das décadas passadas, muitos deles, inclusive o ataque japonês contra Pearl Harbor, a descolonização da África, a Revolução Iraniana, o colapso da União Soviética ou os ataques terroristas de 11 de setembro de 2001, foram bastante imprevisíveis.[6] Assim, a discussão a seguir não deve prever acontecimentos reais, mas, antes, apontar questões e dinâmicas importantes que possam vir a moldá-los.

Nas décadas passadas, testemunhamos um amplo processo econômico de multipolarização, um fenômeno multifacetado que incluiu taxas mais altas de crescimento, sobretudo na Ásia e na África. Em seu livro *Emerging Markets*, Ayhan Kose e Eswar Prasad mostram que um grupo de economias emergentes (incluindo a China e a Índia) cresceu cerca de 600% desde 1960, em comparação com 300% do Ocidente. Ao longo das duas últimas décadas, escrevem eles, a parte dos "mercados emergentes" em PIB mundial e comércio quase dobrou.[7]

Ainda assim, o elemento-chave da multipolarização em curso é a ascensão da China. Sua economia cresceu quase 10% ao ano em média nos 35 anos desde que começou a transição para uma economia de mercado. Mesmo levando em consideração a desaceleração abrupta a partir de 2016, a China é o único país seriamente capaz de desafiar a ordem liderada pelo Ocidente. Isso não significa diminuir a importância de outros atores como Índia, Brasil, Indonésia e Rússia, mas é muito pouco provável que eles tenham, individualmente, impacto sistêmico amplo nos próximos anos. É por isso que a análise se concentrará somente na China.

Críticos dessa abordagem argumentarão que o produto interno bruto (PIB) é um indicador incompleto do crescimento de uma nação. Afinal, a China tinha o maior PIB no começo do século XIX, mas certamente

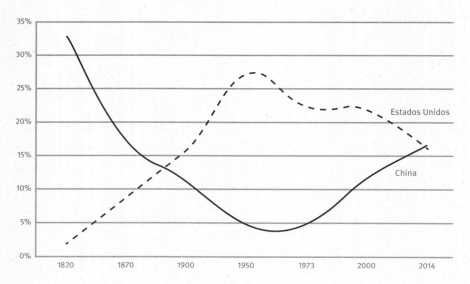

GRÁFICO 2.1. A anomalia ocidental: parte estadunidense e parte chinesa do PIB global (PPC).

não era, na época, uma potência global do mesmo porte que as potências imperiais da Europa Ocidental. Essa comparação não leva em conta que a economia global era então muito menos interconectada. Hoje, em comparação, ser a maior economia do mundo gera inevitavelmente uma projeção global de poder muito mais profunda do que em qualquer ponto anterior da história. O PIB não é uma medição ideal ou completa do poder de um país, mas ainda é o melhor substituto ou representante isolado ao discutirmos deslocamentos de poder. Discutirei outros tipos de poder ao longo deste capítulo e do capítulo seguinte.

China: três cenários

Ao discutir a tendência de multipolarização ora em curso, a trajetória de crescimento futuro da China é decisiva. Os especialistas que avaliam essa questão altamente complexa podem ser divididos em três categorias.

O primeiro grupo espera que o crescimento da China se mantenha estável e permaneça acima do restante do mundo nos anos futuros, e que não só alcance os Estados Unidos, mas rapidamente os deixe para trás por uma margem considerável. Esse grupo tende a ter muita fé na capacidade do governo chinês de evitar muitas das armadilhas que outras potências emergentes enfrentaram, como a chamada "armadilha da renda média".[8] Considerando que a China foi capaz de desafiar os céticos nas últimas três décadas, seu pensamento é: por que não haveria ela de continuar a desafiá-los no futuro? Notavelmente, pensadores dessa categoria não encaram a forma autocrática de governança da China como um obstáculo para crescimento alto e constante. Alguns até consideram que isso seja uma vantagem, apontando para o impasse que países democráticos em desenvolvimento, como o Brasil e a Índia, estão enfrentando. Em consequência, eles não costumam acreditar naqueles que esperam que, à medida que os cidadãos chineses ficarem mais ricos, se mostrem mais propensos a reclamar poder político, questionando a legitimidade do Partido Comunista e desestabilizando o país politicamente. Eric Li, um empreendedor baseado em Xangai, argumenta que a China necessita de uma estrutura de desenvolvimento diferente, alicerçada numa ideia diferente de modernidade. Segundo ele, o sistema chinês é meritocrático, altamente adaptável apesar do regime de partido único, orientado para o longo prazo, pragmático e não individualista. "O sistema político chinês", diz ele, "chega perto da melhor fórmula para governar um país grande: meritocracia no topo, democracia na base, com espaço para experimentação entre os dois."[9] Vários analistas preveem que as reformas políticas correntes empreendidas pelo presidente Xi Jinping vão realmente melhorar as perspectivas da China. Por exemplo, Yukon Huang, especialista em China na Carnegie Endowment e ex-diretor do Banco Mundial na China, escreve que "a implementação rigorosa dessas reformas vai alterar os incentivos de mercado para que o crescimento do produto interno bruto anual nos próximos anos possa chegar a mais de 8%".[10] Ele prediz que o governo vai corrigir com sucesso as políticas que aumentaram os níveis de endividamento e fortalecer os fatores de produtividade, de modo que o crescimento será mais sustentável. De maneira crucial, eles também reduzirão a divisão rural-urbano, vista frequentemente como uma fonte de tensão política. Um crescimento continuado chinês em torno de 6% ao ano ou mais ao longo dos próximos vinte anos causaria mudanças dramáticas na ordem global, aumentando os interesses da China em todo o mundo e permitindo que ela invista pesadamente em suas forças armadas, aumente a ajuda estrangeira e globalize a sua moeda.

Arvind Subramanian, conselheiro-chefe de economia do governo da Índia, é igualmente otimista, prevendo que,

> em 2030, o declínio relativo dos Estados Unidos terá produzido não um mundo multipolar, mas um mundo quase unipolar dominado pela China. A China vai responder por quase 20% do PIB global (medido metade em dólares e metade em termos de poder de compra real), em comparação com apenas menos de 15% dos Estados Unidos. Nesse ponto, o PIB per capita da China será de cerca de 33 mil dólares, ou cerca de metade do PIB dos Estados Unidos. Em outras palavras, a China não será extremamente pobre, como se costuma acreditar. Além disso, ela estará gerando 15% do comércio mundial – o dobro dos Estados Unidos. Em 2030, a China será dominante caso se considere que o PIB é mais importante do que o comércio ou, ao contrário, que o comércio é mais importante; ela estará à frente em ambas as contas.[11]

O segundo grupo é mais agnóstico sobre a viabilidade de longo prazo do sistema político chinês e reconhece a necessidade chinesa de transformar a economia, o que levará a taxas de crescimento inferiores, mas acredita que a China ainda continuará a crescer mais rápido do que os Estados Unidos. Esse grupo leva a sério desafios como a armadilha da renda média, uma demografia desfavorável, degradação ambiental, instabilidade política interna, corrupção e possibilidade de guerra entre a China e países vizinhos, mas não espera que eles reduzam o crescimento para menos de 3% ou 4% ao longo da década seguinte.

O terceiro grupo acredita que a China não será capaz de sustentar sequer um crescimento moderado. Parte desse grupo também acredita que o regime político da China já está em declínio terminal e que uma transição política imprevisível vai afetar negativamente o crescimento. David Shambaugh, um importante estudioso da China na Universidade George Washington, por exemplo, escreveu num editorial no *Wall Street Journal* em 2015: "Nós não podemos prever quando o comunismo chinês vai entrar em colapso, mas é difícil não concluir que estamos testemunhando a sua fase final."[12]

Esses três grupos divergem muito profundamente sobre uma série de desafios que a China está enfrentando: degradação ambiental, demografia desfavorável, baixa capacidade de inovação, ausência de liberdade política e risco de mudança de regime, risco de guerra na região e, o mais importante, seu modelo econômico insustentável. Embora essa lista não seja de modo algum exaustiva, ela fornece uma boa ideia dos principais debates. Discutirei brevemente aqui cada uma dessas questões.

Destruição ambiental

Em parte como resultado de uma industrialização rápida abastecida a carvão ao longo das três últimas décadas, a China enfrenta uma crise de saúde pública devido à destruição ambiental em larga escala. Responsável por um terço das emissões de dióxido de carbono do mundo, as condições ambientais internas da China são pavorosas: um terço da superfície do país e mais da metade de sua água subterrânea são impróprios para contato humano e acredita-se que a poluição do ar mate 1,6 milhão de chineses por ano.[13] Além do custo econômico, o ambiente tóxico da China afeta negativamente a percepção dos cidadãos chineses a respeito do seu governo, e a questão leva com frequência a protestos públicos. Em resposta, o governo começou a se adaptar e houve um aumento considerável, tanto em termos relativos como absolutos, da geração de energia a partir de combustíveis não fósseis. A China hoje produz mais energia solar do que energia nuclear. As energias eólica, hidrelétrica e solar, juntas, já respondem por cerca de um terço da capacidade total de geração de eletricidade.[14] Além disso, o Banco Central da China e o Programa de Meio Ambiente das Nações Unidas (Unep, na sigla em inglês) lançaram uma "força-tarefa de finanças verdes" para promover a questão, ainda incipiente na China. Em 2014, como parte de um acordo climático histórico com os Estados Unidos, a China prometeu que as emissões chegariam a seu ponto máximo em 2030, e hoje está gastando muito mais do que qualquer outro país em energia renovável, inclusive os Estados Unidos. Em 2015, a China anunciou a criação do maior mercado nacional de cotas de gás do efeito estufa do mundo. Pequim também é líder mundial em energia eólica e só fica atrás da Alemanha em energia solar, uma realização notável considerando que o país começou a investir em energia verde num estágio muito posterior.[15] Apesar desses esforços, as preocupações com o meio ambiente vão provavelmente fortalecer os que reivindicam um crescimento mais sustentável, o que torna mais difícil a ocorrência de altas taxas de crescimento no futuro.

Demografia desfavorável

A China enfrenta um desafio demográfico maciço: sua população em idade de trabalho está encolhendo, e vai levar mais de uma década para que o afrouxamento de sua política de um filho reverta a tendência – não só quanto ao pequeno número de crianças, mas também por causa do severo desequilíbrio entre homens e mulheres, estas em quantidade muito menor. A razão de dependência da China (a proporção de crianças e de aposentados em relação aos cidadãos em idade ativa) vai aumentar inevitavelmente, reduzindo o crescimento econômico, enquanto aumenta, ao mesmo tempo, o custo dos cuidados com idosos. O número de pessoas de quinze a trinta anos de idade vai cair 25% entre 2015 e 2025.[16] Isso também tem implicações positivas, pois diminui o risco de desemprego e tensões sociais – o que é particularmente relevante, pois um forte aumento da produtividade ao longo das últimas décadas limitou o número de novos empregos. Desde que o governo consiga aumentar a idade de aposentadoria paralelamente ao aumento da expectativa de vida, o efeito do envelhecimento geral pode ser limitado. Por fim, a força de trabalho rural ainda é superior a 300 milhões de pessoas, e grandes números ainda podem migrar para áreas urbanas para substituir os que se aposentam.[17] Contudo, há pouca dúvida de que a demografia desfavorável da China vai afetar negativamente o seu potencial de crescimento nas próximas duas décadas.

Baixa capacidade de inovação

Um tópico frequentemente abordado ao discutirmos as perspectivas de crescimento da China é a sua capacidade de inovação. O regime autoritário de Pequim, argumentam alguns, torna a China menos propensa a inovar, o que é crucial para uma economia que está buscando concentrar seus esforços em indústrias de alto valor agregado e competição com economias industrializadas. Dir-se-ia que a ausência de liberdade de expressão não cria um ambiente conducente à inovação. Contudo, há muito pouca evidência conclusiva de que a capacidade de inovação da China seja menor do que a de países com PIB per capita comparável. Na verdade, a capacidade de inovação da China parece estar crescendo em muitas áreas, inclusive as de energia renovável, produtos eletrônicos de consumo, serviços de mensagens instantâneas e jogos online, voltados tanto para jogadores domésticos quanto para multinacionais com presença significativa em pesquisa e desenvolvimento de produtos.[18] É provável que o regime autoritário da China afete negativamente a posição do país em várias áreas – como ensino superior internacional –, mas não que reduza as projeções de crescimento do PIB ao longo dos próximos anos de maneira significativa.

A ameaça de mudança de regime

Muitos estudiosos acreditam que, à medida que ficam mais ricas, as sociedades exigem mais direitos políticos. No caso da China, isso aumentaria os clamores por mudança de regime, transição política e a possibilidade de um período de instabilidade e menor crescimento econômico. Com efeito, enquanto democracias como o Brasil, a Indonésia e a Índia têm eleições para canalizar o descontentamento público, o governo chinês tem menos opções, respondendo em geral com repressão. Como governos são com frequência derrotados em democracias, uma transição de poder engendraria, muito provavelmente, instabilidade profunda na China.

Entretanto, o sistema autoritário da China também tem a sua boa cota de admiradores. Em seu livro *The China Model: Political Meritocracy and the Limits of Democracy*, Daniel Bell argumenta que a meritocracia política ao estilo chinês pode ajudar a remediar os principais defeitos da democracia: "O modelo político da China ... não é simplesmente democracia na parte baixa da pirâmide e meritocracia no topo: ele também é baseado em experimentação extensiva e sistemática entre os níveis mais baixos e mais altos de governo."[19] Ele argumenta que há uma compreensão muito mais sofisticada da democracia multipartidária na China do que da meritocracia ao estilo chinês no Ocidente, implicando que a maioria dos analistas ocidentais que projetam o declínio da China são desinformados e ocidentocêntricos.[20] Francis Fukuyama diz que o que mais importa é a capacidade de um governo de se ajustar a novas circunstâncias: "Todas as sociedades, autoritárias e democráticas, estão sujeitas a decair com o tempo. A questão real é a sua capacidade de se adaptar e, consequentemente, de se recompor."[21]

Estudiosos dedicados à China têm previsto o fim da China há anos. Gordon Chang publicou *The Coming Collapse of China* em 2001, argumentando que "a República Popular tem cinco anos, talvez dez, antes de cair".[22] No mesmo ano, Li Fan escreveu que a questão não era mais "se, mas quando" a China se democratizaria.[23] Em 2015, David Shambaugh disse acreditar que o "estágio final do domínio comunista chinês tinha começado",[24] depois de ter argumentado durante anos que o sistema político da China era mais estável do que a maioria dos observadores ocidentais pensava.[25] Devido à falta de transparência dos regimes autoritários, é extremamente difícil predizer quando e se eles entrarão em colapso. Contudo, considerando que o Partido Comunista sobreviveu a outras crises profundas, sua morte iminente e o consequente caos econômico parecem improváveis nesse momento. Isso não significa que a democracia seja impossível na China ou estranha à cultura chinesa: nos anos 1980, os líderes chineses discutiram seriamente fazer experiências com democracia. Se a democratização acontecesse, nada garante que afetaria de maneira negativa o crescimento econômico.

Risco de guerra na região

Em 2014, comentários feitos durante o Fórum de Davos pelo primeiro-ministro japonês Shinzo Abe sobre a China e o Japão estarem numa "situação semelhante" à da Alemanha e Grã-Bretanha antes da Primeira Guerra Mundial (e argumentando que o investimento crescente na área militar trazia instabilidade para a região) levaram a um debate acalorado entre os analistas da Ásia. Os acontecimentos recentes na região são sem dúvida preocupantes. A China tem disputas de fronteira não resolvidas com vários países em sua vizinhança, tanto no mar do Sul da China quanto com a Índia. Seus projetos de reivindicação territorial no mar do Sul, construindo ilhas com espaço suficiente para abrigar instalações militares, tendem a manter altos níveis de tensão nos próximos anos. Os Estados Unidos têm um tratado de autodefesa mútua com o Japão e, em 2012, confirmaram que o tratado cobria as ilhas Senkaku (conhecidas pelos chineses como ilhas Diaoyu). Em novembro de 2013, a China estabeleceu uma "zona aérea defensiva de identificação" na área, e poucos dias depois dois bombardeiros estadunidenses B-52 sobrevoaram as ilhas em desafio a Pequim. Se as circunstâncias exigissem, o governo poderia interpretar essa atitude como uma agressão militar dos Estados Unidos e as coisas poderiam facilmente sair do controle. Entre Japão, Estados Unidos e China, nenhum dos três está preparado para parecer fraco e recuar no mar da China oriental.

As pessoas têm muita confiança nas consequências pacificadoras do comércio internacional. Exatamente como aconteceu em 1914, o consenso hoje é de que a economia global está tão entrelaçada que um conflito militar de larga escala é simplesmente impossível. Não obstante, em *The Rhyme of History*, MacMillan escreve que "agora, como então, a marcha da globalização nos embalou num falso sentido de segurança. O centésimo aniversário de 1914 deveria nos fazer refletir mais uma vez sobre nossa vulnerabilidade ao erro humano, catástrofes súbitas e acidentes graves".[26] Alimentar sentimentos nacionalistas pode, em algum momento, ser a estratégia do governo chinês para distrair os cidadãos da desaceleração do crescimento econômico. Ainda assim, os líderes chineses estão muito atentos ao fato de que provocar um confronto militar na região destruiria as próprias fundações da ordem global que permitiu a sua ascensão. O risco de guerra, que teria consequências catastróficas para a trajetória de crescimento da China em longo prazo (e para a do restante do mundo), resta, assim, improvável. Uma discussão mais detalhada sobre se o futuro da ordem global será pacífico vem a seguir.

Administrar a transição econômica da China

Já no início de 2007, no Congresso Nacional do Povo, o premiê Wen Jiabao advertiu: "O maior problema da economia da China é que o crescimento é instável, desequilibrado, descoordenado e insustentável."[27] Desde então, a China vem empreendendo uma transição altamente complexa de economia orientada por exportação e investimento, demasiado dependente de investimento e crédito, para uma economia impulsionada por consumo. Isso pode ser feito através de medidas como expansão da seguridade social financiada pelo Estado, a fim de reduzir a poupança doméstica. Além disso, as empresas estatais na China (SOEs, na sigla em inglês) têm acesso mais fácil a crédito do que as companhias privadas, distorcendo desse modo a economia e levando a investimentos desperdiçadores: situação que é agravada pelo fato de o governo ter insistido em manter o crescimento perto dos 10% mesmo depois da crise financeira ocidental, em vez de adotar o "novo normal" mais cedo. Retirar controle de mais de 150 mil SOEs para garantir melhor alocação de capital implicará contrariar muitas pessoas que se beneficiaram enormemente das diretrizes políticas ao longo das últimas décadas. Embora os formuladores de política chineses tenham a aura de fazer sempre a coisa certa, a desvalorização surpresa do iuane em agosto de 2015 e as dificuldades temporárias para administrar a volatilidade do mercado de ações sugeriram que a transição não seria tão fácil quanto alguns acreditavam. Com efeito, nenhum país jamais conseguiu administrar uma transição desse tipo sem uma desaceleração temporária. A Terceira Plenária do Partido Comunista no final de 2013 detalhou a transição econômica num roteiro de 326 pontos, argumentando que levariam de sete a dez anos para completá-lo.

Além disso, Pequim enfrenta o desafio de administrar um deslocamento estrutural das atividades de manufatura e construção para o setor de serviços, o que vai impulsionar mudanças sociais. Hoje, cerca de 55% da população chinesa vive em cidades, em comparação a menos de 20% em 1978. O Banco Mundial espera que esse número ultrapasse os 65% nos próximos quinze anos.[28] O desafio é lidar com esses obstáculos e muitos outros, inclusive a modernização do sistema financeiro e um empenho (detalhado no capítulo 4) de construção institucional internacional, que envolve a internacionalização da moeda chinesa. O principal dilema de todas essas reformas, necessárias para modernizar a economia chinesa e levá-la a um papel de liderança global, é que elas reduzirão o controle governamental, deixando um montante crescente de decisões às forças de mercado.

Ao mesmo tempo, deve-se observar que o governo chinês tem um fundo de reserva impressionante para guiar a economia através dessa fase difícil. As reservas em moeda estrangeira são de 4 trilhões de dólares, que a China pode usar para proteger a economia de turbulências externas. Outro aspecto positivo é que a China ainda é um país relativamente pobre, de modo que vai levar anos até que os salários cheguem a níveis ocidentais. Em consequência, as exportações chinesas continuarão provavelmente competitivas ainda por muito tempo. Temores de que a China pudesse tornar-se um novo Japão no começo dos anos 1990 são, portanto, equivocados, pois o PIB per capita do Japão já alcançara níveis comparáveis aos de países ocidentais quando parou de crescer. O PIB per capita da China, em contraste, representa somente 25% daquele do Japão em 1990, tendo muitos anos de crescimento pela frente antes de equiparar-se ao Ocidente. Em vez disso, em termos de PIB per capita, a China hoje pode ser comparada com o Japão dos anos 1950, que marcaram o começo do crescimento japonês de quase dois dígitos nas décadas seguintes. Outra comparação mais útil pode ser com a Coreia do Sul em meados dos anos 1970, depois dos quais a Coreia cresceu acima de 7% ao ano até os anos 1990. Em teoria, a China ainda possui uma vantagem significativa de um recém-chegado, na medida em que pode realizar avanços tecnológicos via imitação e importação, sendo menos forçada a basear-se em inovação.[29]

Ao analisarmos a ordem global, este é talvez o argumento mais importante: mesmo que os formuladores de política chineses fracassem em modernizar a China e elevar o PIB per capita a níveis ocidentais até a segunda metade do século XXI, a China será, em termos absolutos, todavia, economicamente dominante. Esse roteiro não exige qualquer declínio absoluto do Ocidente. Devido à interconexão econômica, a trajetória de crescimento da China tem relação positiva com a capacidade de recuperação econômica

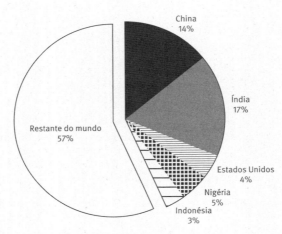

GRÁFICO 2.2. Parcela da população em 2050. *Fonte*: ONU[30]

do Ocidente (apesar de um foco mais forte em consumo interno na China vir a limitar um pouco a interdependência). Esta análise não diz respeito a uma disputa entre o Ocidente e Pequim, mas, antes, à lógica inescapável da demografia e ao fato de a China estar destinada a emparelhar-se lentamente, motivo pelo qual ela não inclui previsões de crescimento econômico futuro no Ocidente. A China tem sido o país mais populoso do planeta desde que se tornou um Estado unificado dois milênios atrás, e foi a maior economia do mundo até meados do século XIX; como tal, nada há de extraordinário em seu retorno ao topo. Com uma população mais de quatro vezes maior do que a dos Estados Unidos, a economia chinesa vai ultrapassar a estadunidense, em termos absolutos, assim que o PIB per capita da China exceder o americano em 25%: algo bastante fácil de realizar. Jian Canrong, da Universidade do Povo da China, levanta uma questão interessante:

> A Grã-Bretanha lançou a Revolução Industrial e construiu um império global com uma população comparativamente menor, e os Estados Unidos criaram o mito da superpotência única com uma população na ordem de 100 milhões de pessoas (um século atrás). O que a industrialização da China, com seu 1,3 bilhão de habitantes, vai significar para o mundo?[31]

Dito de maneira simples, não cabe aos Estados Unidos manter ou perder a sua preeminência, tampouco deveria ser objetivo do governo mantê-la; manter a extrema concentração de riqueza e poder que permitiu aos Estados Unidos e à Europa serem tão influentes (representando apenas uma pequena maioria da população do mundo) foi, desde o começo, só uma situação temporária, carente do equilíbrio necessário para se sustentar por um período significativamente maior. De uma perspectiva global, isso deve ser celebrado, pois é consequência direta de níveis mais baixos de pobreza em todo o mundo. Uma das tendências mais duradouras das últimas décadas é a porcentagem crescente de pessoas vivendo em países desenvolvidos. Se não ocorrer nenhum evento profundamente inesperado (como uma pandemia global, por exemplo), este desenvolvimento está pronto para durar. Como formula Gideon Rachman:

A ascensão de economias não ocidentais é um deslocamento histórico amplamente enraizado, capaz de sobreviver a qualquer número de choques políticos e econômicos. Seria um grande erro confundir uma crise temporária com uma mudança desta poderosa tendência. O estouro da bolha pontocom em 2001 não significou que a internet tenha sido objeto de um exagero promocional maciço, mesmo que algumas pessoas tenham saltado sobre essa conclusão na época. Do mesmo modo, os transtornos de hoje não mudarão o fato de que os mercados emergentes vão continuar a crescer mais rápido do que o mundo desenvolvido nas próximas décadas.[32]

Considerando tudo isso, adotar a posição do segundo grupo em relação à China – crescimento moderado entre 3% e 4% – parece ser a abordagem mais razoável para avaliar o futuro da ordem global. Isso ficaria muito abaixo dos 10% vistos nas últimas décadas, mas seria ainda bastante para manter a tendência geral de multipolarização; afinal, as economias dos Estados Unidos e da Europa provavelmente não irão crescer a taxas semelhantes nos próximos anos.[33]

Em 2015, a economia dos Estados Unidos ainda era 83% maior do que a economia chinesa em termos nominais (a China era ligeiramente maior em termos de paridade de poder de compra). Se a economia chinesa crescer cinco pontos percentuais mais que a economia dos Estados Unidos (sem nenhuma grande mudança na taxa de câmbio), a China se tornará a maior economia do mundo em 2027.[34] Assim, o roteiro escolhido para essa análise espera que a transição ocorra significativamente mais tarde, depois de 2030. Este livro adota uma postura notavelmente cautelosa em relação à profundidade e à rapidez da mudança, sublinhando que mesmo um cenário de crescimento modesto e um tanto pessimista está destinado a levar a uma alteração profunda da ordem global. O FMI prediz que dos oito maiores contribuintes para a expansão global até 2020 só dois, os Estados Unidos e a Coreia do Sul, são países ricos. Enquanto isso, espera-se que a China e a Índia contribuam mais de 40%, os Estados Unidos vindo em terceiro, com 10%.[35]

Naturalmente, é necessário pôr o debate atual sobre multipolarização em perspectiva com discussões anteriores sobre o declínio dos Estados Unidos e a ascensão das potências emergentes; e a desaceleração da economia chinesa em 2015 foi uma advertência útil de que extrapolar o crescimento chinês de dois dígitos para as próximas décadas simplesmente não é realista. O declinismo tem sido uma característica constante da narrativa norte-americana desde os anos 1950, quando a União Soviética lançou o Sputnik. Além disso, países como o Brasil foram chamados de "emergentes" já no início dos anos 1960. No período final da Guerra Fria, alguns acreditaram que o Japão pudesse superar os Estados Unidos. Como escreve Wohlforth: "Esta crise contará como a quarta desse tipo desde 1945; as três primeiras ocorreram durante os anos 1950 (Sputnik), os anos 1970 (Vietnã e estagflação) e os anos 1980 (a ameaça soviética e o desafio do Japão). Nenhuma dessas crises, contudo, deslocou a estrutura do sistema internacional; a multipolaridade não retornou."[36]

Contudo, nós devemos reconhecer que a expectativa declinista de hoje é mais solidamente baseada do que suas predecessoras, e que tanto a China quanto a Índia são mais dinâmicas e estáveis do que a União Soviética

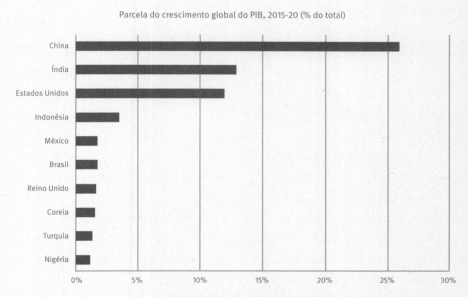

GRÁFICO 2.3. Os maiores contribuintes para o crescimento global. *Fonte:* FMI

jamais foi.³⁷ Trinta e cinco anos atrás, a economia da China era menor do que a da Holanda.³⁸ Em 2014, o aumento do crescimento do PIB da China foi igual a toda a economia alemã.³⁹ Em 2013, a China se tornou a parceira comercial mais importante do Oriente Médio, e também já é a parceira comercial mais importante do continente africano. Há pouca dúvida de que logo ela será parceira econômica de todas as regiões e maiores atores no mundo, o que lhe dará uma influência sem precedentes. Como observa sagazmente Lee Kuan Yew, o primeiro-ministro de Cingapura: "Não é possível fingir que [a China] seja apenas mais um grande ator. Trata-se do maior ator da história do mundo."⁴⁰

Implicações para a ordem global: A bipolaridade assimétrica será durável? Será pacífica?

Considerando que esse crescimento menor da China nas décadas futuras (que leva a um processo lento mas contínuo de multipolarização) é o cenário mais provável, colocam-se três questões. Primeira, que aparência terá a nova ordem? Segunda, ela será durável? Terceira, será pacífica?

Há um consenso relativamente amplo de que, apesar da multipolarização econômica, os Estados Unidos serão capazes de manter sua posição dominante por um tempo considerável, mesmo com um PIB menor do que o da China. Como chamam corretamente a atenção Brooke e Wohlforth, "[os] Estados Unidos gastam mais em defesa do que todas as principais potências combinadas e a maioria dessas potências são suas aliadas".⁴¹ Se os Estados Unidos continuarem comprometidos com a sua superioridade militar, nenhum país poderá desafiá-los seriamente nas próximas décadas.

Entretanto, se o PIB e a influência econômica da China nos assuntos globais forem, em 2030, comparáveis aos dos Estados Unidos, Washington pode não ser capaz de manter a sua vasta vantagem militar sobre outros atores por muito tempo. Ainda assim, pode-se esperar que os Estados Unidos continuem a ser a única potência do mundo capaz de intervir em quase todas as regiões do planeta e de negar acesso às suas vizinhanças a qualquer potência externa, mesmo que seja crescente a probabilidade de a China desenvolver a capacidade de negar acesso à sua própria vizinhança.

Rumo à bipolaridade assimétrica

Nas décadas futuras, a ordem global será provavelmente dominada por duas potências: os Estados Unidos e a China (antes que, a persistir a corrente atual, outros atores, como a Índia, possam transformar a ordem global em um concerto de potências). John Mearsheimer, um estudioso realista de primeira linha, espera a emergência de uma concorrência clássica no campo da segurança:

> Devemos esperar ver guerras por procuração nas quais aliados chineses e norte-americanos vão lutar entre si, apoiados por seus respectivos patrocinadores. Pequim e Washington provavelmente também estarão à espreita de oportunidades para derrubar, em todo o mundo, regimes que sejam aliados do outro lado. A maior parte desses esforços será secreta, embora alguns venham a ser abertos. Também veremos evidências de cada lado empreendendo uma estratégia de açular e sangrar, quando houver a oportunidade de atrair o outro lado para guerras custosas e tolas.[42]

Além disso, muitos estudiosos acreditam que, à medida que grandes potências ascendam, elas tentem extrapolar suas regras e normas internas para o resto do mundo – como os Estados Unidos fizeram após a Segunda Guerra Mundial, levando a uma disputa ideológica entre superpotências.[43] Contrariamente às quatro décadas de bipolaridade pós-Guerra Fria, que assistiu a uma disputa de ideologias políticas, nas próximas décadas a ordem global pode mostrar-se diferente. Enquanto os Estados Unidos vão continuar a promover a democracia e os valores liberais, a China não vai responder com uma contranarrativa ideológica explícita ou um modelo alternativo. Isso se deve em parte ao fato de que, à diferença dos Estados Unidos, a China se tornou uma potência mundial enquanto ainda enfrenta desafios básicos de desenvolvimento dentro de casa, com foco principalmente em tirar milhões de cidadãos da pobreza. Mais importante, e mais uma vez em contraste com os Estados Unidos, a China não está interessada em progresso moral em assuntos internacionais nem em mudar as regras e normas básicas segundo as quais a ordem global opera, tampouco acredita numa narrativa universalista. Em vez disso, ela vai buscar tornar seu modelo de comércio mercantilista um modelo mais sofisticado e tratar de assegurar que outros países se tornem propensos a engajar-se economicamente sob os termos da China. Isso pode reduzir a probabilidade de cenários clássicos de Guerra Fria, envolvendo derrubada de ditadores, teorias sobre supostos "efeitos dominós" e guerras por procuração sangrentas e frequentes, conforme vimos em lugares como Moçambique, Afeganistão e América Central.[44] Como sustenta Lee Kuan Yew:

> À diferença da relação EUA-URSS durante a Guerra Fria, não há nenhum conflito ideológico irreconciliável entre os Estados Unidos e a China que tenha abrangido entusiasticamente o mercado. As relações sino-americanas são cooperativas e competitivas. A concorrência entre eles é inevitável, mas o conflito não.[45]

Isto será particularmente verdadeiro enquanto o Partido Comunista da China estiver no poder, já que ele pode estar mais bem equipado para conter tendências nacionalistas, a principal ideologia que poderia aumentar o risco de conflito nos próximos anos. Em segundo lugar, à diferença da Guerra Fria, quando os Estados Unidos e a União Soviética competiam tanto econômica quanto militarmente, a nova ordem pode ser chamada de "bipolaridade assimétrica": é provável que os Estados Unidos mantenham sua preponderância militar, ao passo que a economia da China pode exceder a dos Estados Unidos, desde que evite com sucesso as armadilhas apresentadas acima. Isso vai criar uma constelação incomum na distribuição de poder. Por enquanto, a China não vai tentar confrontar e superar os Estados Unidos militarmente (ela será inferior nos anos vindouros), ao passo que os Estados Unidos terão de aceitar que não podem desafiar o poderio econômico da China. Assim, não é provável que a China procure confrontação aberta. Em vez disso, ela pode, antes, tornar cada vez mais difícil para os Estados Unidos (através de pequenos incrementos) manter influência na vizinhança da China. O que significa a multipolaridade assimétrica para a durabilidade e a pacificidade da ordem pós-ocidental?

Será durável?

A durabilidade da ordem bipolar descrita anteriormente depende, em grande parte, de duas variáveis: o poderio militar dos Estados Unidos e o poderio militar da China. Será que a China permitirá que os Estados Unidos mantenham sua predominância militar (um enredo que sugeriria durabilidade sistêmica), ou buscará converter seu poder econômico em poderio bélico e desafiar a supremacia norte-americana no domínio militar? Inversamente, serão os Estados Unidos capazes de manter sua liderança global no domínio militar?

A maioria dos pensadores das relações internacionais acredita que o poder militar deriva inevitavelmente do poder econômico, de modo que a ascensão econômica da China é apenas precursora da sua predominância e hegemonia militares. Nuno Monteiro, por outro lado, argumentou que o poder militar não é um produto colateral do desenvolvimento econômico, mas o resultado da decisão de Estado de investir uma fração de sua riqueza na produção de capacidades militares.[46] A China, portanto, poderia muito bem tornar-se a maior economia da Terra sem buscar predominância militar global. Ele diz que nós devemos mudar o foco de nossa análise dos determinantes de crescimento econômico para aqueles de militarização. O argumento de Monteiro sem dúvida serve como uma importante advertência de que precisamos ser cautelosos e evitar supor cegamente que, quanto maior for a economia, mais ela investirá em poderio militar. Por exemplo, a França e o Reino Unido, apesar de suas economias menores, são militarmente mais poderosas do que a Alemanha, e os formuladores de política em Berlim não mostram nenhum sinal de buscar recuperar terreno militar. Casos desse tipo são particularmente prováveis em contextos de alta institucionalização. A Alemanha dispõe de amplas garantias da parte dos Estados Unidos e, desse modo, tem poucos incentivos para investir em seu poderio militar.

Não obstante, embora potências menores – ou aquelas firmemente enraizadas em arranjos institucionais de segurança – possam tomar decisões sobre gastos militares independentemente de seu crescimento econômico, para as grandes potências com potencial hegemônico parece menos provável que o investimento em poderio militar seja independente do poder econômico. Isto se dá em grande parte porque crescimento econômico e maior engajamento global expandem inevitavelmente as esferas de interesse de uma grande potência. Uma grande potência hipotética que não negocie com o restante do mundo e não enfrente ameaças em sua vizinhança poderia, em tese, manter a despesa militar baixa, mesmo que sua economia cresça a taxas altas. Potências desse tipo, porém, não existem na economia altamente conectada de hoje, e crescimento forte vai levar a interesses estratégicos globais e a envolvimentos econômicos em regiões que anteriormente pouco interessavam. As decisões recentes da China de abrir uma base militar em Djibuti (Oriente Médio), desdobrar um batalhão no Sudão do Sul (onde ela mantém interesses econômicos significativos) e enviar conselheiros militares ao governo iraquiano mostram que os formuladores de política consideram o aumento da capacidade militar uma estratégia necessária para proteger seus interesses econômicos, mas não o resultado de uma predisposição cultural de dominar o mundo. Se, por exemplo, em 2030, uma guerra civil na Nicarágua ameaçasse as operações do canal da Nicarágua, cuja construção é financiada pela China, não haveria nenhuma razão para acreditar que a China fosse se comportar de maneira diferente de quaisquer grandes potências anteriores ao ver seus interesses estratégicos em risco. A China desdobraria tropas para impor estabilidade, num exemplo clássico de como os interesses estratégicos de

Estados ascendentes proliferam em todo o mundo, forçando-os a aumentar seu poderio militar. Além disso, a China não desfruta de garantias de segurança comparáveis às da Alemanha, e as relações de segurança na Ásia não são tão institucionalizadas quanto para os membros da Otan, aumentando o incentivo para Pequim investir em sua capacidade militar.

Além disso, os que argumentam ser possível que a China não busque necessariamente equiparar-se com os Estados Unidos no campo militar muitas vezes não levam em consideração o quanto a ordem liderada pelo Ocidente parece humilhante da perspectiva dos nacionalistas chineses. Uma China ascendente, e talvez mais nacionalista, provavelmente não há de aceitar a predominância militar dos Estados Unidos no longo prazo, sobretudo uma vez que sua economia seja significativamente maior do que a dos Estados Unidos. O que responderão os formuladores de política chineses para os agitadores nacionalistas que chamarem atenção para o fato de os destróieres estadunidenses navegarem rotineiramente perto das costas chinesas, sufocando até mesmo o menor esforço chinês de exercer influência estratégica em sua vizinhança imediata? As atividades correntes chinesas no mar do Sul da China já indicam que o país provavelmente não vai aceitar ser uma superpotência econômica por muito tempo sem um peso militar considerável. Afinal, nenhuma aspirante a grande potência ganha status ou autorrespeito cedendo a responsabilidade pela segurança em seu quintal a uma potência estrangeira distante.[47] A China, portanto, estará provavelmente propensa a construir pouco a pouco sua marinha de águas azuis, algo que não deve ser visto necessariamente como um fator desestabilizante.

Uma questão correlata é se o restante do mundo vai aceitar os Estados Unidos como provedor legítimo de segurança, uma vez que a China domine cada vez mais a economia mundial e exerça influência crescente nos assuntos internos de outros países. No caso de Taiwan em particular, deve-se destacar que a China está a apenas 130 quilômetros de distância da ilha; se compararmos com a distância do ponto mais perto dos Estados Unidos, o Havaí, situado a quase 9 mil quilômetros, vemos que a distância torna muito mais difícil para a Marinha dos Estados Unidos manter a sua superioridade.

Pensa-se com frequência que a presença de armas nucleares também reduz a possibilidade de a China buscar equiparar-se com os Estados Unidos no domínio do poder militar convencional. Como escreve Nuno Monteiro:

> Para a política mundial, as implicações da revolução nuclear são momentosas: mudanças sistêmicas são agora ainda mais difíceis do que no passado. Dito de maneira simples, com a paz de grande potência, pode acontecer a perpetuação da ordem liberal hegemônica liderada pelos Estados Unidos. Vista sob essa luz, a longevidade da *Pax Americana* teria pouco a ver com quaisquer "pacotes normativos" ou com a palatabilidade da maneira como Washington dirige o sistema internacional. Em vez disso, ela seria consequência de uma falta de mecanismos de mudança sem risco de conflito, o que não seria do interesse de nenhum competidor ou rival, pois ameaçaria a sua própria sobrevivência.[48]

Não há dúvida alguma de que a existência de armas nucleares afeta a lógica de mudança e de ordem. Entretanto, seria prematuro argumentar que isso torna transições de grande potência menos prováveis, garantindo assim que a hegemonia dos Estados Unidos aqui esteja para ficar. Afinal, pode-se pensar em vários roteiros possíveis nos quais a China adquiriria mais poder e mudaria profundamente a ordem global sem haver uma grande confrontação entre Pequim e Washington. Embora esse cenário seja improvável nessa altura dos acontecimentos, os chineses poderiam conseguir convencer seus vizinhos a aderir a eles, como Estado mais forte na região, e aceitar as garantias de segurança da China. Sob tais circunstâncias, mesmo o anúncio de uma Doutrina Monroe chinesa não levaria necessariamente a um conflito. Embora improvável nas décadas vindouras, o BAII poderia substituir o Banco Mundial como principal emprestador do mundo – não pela força, mas pelo desejo de países-membros que preferiram tomar emprestado e emprestar junto à nova instituição. A China poderia, em teoria, começar a fornecer garantias de segurança a países em várias partes do mundo, sem jamais levantar o espectro de uma guerra hegemônica. Só raramente se considera a hipótese de que a China pudesse aderir e dominar estruturas globais a partir de dentro e assumir enfim a hegemonia sem recorrer à violência.

Mesmo sob condições de liderança militar continuada dos Estados Unidos, a influência política da China provavelmente aumentará de maneira marcante. Na América Latina, por exemplo, o crédito chinês já excede os do Banco Mundial e do Banco Interamericano de Desenvolvimento combinados.[49] Em princípio, isso coloca a China em boa posição para fortalecer sua projeção até mesmo no hemisfério ocidental.

Monteiro sustenta que a principal questão é se os benefícios econômicos da preponderância de poder excedem o custo gerado pelo conflito militar com que os Estados Unidos têm de arcar para manter sua posição dominante. Segundo Monteiro, enquanto os Estados Unidos seguirem uma estratégia de acomodação defensiva (mantendo sua posição dominante, mas permitindo que potências ascendentes cresçam economicamente), as vantagens da preponderância do poderio militar norte-americano excedem em muito os custos de conflito – enfatizando que seu orçamento de defesa nunca ultrapassou os 5% do PIB ao longo das duas últimas décadas (não mais que durante a bipolaridade). Portanto, ele espera que a atual preponderância dos Estados Unidos em poderio militar convencional permaneça amplamente inalterada "até onde os olhos podem ver", mesmo que os Estados Unidos percam o status de maior economia do mundo.

Contudo, uma vez que o PIB e a influência econômica dos Estados Unidos nos assuntos internacionais forem semelhantes aos da China, como os formuladores de política de Washington convencerão eleitores preocupados com assistência médica, educação e infraestrutura a sustentar mais de mil instalações militares em mais de 140 países, com mais de 200 mil militares estacionados? O que responderão aos que argumentarem em prol de uma redução sistemática de despesas (como já está acontecendo), ou àqueles que dizem que a China deveria "assumir de uma vez a responsabilidade" e começar a prover segurança internacional? Nós podemos testemunhar um número cada vez maior de "declinistas felizes", como Charles Kenny, que argumentam que a vida dos cidadãos norte-americanos não seria necessariamente afetada de maneira negativa se os Estados Unidos fossem apenas um dos vários polos de um sistema multipolar. Conforme ele escreve: "O vínculo entre o tamanho absoluto de sua economia e quase toda medida que de fato importa é incrivelmente fraco. Quando a China assumir o primeiro lugar, ela ainda estará muito atrás dos primeiros países do mundo em termos dos indicadores que refletem qualidade de vida."[50]

Há um fator agravante que aumentará dramaticamente a pressão sobre os formuladores de política norte-americanos quanto a trazer as tropas de volta para casa de forma permanente. Monteiro prevê que o nível significativo de conflito e ação militar estadunidense que o mundo testemunhou ao longo das últimas duas décadas e meia irá continuar enquanto o poder dos Estados Unidos permanecer preponderante. Há pouco que os Estados Unidos possam fazer para evitá-lo: qualquer estratégia militar traçada pelo polo único – engajamento ou desengajamento – vai acionar caminhos específicos, levando a confrontações e, muitas vezes, a guerras. A unipolaridade, escreve o autor, "é uma situação do tipo 'se correr o bicho pega, se ficar o bicho come', na qual conflitos são dificilmente evitáveis".[51] Avanços tecnológicos (drones etc.) podem reduzir o custo das campanhas dos Estados Unidos – e, com efeito, muitos estadunidenses não têm sequer conhecimento do fato de que o exército norte-americano está em guerra em lugares como o Paquistão e o Iêmen. Contudo, há poucos sinais de que a tecnologia vá dar cabo dos conflitos caóticos, caros e sangrentos nos quais os Estados Unidos se envolveram no Iraque e no Afeganistão na década passada.[52] Guerras frequentes, mesmo não declaradas, estão sempre fadadas a gerar custos consideráveis, e serão, por isso, vulneráveis a políticos que prefiram usar métodos mais pacíficos, sobretudo em tempos de dificuldades econômicas.

Assim, não acredito que haja qualquer lógica sistêmica quanto a por que a predominância militar dos Estados Unidos irá perdurar. Sobretudo quando analisamos grandes potências, ou aquelas com ambições de tornar-se uma, o poder militar aumenta em função do crescimento econômico. Desde que a China continue a crescer entre 3% e 4% ao ano ou mais nos anos futuros, nós testemunharemos uma ascensão contínua do seu poderio militar. Assim, a bipolaridade assimétrica descrita acima não é inerentemente durável e pode não permanecer por muito mais tempo do que a unipolaridade liderada pelos Estados Unidos, na medida em que as próximas décadas podem ser dominadas por um processo em curso de renegociação entre as duas grandes potências.

Ao mesmo tempo, vale lembrar que os Estados Unidos se tornaram a maior economia do mundo por volta da virada do século XX, mas passaram-se várias décadas antes que o país se tornasse a única potência militar incontestável do mundo. Portanto, concordo que a supremacia militar dos Estados Unidos (e a bipolaridade assimétrica) possa se manter por várias décadas. Contudo, a situação não será sistemicamente estável; será marcada por uma renegociação constante de termos segundo os quais a China e outras potências emergentes se engajarão na ordem existente. O ritmo dessa renegociação vai depender da rapidez com que o poderio militar da China vai crescer, em comparação ao dos Estados Unidos.

Será pacífica?

O consenso geral é que a ascensão de potências não ocidentais, lideradas pela China, vai causar instabilidade crescente. Internacionalistas liberais muitas vezes equiparam, implícita ou explicitamente, a ordem liberal liderada pelo Ocidente à paz, de maneira que a erosão da concentração ocidentocêntrica de poder traria consigo muitos riscos. Mearsheimer, um realista, argumenta que a bipolaridade da Guerra Fria era uma arquitetura de poder mais pacífica do que a multipolaridade desequilibrada do século XXI.[53] Em certa medida, os pensadores norte-americanos estão emulando suas contrapartes britânicas de um século antes. Quando a liderança política em Londres compreendeu que os dias do Império Britânico estavam contados, o diplomata lorde Salisbury argumentou celebremente: "O que quer que aconteça, será para o pior... Assim, é de nosso interesse que aconteça o menos possível."[54] De fato, com muito poucas exceções, a vasta maioria dos formadores de opinião no Ocidente de hoje não acredita que um século XXI mais bipolar ou multipolar venha a ser tão benéfico para eles, e tão pacífico, como a unipolaridade.[55]

Não há certeza, contudo, de que essa ordem será mais violenta do que a bipolaridade da Guerra Fria ou a unipolaridade pós-Guerra Fria, que foi marcada por conflitos militares na assim chamada periferia – entre os exemplos estão Inchon, o delta do rio Mekong, Luanda, Iraque, Irã e Afeganistão. Embora a chegada da unipolaridade tenha eliminado a perspectiva de competição de grandes potências, a estrutura de um mundo unipolar não tem um impacto claramente benéfico sobre as perspectivas totais de paz. Isso se dá porque a unipolaridade possibilita conflitos frequentes entre a potência dominante e potências menores obstinadas, bem como entre pequenas potências, que são mais difíceis de manter na linha pelos aliados das grandes potências.[56] A unipolaridade não propõe limitações estruturais à potência dominante, o que deixa a porta aberta a aventureirismos e arrogâncias, como vimos em 2003, quando os Estados Unidos invadiram o Iraque. Logo, a unipolaridade é propensa a testemunhar conflitos assimétricos e periféricos como as guerras dos Estados Unidos contra o Iraque, mas também guerras menores, como entre Peru e Equador em 1995 ou Rússia e Geórgia em 2008. Por fim, não há evidência clara de que a unipolaridade tenha qualquer impacto sobre a frequência e a intensidade de guerras entre países.

Essas descobertas têm consequências importantes tanto para acadêmicos como para formuladores de política. Como a unipolaridade não é mais benigna para o sistema internacional do que a bipolaridade ou a multipolaridade, ninguém sabe ao certo se a manutenção da ordem unipolar de hoje deveria ou não ser uma meta da política externa dos Estados Unidos. Dito de outra forma, simplesmente não está claro se a unipolaridade numa era nuclear é melhor – seja para os Estados Unidos, seja para o mundo. Mesmo de uma perspectiva puramente estadunidocêntrica, o retorno da bipolaridade pode não ser má notícia. Afinal, está longe de ser óbvio que a unipolaridade dos Estados Unidos tenha ajudado Washington a projetar sua influência mais do que antes do colapso da União Soviética. Uma ordem bipolar é possivelmente melhor para manter sob controle pequenas potências imprevisíveis como a Coreia do Norte. Ao mesmo tempo, devido à ausência de um componente ideológico na ordem bipolar Estados

Unidos-China, o número de guerras por procuração seria provavelmente muito menor do que durante a Guerra Fria. Devido à revolução nuclear, as chances de um confronto entre grandes potências são negligenciáveis. Por fim, uma ordem bi ou multipolar pode melhorar de fato a reputação dos Estados Unidos mundo afora, como já é o caso na América Latina, onde o antiamericanismo é cada vez mais temperado pelo medo de uma China ascendente.

Do mesmo modo, o frequente argumento sobre a necessidade de uma potência dominante para sustentar a ordem internacional é contestado. Reich e Lebow sustentam que potências dominantes são desnecessárias para a estabilidade internacional. Eles chegam a dizer que, num mundo crescentemente multipolar, a ideia de uma potência dominante é "inapropriada".[57] Acharya escreve que a ordem global será mais descentralizada do que antes, provendo as potências regionais de maior alcance para abordagens locais e regionais. Isso soa como má notícia para muitos analistas políticos norte-americanos, mas o autor rejeita predições de que a multipolaridade será confusa e instável. Muito pelo contrário, um sistema múltiplo de poder poderia levar a uma maior cooperação internacional. Considerando as perspectivas muito diversas que têm que ser levadas em conta ao tomar decisões de importância global – por exemplo, quanto à mudança climática –, uma ordem bipolar ou multipolar pode ser muito mais adequada do que uma ordem ocidentocêntrica.

Acharya argumenta que "nenhum analista ocidental destacado ... aceita que o declínio dos Estados Unidos possa ser bom para a ordem internacional, seja em geral, seja em áreas específicas como desenvolvimento, governança e justiça internacional".[58] Ao mesmo tempo, as análises anteriores mostram que as previsões de que a multipolaridade levará à instabilidade não têm como contar com o apoio de evidências históricas ou teóricas sólidas. Assim, de uma perspectiva estadunidense, investir muito tempo e energia na manutenção da ordem liderada pelo Ocidente arrisca ser interpretado por outras potências como egoísta, e não como produto de uma preocupação mais ampla com a estabilidade global. Como sustenta Van der Putten, "não é do interesse da Europa apoiar a perpetuação da liderança global dos Estados Unidos a qualquer custo, se isso envolver perigo de instabilidade em longo prazo [e] a paralisação da governança global".[59]

Um exemplo importante dessa política de visão estreita foram as iniciativas dos Estados Unidos de frustrar a criação do Banco Asiático de Investimento em Infraestrutura (BAII), liderada pela China em 2015, o que representou, aos olhos dos países em desenvolvimento, pouco mais que uma tentativa de perpetuar o controle dos principais bancos de desenvolvimento, sem muita preocupação com a provisão de bens globais. Acharya também evoca um novo olhar sobre o regionalismo na ordem pós-unipolar, destacando que a maioria das potências será incapaz de projetar influência significativa além de suas respectivas regiões e que organizações como a Comunidade Econômica dos Estados da África Ocidental (Cedeao) e a Associação de Nações do Sudeste Asiático (Asean, na sigla em inglês) se tornarão organizações multipropósito mais sofisticadas. A Nova Parceria para o Desenvolvimento da África (NPDA), a União Africana (UA), a Cedeao e a União de Nações Sul-Americanas (Unasul) começaram a estabelecer mecanismos de revisão por pares que podem levar à punição, suspensão e mesmo à intervenção em Estados-membros que não respeitem a democracia ou os direitos humanos. Mesmo a Asean, a despeito de todas as possibilidades de fracasso, estabeleceu um mecanismo intergovernamental de direitos humanos. O autor argumenta que o regionalismo permaneceu "aberto" e solidário para com os regimes multilaterais, de modo que preocupações com formação de "blocos" competitivos costumam ser exageradas. Em vez disso, escreve Acharya, a proliferação e ampliação de funções de instituições regionais podem "introduzir diversidade e liderança saudáveis na ordem mundial emergente, em vez da predominância singular do poder norte-americano e dos modelos legalistas e centralizados de cooperação da UE".[60] Olhando para o futuro, o autor não acredita que nenhuma das potências emergentes será capaz de substituir a hegemonia dos Estados Unidos – antes, elas assumirão liderança regional no seio de um modelo de concerto.

Pensadores convencionais nos Estados Unidos perguntarão o que a China fez ao longo dos últimos anos para prover bens públicos globais, argumentando que a retirada militar dos Estados Unidos da Ásia levaria vários vizinhos da China a adquirirem armas nucleares. Quem vai assegurar as rotas marítimas? Do mesmo modo, eles chamarão atenção para o fato de que, sem o poder militar norte-americano, o mundo teria sido incapaz de impedir o genocídio em Kosovo.

Não há dúvida de que os Estados Unidos continuam a ser indispensáveis quando se trata de bens públicos específicos como intervenção militar para deter genocídios (pilar três da Responsabilidade de Proteger, R2P). Do mesmo modo, a Europa e os Estados Unidos aceitam muito mais refugiados (por exemplo, da Síria e do Iraque) do que potências emergentes como a China. Ainda assim, as contribuições da China cresceram de forma considerável ao longo da última década – muito notavelmente em algumas instâncias, considerando que a China ainda está num estágio muito precoce do seu processo de desenvolvimento. Pequim já está ativamente envolvida na luta contra a pirataria, e a criação de uma marinha de águas azuis plenamente operacional vai aumentar sua capacidade de prover segurança marítima. Quanto se trata de soberania versus direitos humanos, a postura de Pequim se tornou muito mais pragmática. Nos últimos anos, Pequim apoiou várias resoluções do Conselho de Segurança da ONU sobre a Síria, inclusive a destruição das armas químicas sírias e um plano de acesso humanitário. Há muito a criticar na política externa de Pequim, e o impacto da ascensão da China nas normas globais de direitos humanos é uma preocupação válida, mas a China já não pode ser facilmente acusada de deixar de contribuir para os bens públicos globais, não mais do que as potências estabelecidas.

Como um cenário desse tipo afetará as relações sino-estadunidenses, de longe o relacionamento mais importante no mundo das próximas décadas? Mencionando a centralidade desse relacionamento para o futuro da ordem global, Kissinger escreve que, apesar de sua importância para a ordem global, tanto a China quanto os Estados Unidos são profundamente ambivalentes sobre o sistema internacional. Enquanto Pequim nunca usufruiu de tanta influência na era moderna, os Estados Unidos têm pouca experiência em lidar com outro ator de poder comparável.[61] Ele também destaca com acerto que Washington e Pequim têm muito em comum:

ambos se consideram únicos, mesmo que o excepcionalismo dos Estados Unidos resulte numa obrigação moral de apoiar e promover valores em todo o mundo por motivos que estão além da razão de Estado.

O mais provável será testemunharmos uma "rivalidade administrada" em fluxo constante, que vai exigir adaptação contínua aos termos sempre em alteração do relacionamento, implicando renegociação e ajustes contínuos – situação que é muito diferente daquela dos primeiros anos do pós-Guerra Fria, quando a relação Estados Unidos-China era relativamente estática. Como diz Michael Mastanduno, desde a crise financeira de 2008, já não é mais possível chegar a um "grande acordo", tácito ou explícito, por um longo período de tempo.[62] Como a China vai buscar enfatizar consumo doméstico, os laços econômicos entre os dois não serão mais tão próximos quanto antes, embora o princípio de "destruição econômica mutuamente assegurada" – por exemplo, se a China liquidasse suas reservas em dólares – vá continuar a vigorar.

Apesar dessa rivalidade, um conflito de larga escala entre os dois é improvável por uma série de razões. Uma delas é que não há apoio no pensamento dominante nos Estados Unidos para conter a China. John Mearsheimer recomenda que os formuladores de política norte-americanos busquem "formar uma coalizão de equilíbrio com tantos vizinhos da China quanto for possível. O objetivo básico seria construir uma estrutura de aliança na linha da Otan, que foi um instrumento altamente efetivo para conter a União Soviética durante a Guerra Fria".[63]

Se buscassem criar e liderar uma aliança anti-China na Ásia, entretanto, os Estados Unidos enfrentariam três obstáculos. Não só a aliança abrangeria Estados que não confiam um no outro (por exemplo, Japão e Coreia do Sul), o que pode levar a problemas de ação coletiva (comportamentos de caroneiro ou "parasitismo"), mas, com todos os países participantes cada vez mais dependentes da economia da China, seria reduzida a sua disposição de se opor a Pequim (embora, em princípio, eles tenham mais propensão a equilibrar a China e aderir ao Estado mais forte, já que a China representa uma ameaça maior que os Estados Unidos). Por fim, haja vista a distância geográfica entre os membros da aliança, os Estados

Unidos teriam que investir muito tempo e energia para coordenar uma estratégia de contenção. Os países da região mais provavelmente optariam por uma estratégia de hedging ou proteção, mantendo os Estados Unidos como aliado seguro, mas se beneficiando de maior integração econômica com a China. Em consequência, países como o Vietnã e as Filipinas podem despontar como grandes beneficiários dessa dinâmica, desde que joguem as cartas certas. O que quer que os Estados Unidos escolham fazer na região, parece certo que a multidão de vizinhos relativamente fortes retardará de forma significativa as ambições globais chinesas – à diferença dos Estados Unidos, ela não tem o privilégio de declarar a sua "Doutrina Monroe" logo de início.

Alguns alarmistas acreditam que o comércio pode aumentar o risco de conflito, em vez de reduzi-lo. Aaron Friedberg, por exemplo, encara o comércio como uma causa potencial de atrito, argumentando que "se disputas de comércio, taxas de câmbio, fluxos de investimento, acesso e controle de commodities escassas se desequilibram, elas se tornam cada vez mais truculentas ... a totalidade do relacionamento pode se desfazer a uma velocidade surpreendente".[64] Entretanto, o custo de um conflito militar com os Estados Unidos, mesmo se limitado a meios convencionais, será proibitivamente alto para a China pelas próximas décadas. Laços comerciais crescentes acrescentarão mais uma camada, o que torna o conflito militar menos provável (embora exemplos como o conflito entre a Alemanha e o Reino Unido na Primeira Guerra Mundial mostrem que o comércio não torna o conflito impossível). Há poucos indícios de tensão sistêmica crescente.

Conclusão

Esta análise não é exaustiva em absoluto e não reivindica "resolver" o complexo debate sobre a ordem global futura. Antes, ela busca articular uma visão mais serena e questionar o coro de relatos alarmistas que pintam o fim da liderança ocidental como algo aflitivo. Como mostro acima, o enredo mais provável nas décadas futuras é o da assim chamada bipolaridade assimétrica, no qual os Estados Unidos terão domínio militar, ao passo que a China vai passar a ser a economia mais importante do mundo. A dinâmica que vai moldar este sistema é subestudada, e estamos longe de saber ao certo se ele vai ser durável ou pacífico. Mesmo que possa persistir por décadas, ele não será inerentemente estável. Em vez disso, estará sempre sujeito a renegociação constante, se a China puder sustentar a sua posição de liderança econômica. Mais importante, entretanto, a análise sugere que as advertências de caos pós-unipolar iminente sejam exageradas e provavelmente resultado de uma visão de mundo ocidentocêntrica, em vez de uma análise objetiva.

3. O futuro do *soft power*

CONSIDERANDO A EXTENSÃO do *hard power* descrita no capítulo anterior, uma questão crucial é saber se o *soft power* no mundo emergente ascendeu de maneira proporcional. Pode o *soft power* dos Estados emergentes rivalizar com o do Ocidente, à medida que expanda sua presença global, e estarão outros Estados propensos a seguir sua liderança e se submeterem às suas vontades? Serão os países do Brics capazes de desafiar a atratividade e a capacidade do Ocidente de dirigir a agenda global? Estados buscarão emular potências não ocidentais emergentes e considerar suas políticas, valores ou instituições desejáveis e dignas de serem imitadas? A resposta mais comum a essas perguntas é não, e há evidência de que o Ocidente irradie muito mais *soft power* do que qualquer outra potência não ocidental. Cogita-se que isso, por sua vez, prolongue a predominância do Ocidente.

Contudo, meu argumento é de que o grau em que a preponderância de *soft power* é baseada em fontes de *hard power* é maior do que geralmente se reconhece. Em consequência, a multipolarização econômica vai criar condições para que potências não ocidentais como a China e a Índia se equiparem de forma significativa no domínio do *soft power*. Por exemplo, as principais alianças dos Estados Unidos na Ásia hoje (como Japão e Índia) não são produtos apenas do *soft power* ocidental, mas de garantias de segurança. Questões relacionadas a *soft power*, como desastres reputacionais como a Guerra do Iraque, têm um impacto muito limitado nas fundações da posição dos Estados Unidos no mundo. Do mesmo modo, à medida que a China e outras potências emergentes ascenderem na esfera econômica, elas terão potencial para adquirir aliados e criar políticas globalmente populares, como financiar a "Nova Rota da Seda", uma estrada de ferro conectando o Brasil ao oceano Pacífico ou investimentos de larga escala em energia verde. Dito de outra forma, embora a liderança do Ocidente no campo do *soft power* seja real, uma parcela maior do que pensamos deste *soft power* é suscetível de mudanças de poder econômico, e grande parte delas não pode ser sustentada sem *hard power*.[1] Embora o *soft power* possa, em algumas instâncias, ser convertido em *hard power* (por exemplo, atraindo imigrantes talentosos para ajudar a desenvolver a economia, promovendo inovações num ambiente de liberdade de expressão), este último ainda é decisivo quando se trata de discutir o futuro da ordem global. Assim, a desvantagem relativa das potências emergentes no campo do *soft power* é de menor importância para o futuro da ordem global do que se costuma pensar.

A discussão sobre *soft power* é complicada por limitações teóricas do conceito inventado por Joseph Nye em 1990.[2] O conceito é um tanto vago, e isso, combinado com o ocidentocentrismo de muitos dos que o utilizam (com frequência distorcendo a ideia original de Nye), significa que as análises que o empregam podem chegar a diferentes conclusões. Apesar desses problemas, contudo, existem inegavelmente importantes fontes de poder além da força econômica ou militar, e elas merecem ser estudadas em detalhe no contexto de multipolarização cada vez maior. O debate sobre atores não ocidentais ascendentes e *soft power* aponta para questões intrigantes sobre a capacidade de potências ascendentes de aumentar sua influência global e dar forma à agenda internacional. Essa disputa está longe de ser resolvida, e não há nenhum consenso sobre como a falta de liberdade política na Rússia e na China, os altos níveis de pobreza (na Índia) e a violência (no Brasil) afetam a sua capacidade de influenciar outros além das formas tradicionais de poder. Com efeito, o fato de que o mundo está se tornando cada vez mais dominado por potências com PIB per capita relativamente baixo e desafios internos típicos de países em desenvolvimento complica a discussão sobre quem pode servir de modelo no futuro e para quem os países pobres vão olhar em busca de orientação, inspiração e emulação.

Não há dúvida de que, apesar de seu crescimento econômico notável durante a primeira década do século XXI, a capacidade de a China e outros

Estados ascendentes aumentarem o seu *soft power* é altamente desigual, e eles ainda lutam para rivalizar com as potências ocidentais estabelecidas na maior parte da dimensão do conceito. Ainda assim, muitos dos argumentos usados por analistas sobre por que o *soft power* da China é limitado – muitas vezes construídos a partir de uma perspectiva ocidentocêntrica – estão destinados a perder força uma vez que o peso econômico da China aumente.[3] É verdade que a China hoje tem poucos aliados, mas isso vai mudar cada vez mais, à medida que ela for capaz de apoiar economicamente um grande número de países ou fornecer a eles garantias de segurança. Do mesmo modo, as alianças que os países manterão com os Estados Unidos podem perder força. Embora a ascensão de uma aliança anti-China na Ásia seja uma possibilidade, os vizinhos também serão influenciados pelo poder econômico de Pequim. Os sucessos diplomáticos recentes da China, quando até mesmo países céticos em relação às intenções de Pequim buscaram se afiliar ao novo Banco Asiático de Investimento em Infraestrutura, parece corroborar esse argumento. Os esforços constantes de líderes chineses para expandir a cooperação econômica podem ter um efeito maior sobre as sociedades da região do que a abordagem dos Estados Unidos, que é centrada em garantias de segurança. Como escreve Harrington:

> Desde o ano 2000, o comércio bilateral entre a China e os dez membros da Associação de Nações do Sudeste Asiático cresceu dez vezes, de 32 bilhões de dólares para 350 bilhões no ano passado, podendo alcançar os 500 bilhões de dólares em 2015. À medida que a China crescia para tornar-se a maior parceira comercial do Sudeste Asiático, os Estados Unidos escorregaram para o quarto lugar, com apenas 206 bilhões de dólares de comércio total com a Asean no ano passado.[4]

O poder econômico é, portanto, uma precondição fundamental para uma projeção global de *soft power* – e foi em grande parte devido à ascensão econômica do Ocidente que ele foi capaz de adquirir *soft power*, conforme detalhado no capítulo 1. Embora possa haver uma demora para traduzir *hard power* em *soft power*, a China ou qualquer outra potência ascendente vai, neste tocante, provavelmente fortalecer a sua capacidade de melhorar sua imagem nos assuntos globais e propor narrativas competitivas sobre a ordem global tanto no passado quanto no presente. Naturalmente, o crescimento do *soft power* da China também dependerá do ritmo em que os padrões de vida dos cidadãos médios melhorarem, sendo atualmente ainda muito inferiores aos do mundo rico.

Nas décadas vindouras, a predominância econômica da China pode, assim, permitir que ela rivalize com os Estados Unidos não só em termos militares, mas também na capacidade de atuar como definidora de agenda e administradora global, em parte através das novas instituições descritas nos capítulos 4 e 5, que ajudam a China a institucionalizar e legitimar sua influência crescente. Num momento posterior, talvez a décadas de distância, ela pode até mesmo começar a competir com os Estados Unidos em sua capacidade de atrair os pesquisadores mais importantes do mundo e de ser vista como culturalmente atraente (como o foi até meados do século XIX), desde que seu PIB per capita se aproxime daquele dos países ricos. Para muitos no Ocidente, isto vai soar contraintuitivo, estando eles convencidos de que a ocidentalização é o único curso possível da história. Entretanto, a sinicização e a influência crescente da China em todos os aspectos das relações globais provavelmente se tornarão um fenômeno de ampla discussão – se não em termos de cultura, pelo menos em relação a coisas como tecnologia ou planejamento urbano. Isso não significa que formas autocráticas de governo serão um dia mais atraentes que as democráticas – longe disso. Significa, entretanto, que uma parcela maior do que se costuma pensar de *soft power* pode ser alcançada através de meios *hard power*, os quais se estendem desde a provisão de bens globais (como nos campos de segurança marítima, mudança climática, saúde global e estabilidade financeira) até o financiamento de projetos de infraestrutura de larga escala em todo o mundo.

As limitações do *soft power*

O conceito de *soft power* é uma das inovações mais notáveis na disciplina das relações internacionais desde o final da Guerra Fria. É uma das poucas ideias desenvolvidas na academia que foi adotada com sucesso por formuladores de política em todo o mundo. Com efeito, é difícil superestimar a velocidade com que a noção de *soft power* se difundiu da academia para as discussões políticas práticas. Hillary Clinton foi chamada de a "secretária de Estado *soft power*" porque abraçou plenamente o conceito, e o ministro das Relações Exteriores da Índia Shashi Tharoor usou a ideia muitas vezes para desenhar o lugar da Índia no mundo.[5] Mesmo o governo chinês fez do *soft power* um tema central para a sua política externa. Além disso, firmas de consultoria estabeleceram índices de *soft power* para classificar países.[6] Os formuladores de política externa brasileiros fizeram do *soft power* uma das marcas registradas da sua estratégia de política externa.[7] Até mesmo a Rússia, vista por muitos no Ocidente como um país totalmente desprovido de *soft power*, aderiu ao conceito. Em 2014, a Rússia esboçou uma nova doutrina de *soft power*, intitulada "Estratégia Integrada para Expandir a Influência Humanitária da Rússia no Mundo". O plano, segundo o ministro das Relações Exteriores Sergey Lavrov, era se contrapor às "medidas sem precedentes para desacreditar a política russa e distorcer a imagem da Rússia".[8] Exemplos incluem ajuda humanitária, como o financiamento do Centro Humanitário Russo-Sérvio, aberto em 2012 na cidade sérvia meridional de Nis para ser um centro de assistência de alcance regional para situações de desastre.[9]

O amplo interesse por estratégias de *soft power* repousa em parte sobre o fato de que exercer *soft power* é mais barato do que meios mais tradicionais de aumentar o poder. O conceito de *soft power* é de que nações apoiarão voluntariamente os desejos e interesses de determinada nação, pois de algum modo ela terá cultivado sua lealdade e apoio através de ações, qualidades e políticas que granjeiam admiração e respeito. O poder, costuma enfatizar Nye, é "a capacidade de influenciar outros para obter resultados desejados".[10] Portanto, o *soft power* é o uso de "atração e persuasão, em vez de coerção e força, em política externa. Ele advém da atratividade da cultura, dos ideais políticos e das políticas de um país". Trata-se, assim, da capacidade de um país de obter o que quer mediante atração e persuadindo outros a adotar suas metas. *Soft power* envolve liderar pelo exemplo. Como explica Hall:

"Enquanto o *hard power* muda os custos ou benefícios externos em face de um ator, o *soft power* altera antes de tudo a percepção de um ator do que é desejável ou indesejável."[11] Ele difere do *hard power*, que é a capacidade de usar recompensa e punição mediante força econômica e militar para fazer que outros sigam a sua vontade.

Embora o conceito seja adotado por formuladores de política, vários exemplos históricos levantam questões sobre o verdadeiro impacto do *soft power*. Por exemplo, após a Primeira Guerra Mundial, Woodrow Wilson foi talvez, numa escala global, o mais popular presidente norte-americano da história. Seus discursos sobre autodeterminação e paz global inspiraram milhões de pessoas na Europa e no Sul Global. Em todo o continente europeu, ele era saudado como uma celebridade e centenas de milhares se enfileiravam nas ruas para vê-lo. Ele possuía um *soft power* quase ilimitado, mas, ainda assim, durante as negociações em Versalhes, Wilson não conseguiu que as coisas saíssem a seu modo.[12] Clemenceau e Lloyd George, dois negociadores políticos experientes, foram defensores tenazes dos interesses de suas nações. O *soft power* de Wilson revelou-se de pouca ajuda. A incapacidade de Wilson de cumprir suas promessas em Paris levou a protestos antiamericanos em todo o mundo, inclusive no Egito, na Coreia e na China.[13] É preciso destacar também as "fontes *hard*" do *soft power* de Wilson: ele foi o primeiro presidente a contratar um time profissional de marketing: essa iniciativa deu lugar a uma rede de propaganda global sem precedentes durante a Primeira Guerra Mundial para promover sua retórica de autodeterminação. Mais importante, ele foi o líder da nação cujo esforço fora decisivo para a vitória na Primeira Guerra Mundial.

A emulação – ser copiado por outros países – é vista como uma manifestação especialmente poderosa de *soft power*. Contudo, o exemplo da Restauração Meiji no século XIX complica esta afirmação. Ideias e valores ocidentais eram extremamente populares e influentes no Japão da época, mas não lograram alinhar o Japão com o Ocidente. Para dar um exemplo final, a adoção da democracia pelo grupo palestino Hamas não o transformou de modo algum em aliado do Ocidente. Isso devia servir como advertência para todos aqueles que sustentam que a democratização chinesa acabaria com o risco de confrontação com o Ocidente. Muito pelo contrário, uma China democrática poderia adotar uma política externa muito mais nacionalista e agressiva, confrontando ativamente a presença militar dos Estados Unidos na Ásia. Do mesmo modo, isso projeta advertências importantes quanto à afirmativa de que o *soft power* limitado da China a impedirá de exercer influência global.

A importância da opinião pública, outra questão muitas vezes mencionada no contexto do *soft power*, também deve ser avaliada cuidadosamente. Tomando o exemplo do Brasil, Bruk escreve: "O Brasil é um Estado em que o *soft power* desempenha um papel primário. Em sua maior parte, a percepção geral do país no exterior é positiva: o Brasil é visto como um Estado com uma economia e setores sociais em desenvolvimento rápido, uma cultura atraente e exótica e ricos recursos naturais."[14] Um estudo realizado em 2013 por uma das mais importantes escolas de administração de empresas, o Insead, observou que "o Brasil é um país atraente no sentido tradicional do *soft power*. Possui uma cultura popular atraente e uma sociedade multicultural cujo povo interage bem com os demais".[15] Com efeito, o próprio governo brasileiro adotou esta narrativa.

Contudo, conforme já mencionado, o desafio enfrentado por estudiosos é fornecer evidências de como isso gera quaisquer benefícios tangíveis para o interesse nacional brasileiro. Avaliações superficiais como as apresentadas acima estão desinformadas dos lados não atrativos do Brasil. Por exemplo, o Brasil é um dos países mais perigosos do mundo para jornalistas: 65% dos jornalistas assassinados no Brasil desde 2011 estavam fazendo reportagens sobre corrupção, e funcionários do governo são suspeitos de serem os perpetradores em 52% dos casos.[16] Por fim, chamar a cultura brasileira de "exótica" é uma visão ocidentocêntrica que provavelmente não há de gerar muito apoio nos países latino-americanos. O *soft power* do Brasil é forte em alguns países, mas não em outros, e particularmente forte entre aqueles cuja noção de Brasil é baseada em um conhecimento relativamente superficial.[17]

Do mesmo modo, analistas ocidentais com frequência presumem de maneira confiante que a China jamais será tão atraente quanto regimes democráticos, mas populações na África e em outras partes do mundo podem não necessariamente concordar. Como enfatiza Trevor Moss:

> Em muitos Estados, a China está provavelmente perdendo tempo e recursos ao tentar convencer pessoas a assistir à Televisão Central da China, abarrotar as bancas de jornal com versões em inglês do *China Daily* ou cofinanciar seus Institutos Confúcio. Essas iniciativas estão fadadas ao fracasso em certos contextos. Porém, essas mesmas iniciativas podem funcionar muito bem em outros lugares.[18]

Tudo isso mostra que o *soft power* é inerentemente relacional. O modelo de desenvolvimento da China e dos países do Brics pode parecer atraente para vários países africanos, mas o baixo PIB per capita e os profundos desafios socioeconômicos desses países têm pouca probabilidade de gerar muita simpatia por seus modelos na Europa. Com efeito, embora o Brics possa ser visto como um fenômeno excêntrico de poucas consequências no mundo rico, o oposto é verdade em países mais pobres, e muitos governos – desde Turquia, México, Sudão, Irã, Egito e Argentina até Nigéria e Indonésia – expressaram interesse em aderir ao grupo. Da perspectiva chinesa, contudo, desfrutar de *soft power* em sua vizinhança pode ser tão ou mais importante do que as opiniões europeias e norte-americanas sobre o assunto, na medida em que a China está consciente do fato de que seria quase impossível um país pobre ser admirado ou emulado por países ricos.

O próprio Nye às vezes cita a assistência econômica como um exemplo de *soft power*, embora ela exija recursos financeiros, os quais, por sua vez, são um elemento de *hard power*. Países ricos podem dar ajuda econômica, países pobres não. Na verdade, vários países do Brics se tornaram países doadores ao longo das décadas passadas. Uma parte disso há provavelmente de ter aumentado a sua atratividade perante governos de países pobres. Essa estratégia redunda em pouco mais que comprar influência, o que, em essência, é uma manifestação de poder econômico tradicional.

Nye escreve que o *soft power* é intangível, mas que a credibilidade econômica, embora intangível, depende muito de recursos tangíveis, como a ameaça gerada pela existência de um grande exército. Mesmo uma diplomacia sagaz, aparentemente um bem intangível, necessita de uma rede global de embaixadas, o que exige recursos financeiros para sustentá-las. O grau em que o *hard power* é um pré-requisito do *soft power* é ilustrado quando pensamos nas potências emergentes. Muitos observadores escreveram sobre o *soft power* crescente do Brics durante a primeira década do século XXI, mas isso se deu em grande parte por conta de seu rápido crescimento econômico então, que é expressão de seu *hard power* (real ou presumido). Do mesmo modo, muitos observadores apontaram para o *soft power* declinante do Ocidente, precisamente por causa da sua economia estagnada. Desse modo, a noção de *soft power* obscurece uma relação complexa entre comportamentos, recursos e estratégia, e implica, falsamente, usar *hard power* como sinônimo de poder de comando e de recursos *hard power*, e *soft power* como sinônimo de poder de cooptação e de recursos *soft power*. Assim, potências emergentes como a China e a Índia, desde que joguem as cartas certas, possuem muito mais potencial de *soft power* do que se costuma pensar: por exemplo, a China poderia desempenhar um papel de liderança em segurança marítima (combatendo a pirataria), manutenção da paz (ela já é a principal provedora de tropas) e mudança climática, o que aumentaria fortemente o seu *soft power*. Com efeito, vários dos exemplos institucionais apresentados nos capítulos 4 e 5, tais como o Novo Banco de Desenvolvimento, são exemplos de como as potências emergentes estão buscando transformar *hard power* em *soft power*.

Soft power e ocidentocentrismo

A aplicação da ideia de *soft power* ao caso da China mostra como o conceito é contaminado por nossa visão de mundo ocidentocêntrica. Nye criticou os esforços da China para adquirir *soft power* através de projetos centralizados, como a difusão dos Institutos Confúcio ou a fundação da Associação de Diplomacia Pública da China.[19] Apesar de "gastar bilhões de dólares para aumentar seu *soft power*... a China só teve um retorno limitado de seu investimento",[20] escreve ele. Todavia, enquanto a popularidade de artistas como Andy Warhol em todo o mundo é vista como um exemplo do *soft power* dos Estados Unidos, poucos diriam que a popularidade de Ai Weiwei no Ocidente é um exemplo do *soft power* chinês.[21] Isso tende a sugerir que nós também apequenamos ou subestimamos as fontes não ocidentais de *soft power*.

Por fim, o caso do Brasil (um dos poucos países com ambições globais que decidiu não se empenhar em *hard power*) parece sugerir que o *hard power* ainda é muito mais importante do que se costuma pensar. Stolte argumenta:

> Para Grandes Potências e aspirantes a esse status, as expectativas de papel mudaram. Os privilégios das Grandes Potências de usar força e decidir sobre as questões mais cruciais do mundo já não são mais conquistados por violência e superioridade militar, mas obtidos mediante persuasão e demonstração do merecimento de receber este status.[22]

Contudo, três exemplos podem ilustrar como o *hard power* continua a importar mais do que qualquer outra coisa. Primeiro, enquanto o Brasil decidiu assinar o Tratado de Não Proliferação (TNP) em 1998 e se tornou um "bom cidadão global", a Índia se recusou a assinar e testou armas nucleares naquele mesmo ano. Hoje, os Estados Unidos não só reconhecem o status de potência nuclear da Índia, mas também apoiam oficialmente a candidatura da Índia a um assento permanente no Conselho de Segurança da ONU – ao passo que Washington apenas "aprecia" o desejo do Brasil de entrar para o Conselho de Segurança em bases permanentes (uma diferença que pode ser explicada em grande parte pela crença dos Estados Unidos de que a Índia é um elemento crucial para equilibrar a ascensão da China). O segundo exemplo é a tentativa do Brasil de chegar a um acordo nuclear com o governo iraniano em 2010, o que foi recebido com grande rejeição no Ocidente, em grande parte porque o Ocidente não acredita que o Brasil possua legitimidade para negociar um acordo. O exemplo final é a rejeição pelo P3 das preocupações do Brasil e da Índia quanto à implementação da Resolução 1973 do Conselho de Segurança da ONU relativamente à intervenção na Líbia, um tópico que, segundo formuladores de política em Londres, Paris e Washington, era demasiado pesado para ser discutido com países como o Brasil, percebidos como pesos leves. Em cada um desses três casos, a falta de *hard power* limitou decisivamente as ambições de grande potência de Brasília.

Potências emergentes e *soft power*

Ao aplicar o potencial de poder de Estados emergentes em três áreas principais relacionadas a *soft power* – diplomacia cultural, legitimidade internacional/capacidade de definir agenda e capacidade de atração de cada sociedade –, torna-se claro que o desempenho dos agrupamentos é altamente desigual, mas que as limitações não são de todo estruturais, como a maioria dos observadores acreditaria intuitivamente.

A diplomacia cultural – uma troca de ideias, informação, arte e outros aspectos da cultura entre nações e seus povos a fim de fomentar entendimento mútuo – é um instrumento cada vez mais usado por Estados ascendentes para melhorar sua imagem no exterior. Ensino do idioma, intercâmbio acadêmico e visita de artistas são o marco da diplomacia cultural, uma estratégia empreendida por todas as potências ascendentes, embora a China seja a única com capacidade financeira para fazê-lo de maneira sistemática. Em 2011, pela primeira vez em quinze anos, a sexta sessão plenária do 17º Comitê Central do Partido Comunista se concentrou em vários aspectos culturais e falou da necessidade da China de promover "seu setor cultural a fim de fomentar seu *soft power*".[23] Conforme relatou o *New York Times*:

> Numa época em que a maioria das empresas de rádio, televisão e jornais está reduzindo gastos, os gigantes estatais da mídia noticiosa da China estão se expandindo rapidamente para a África e em todo o mundo em desenvolvimento. Eles esperam dar suporte à imagem e à influência da China mundo

afora, sobretudo em regiões ricas em recursos naturais, necessários para abastecer as indústrias que são os motores da China e ajudar a alimentar sua imensa população.[24]

Em 2009, a China lançou um projeto com orçamento de 6,58 bilhões de dólares chamado Waixuan Gongzuo, expressão que pode ser traduzida por "propaganda ultramarina".[25] Hillary Clinton, citando a presença crescente de órgãos apoiados pelo Estado, como o canal russo Russia Today (RT) ou a Televisão Central da China (CCTV, na sigla em inglês), sustentou durante a reunião de uma comissão do Congresso: "Nós estamos engajados numa guerra de informação e estamos perdendo essa guerra."[26] Além da RT, a Rússia reorganizou a agência de notícias RIA Novosti e demitiu uma parte significativa da sua equipe, inclusive sua gerência relativamente independente. O novo líder da agência anunciou, então, o lançamento da Sputnik, uma rede de centros de notícias em mais de trinta países, com mil funcionários produzindo rádio, mídia social e conteúdo de agência de notícias em línguas locais.[27]

Como a Rússia e a China, os Estados Unidos e os países europeus têm grande experiência com diplomacia cultural, financiando radiodifusores como Voice of America, BBC, France Info e Deutsche Welle. Igualmente, eles financiam programas culturais através do British Council, da Alliance Française, do Instituto Goethe, do Instituto Cervantes, e assim por diante. Nesse sentido, nada há de excepcional quanto às estratégias das potências emergentes.

Apesar da ascensão de redes de notícias não ocidentais como a RT e a CCTV, as potências emergentes terão dificuldades enormes para criar fontes de notícias capazes de desafiar os atores ocidentais estabelecidos e as narrativas que eles desenvolvem. É aqui que o poder do Ocidente é mais resiliente, e mudanças nessa área serão provavelmente muito mais lentas. Será difícil desafiar a CNN e a BBC, pois a evidência mostra que nem a CCTV nem a RT contam com os mesmos níveis de confiança de que desfrutam os radiodifusores ocidentais.[28] Ainda assim, a ascensão da

Al Jazeera mostra que órgãos de mídia não ocidentais podem, em princípio, gerar visibilidade global e ganhar credibilidade significativa.

Muitos observadores ocidentais vão considerar perigosa a ascensão de potências não ocidentais capazes de questionar a distribuição corrente de poder, e verão o fim da unipolaridade como uma ameaça existencial ao projeto cosmopolita e à retórica universalista ocidental. Nesse contexto, é claro, a retórica revisionista dos Estados ascendentes não aumenta seu *soft power* no Ocidente. Do mesmo modo, quando Nye explica o papel do *soft power* no esforço dos Estados Unidos para construir uma ordem pós-Segunda Guerra Mundial, suas ideias, muito naturalmente, são estadunidocêntricas, e constituem, em essência, uma narrativa de apoio à hegemonia dos Estados Unidos:

> Os Estados Unidos certamente não estão acima do uso da força. Estiveram em guerra com um país ou outro por grande parte do século passado. O *soft power*, porém, propiciou uma narrativa. Muitos povos – embora decerto não todos – acreditam que a América atua com boas intenções e é basicamente um poder benigno. Isto é um grande embuste. A China, em comparação, teve poucas guerras nas décadas recentes. Não obstante, costuma ser vista com suspeição.[29]

Estados ascendentes e muitos países em desenvolvimento podem discordar e considerar que a multipolarização e a contestação da hegemonia dos Estados Unidos são uma mudança necessária para garantir que normas e regras serão respeitadas, de modo que a retórica revisionista russa pode fortalecer a rejeição entre estadunidenses e europeus, mas fomentar a imagem da Rússia em lugares como a Venezuela e o Equador, onde o antiamericanismo é predominante. Muitos formuladores de política no mundo emergente concordariam com Reich e Lebow quando eles argumentam que "os Estados Unidos violaram as responsabilidades e papéis atribuídos a uma potência dominante... constituindo tanto uma ameaça à ordem e à estabilidade globais quanto um possível pilar de sua preservação".[30] Isto explica por que Venezuela e Cuba, dois países com pouco *soft power* no Ocidente, ainda desfrutam de considerável *soft power* América Latina afora, apesar da deficiência de seus modelos econômicos e de seus problemas com direitos humanos. Como enfatizaram Tomila Lankina e Kinga Niemczyk:

> *Soft power*, como nos lembra Nye, consiste em atração. Subestimar a verdadeira magnitude da atração da Rússia para uma variedade de clientelas e plateias arrisca mais erros de cálculo da parte dos formuladores de política ocidentais quanto às intenções da Rússia. Uma razão para a relativa negligência em relação à marca de *soft power* autoritário de Putin e a presunção anterior de muitos observadores... de um processo teleológico de difusão gradual da democracia e valores associados entre as nações pós-comunistas... A premissa subjacente do Conceito de Política Externa Russo de 2013 é a percepção do Ocidente como uma fonte de instabilidade e perigo no sistema internacional – seja ao causar crises econômicas e financeiras; intervir em crises regionais sem mandado da ONU; ou intrometer-se em assuntos internos de Estados soberanos em nome da promoção da democracia.[31]

Assim, a discussão sobre legitimidade, uma fonte importante de *soft power*, é marcada por visões decididamente diferentes quanto ao statu quo – a distribuição corrente de poder e hierarquia – ser ou não legítimo. Todo país abraça separadamente os seus valores particulares, e os formuladores de política, em vez de adotarem uma estratégia de política externa para aumentar seu *soft power*, tendem meramente a apresentar suas políticas já definidas em termos de *soft power*. Descrever algo como um recurso de *soft power* pode "servir como uma validação endógena de políticas e de discursos nacionais que os praticantes da política defendem".[32] Por isso, o *soft power* tem utilidade política ao servir para reafirmar políticas e valores com os quais os atores políticos já trabalham.

Muitos dos argumentos usados por analistas sobre por que a China carece de legitimidade (e, portanto, por que seu *soft power* é limitado) e por que o mundo vai descortinar a natureza de toda e qualquer "ofensiva de charme" chinesa[33] estão destinados a perder força uma vez que o peso econômico da

China aumente. É verdade que a China tem hoje poucos amigos, mas isso vai mudar se ela conseguir dar apoio econômico a um número crescente de países e fornecer a eles garantias de segurança. Do mesmo modo, as alianças que muitos Estados manterão com os Estados Unidos podem enfraquecer, conforme já vimos em lugares como África do Sul, Rússia e Venezuela. Na verdade, há considerável evidência de que, tomado separadamente, o *hard power* da China já está tendo um impacto considerável, permitindo que o país faça as coisas "a seu modo". Por exemplo, muitos líderes mundiais rejeitaram ou menosprezaram encontros com o Dalai Lama devido a pressões da China. Isso é sem dúvida uma consequência da crescente capacidade de Pequim de ameaçar e punir os que possam desafiá-la.[34] Analistas ocidentais, entretanto, continuam a ver as estratégias ocidentais de *soft power* como mais genuínas e honestas do que as de regimes não ocidentais e não democráticos, como a China.[35]

Por exemplo, a maioria dos analistas ocidentais considera o comportamento da China (ou de qualquer potência emergente) na África desumano e amplamente egoísta.[36] Num documento da Chatham House intitulado "Brazil in Africa: Just another Brics country seeking resources?", Christina Stolte pergunta: "Seria o Brasil apenas 'mais uma potência emergente no continente' mascarando seus interesses econômicos com projetos de ajuda a seus países parceiros?"[37] Não está claro, contudo, se o impacto da China ou da Índia na África é mais nocivo do que o da França ou da Grã-Bretanha. Não obstante, como escreve Kenneth King em *China's Aid and Soft Power in Africa*, a estratégia chinesa de *soft power* pode ser muito mais bem-sucedida na África do que no Ocidente.[38] Ele descreve como o número de africanos que recebem bolsas de estudo na China cresceu dramaticamente ao longo dos últimos anos e como a imagem ocidental negativa da China na África é contrastada por uma visão mais nuançada pelos africanos. Como escreve Trevor Moss: "Esses esforços educacionais são acondicionados respeitosamente – são uma tentativa de mostrar aos africanos como a China faz as coisas, não um meio de ensinar aos africanos como eles devem fazê-las."[39] *The Dragon's Gift*, de Deborah Brautigam – talvez a análise mais detalhada da presença da China na África –, chega à mesma conclusão: de que a reputação da China na África não é tão negativa quanto o Ocidente geralmente acredita.

Uma dinâmica muito semelhante se aplica à América Latina e ao Oriente Médio, e os analistas ocidentais costumam supor falsamente que suas apreensões sobre a China sejam compartilhadas no mundo em desenvolvimento. Com efeito, pesquisas mostram que as opiniões sobre a influência da China são positivas em grande parte da África e da América Latina, mas predominantemente negativas nos Estados Unidos e na Europa.[40] Considerando que o Ocidente tem mais a perder com a ascensão da China em termos relativos – sua predominância geopolítica –, as preocupações nos Estados Unidos e na Europa podem ser naturais e inevitáveis. As opiniões na África e na América Latina podem, portanto, ser muito mais representativas quanto à China ter ou não *soft power*, na medida em que essas regiões encaram a ascensão da China sem a conotação ameaçadora tão inculcada no Ocidente.

Para a China, a preocupação mais imediata será o impacto de suas iniciativas de *soft power* em sua vizinhança próxima. Nesse contexto, o *soft power* pode contribuir para reduzir comportamentos de equilíbrio mais explícitos em relação a Pequim. A evidência anedótica sugere que mesmo os países com registro de aversão à influência chinesa, como a Indonésia, estão optando pela reaproximação. Na Indonésia, um número cada vez maior de escolas está incluindo o mandarim em seus currículos, e a China envia professores para muitos países da região.[41] O potencial de esforço *soft* conjunto na região é significativo, pois milhões de chineses étnicos vivem nos países vizinhos.

Potências emergentes e capacidade de definir agenda

Quando se trata da capacidade de definir agenda, as potências estabelecidas permanecem relativamente dominantes, embora a China tenha feito progresso considerável. Em parte graças ao controle das instituições existentes, o Ocidente, liderado pelos Estados Unidos e pela Europa, continua a ser capaz de definir a agenda no debate internacional e dela incumbir-se numa escala global. Definir agenda é resultado de iniciar, legitimar e defender exitosamente uma questão política específica em economia, segurança ou qualquer outro campo. Por exemplo, ao considerar as três importantes questões que dominaram os assuntos globais em 2014 (Ucrânia, Estado Islâmico e ebola), torna-se claro quão poucas vezes países emergentes assumiram uma posição de liderança. De onde vêm as ideias que moldam a maneira como pensamos e agimos sobre esses desafios? O que disseram os formuladores de política em Brasília, Nova Déli e Pequim sobre o papel de seus países na produção de soluções tangíveis, e como essas opiniões afetaram a opinião e a política global?

Definir uma agenda internacional é um processo árduo e incerto. Exige uma combinação específica de fatores. O primeiro diz respeito a cérebro: o capital intelectual para desenvolver uma iniciativa ou resposta inovadora capaz de ajudar a comunidade internacional a lidar com um desafio global. Em segundo lugar, ela exige um líder nacional desejoso de investir capital político. Terceiro, requer alguma credibilidade internacional. Isso não tem a ver com *hard power* – pequenos países como a Noruega conseguiram definir a agenda em questões específicas. Não obstante, o propositor da iniciativa tem que ter a reputação necessária (por exemplo, um modelo doméstico bem-sucedido para lidar com a questão) para ser visto como legítimo. Por fim, é necessário ter a estrutura logística diplomática para promover a iniciativa numa escala global. Isso exige comunicação global em sintonia fina, envolver embaixadas em todo o mundo, identificar aliados nas fases iniciais do processo, antecipar onde surgirão resistências e engajar a opinião pública global. Também envolve formuladores de política e diplomatas respondendo às indagações da mídia, escrevendo editoriais convincentes e indo a TVs locais para promover a ideia. Em casa, é preciso engajar formadores de opinião, acadêmicos e jornalistas na explicação e na defesa da ideia. Todavia, de maneira notória, poder econômico ou militar não é necessariamente exigido.

Até que ponto países emergentes podem converter *hard power* em influência global? Poderia a China definir a agenda na discussão global, introduzir e implementar novas ideias sobre administração da ordem global e ser vista como um modelo? Poderá ela desafiar o domínio ocidental sobre as ideias que conformam a ordem global?

Há alguns exemplos que mostram como as potências emergentes estão buscando definir a agenda global. Na Ásia Central e em outras partes da vizinhança da China, Pequim pode adquirir uma capacidade crescente de dominar o debate sobre desenvolvimento econômico, sendo o principal parceiro comercial da região. Em 2011, o Brasil se transformou por um breve período num empreendedor da norma na área de intervenções humanitárias, quando lançou a "Responsabilidade ao Proteger" (RwP, na sigla em inglês). Em 2014, o país organizou uma cúpula global sobre o futuro da governança da internet. Durante os anos Lula, o Brasil introduziu novas ideias sobre integração regional na América Latina e, numa escala mais ampla, promoveu uma discussão sobre os desafios da pobreza e da desigualdade. A China assumiu um papel importante na estabilização do Sudão, enviando soldados para a volátil região. Não obstante, as potências ocidentais estão muito à frente quando se trata de capacidade de definir agenda.

Democracia, PIB per capita e *soft power*

Finalmente, que capacidade têm as sociedades de potências emergentes de gerar atração global? Eis, sem dúvida, o maior obstáculo para a China e a Índia terem mais *soft power*: sua incapacidade de atrair imigrantes talentosos. Considerando o seu PIB per capita muito inferior, isso parece natural. Para a vasta maioria dos cidadãos, a vida no Ocidente é mais confortável do que nos países em desenvolvimento, e nenhuma sociedade rica jamais buscaria emular uma mais pobre, mais desigual. Outros fatores reduzem ainda mais o potencial de *soft power* da China. A falta de liberdade de expressão e de democracia na China dificultará inevitavelmente que os jornais chineses sejam considerados mais confiáveis e imparciais no exterior, reduzindo sua influência em assuntos globais. Isso também vai impedir que as mentes mais importantes do mundo aceitem ofertas das universidades chinesas, que têm menos capacidade de inovar que as instituições educacionais ocidentais, devido à censura do governo. Assim, a capacidade de inovação da China dificilmente vai alcançar a das sociedades democráticas.

Como resultado, a imigração para a China é menor, afetando de maneira negativa a capacidade chinesa de atrair indústrias inovadoras. Mais seriamente, isso vai manter os estudantes e futuras elites chinesas isolados dos debates internacionais, tornando mais difícil para eles definir a agenda global subsequente. O resultado é desanimador: como observa Jiang Guerin, as melhores escolas da China produzem as melhores notas de prova do mundo, mas as melhores escolas dos Estados Unidos produzem os melhores talentos do mundo.[42] Há poucos sinais de que isso vá mudar no futuro próximo. Em 2012, em vez de relaxar os limites que pesam sobre a liberdade de expressão, o então vice-presidente Xi Jinping visitou as principais universidades da China e destacou a necessidade de *aumentar* a supervisão da educação superior pelo partido.[43] Como presidente, Xi Jinping tem aumentado a repressão e obteve uma emenda constitucional para abolir o limite de dois mandatos para o presidente. Na tradição comunista, assim como na confucionista, as elites intelectuais são vistas como um apêndice do Estado, em vez de grupos independentes com suas próprias formas de organização e poder. Com efeito, a ausência de uma sociedade civil e de um domínio público autônomo na China comunista não é um fenômeno novo: a China nunca os teve.[44]

Nem todos concordam que o sistema autoritário chinês reduz sua capacidade de inovar. Como argumenta Francis Fukuyama:

A China mudou muito mais do que alguém poderia ter imaginado desde a Revolução Cultural, e tem uma longa história de transformação institucional. Embora grande parte do progresso econômico e intelectual recente tenha sido uma forma de recuperar terreno, a China é um país vasto com muitas pessoas inteligentes. Eu não presumiria que, só por carecer de grande liberdade política, isso signifique que a China não será capaz de realizar progressos espantosos, inovar em tecnologia e construção institucional.[45]

A tentativa da Rússia de melhorar sua imagem internacional lança mão de ferramentas ocidentais: ela contratou a Ketchum, uma agência norte-americana, para desenhar o que o presidente Putin chama oficialmente de "estratégia de *soft power*". Embora se oponha ao Ocidente, a Rússia todavia estrutura as suas próprias demandas na linguagem ocidental de democracia. Esses procedimentos de mímica em busca de "equiparar-se" com o Ocidente são sinais de subordinação normativa em relação ao Ocidente; eles revelam incapacidade de criar qualquer plataforma ideológica distinta.[46]

O Instituto Skolkovo-E&Y compilou um índice de *soft power* que inclui categorias como imigração, universidades e liberdade política. Naturalmente, os Estados Unidos receberam uma avaliação muitíssimo melhor do que as de potências emergentes. Os Estados Unidos receberam notas altas em oito de dez categorias: imigração (percentagem de imigrantes nascidos no exterior), universidades (quantidade de universidades internacionalmente ranqueadas) e exportações de mídia (os pagamentos recebidos por exportação de bens como música, filmes e livros) foram os fatores que mais levantaram o *soft power* estadunidense. Esses últimos são seguidos por liberdade política, poder icônico (as cem pessoas mais influentes da revista *Time*), companhias mais admiradas, estado de direito (a qualidade das instituições de uma nação) e turismo de entrada (interesse global pelo país anfitrião). Os Estados Unidos só tiveram nota baixa em duas categorias: emissões de CO_2 e comparecimento eleitoral.[47] Embora possamos criticar a maneira como esse índice foi assentado (a *Time* é sem dúvida uma publicação ocidentocêntrica e pode ser menos inclinada a incluir atores não ocidentais), todos esses aspectos sem dúvida representam imensos desafios para o governo chinês.

A maioria dos ranqueamentos de *soft power* cita a capacidade inigualada dos Estados Unidos de atrair o melhor e o mais brilhante de todas as partes do mundo. Não há nenhuma potência emergente que chegue sequer perto da sua capacidade de atrair imigrantes altamente qualificados, que aumentam muito o vigor e a capacidade inovadora de uma sociedade. Na verdade, os países do Brics são em geral incapazes de atrair qualquer tipo de imigrante além de sua região imediata. A parcela de pessoas nascidas no exterior que vivem no Brasil (0,3%), Índia (0,4%) e

China (0,1%) é extremamente baixa quando comparada a de estrangeiros que vivem na Europa e nos Estados Unidos, onde os números estão em torno de 10% ou mais.[48] O mesmo é verdade para as universidades ocidentais, que atraem um número muito maior de estudantes internacionais do que as instituições mais destacadas de potências emergentes, como a Universidade Tsinghua, de Pequim. A liderança intelectual do Ocidente – a sua vantagem ao criar primeiro uma rede de universidades, institutos de pesquisa e redes de notícias globalmente destacados – é muitíssimo mais difícil de desafiar do que a sua liderança econômica ou mesmo militar. Mesmo daqui a muitas décadas, muitos dos políticos mais destacados da Ásia terão estudado nos Estados Unidos, e não o contrário.

Su Changhe escreve que pessoas que estudaram no exterior são "uma força que não deve ser ignorada no processo de promoção da cultura estadunidense".[49] Contudo, seria equivocado acreditar que a atração cultural seja a única maneira de explicar esses dados. Estudantes que buscam fazer sua educação nos Estados Unidos podem fazê-lo porque são atraídos pela cultura ocidental; outros, contudo, podem decidir se candidatar porque isso os dota das melhores chances de carreira ao retornar a seus países natais.

Elites de todo o mundo estudaram em universidades ocidentais por muito tempo, e compreender como isso deu forma às visões e estratégias de política externa de seus respectivos países em relação ao Ocidente é um tópico fascinante de pesquisa. Contudo, é certo que não há uma resposta fácil, e há vários exemplos históricos de líderes que trabalharam ou viveram no Ocidente, mas que posteriormente adotaram posições críticas em relação aos seus antigos países anfitriões, como é o caso de vários líderes da independência indiana.

Conclusão

Ao longo das duas últimas décadas, o *soft power* se tornou uma das novas ideias mais importantes na discussão sobre assuntos globais. Conforme esta análise mostrou, o conceito é um tanto problemático, na medida em que seu significado se tornou muito amplo em função do uso frequente. A fraqueza do conceito se torna particularmente óbvia quando a ideia é aplicada a potências ascendentes não ocidentais, cuja estratégia de política externa não se baseia numa narrativa internacionalista liberal hegemônica como a dos Estados Unidos. Não obstante, apesar de sua ambiguidade conceitual, a ideia de *soft power* aponta para uma direção importante; e as forças econômica e militar não são os únicos tipos de poder que importam. O conceito de *soft power* é de grande importância para adquirirmos melhor compreensão das fontes menos visíveis de poder.

O potencial de *soft power* de Estados ascendentes difere bastante, mas sua efetividade percebida se baseia também no observador e na época. A China pode ser considerada desfavoravelmente pelos japoneses em determinado momento (digamos, depois de uma declaração controversa de um político), mas essa percepção pode mudar alguns meses depois. Europeus podem ver o Brasil sob uma luz positiva durante a Copa do Mundo, mas negativamente apenas alguns meses depois. A Rússia pode possuir grande *soft power* na Hungria, mas não na Polônia. Ainda assim, com base na breve análise de alguns dos elementos relacionados ao *soft power*, torna-se claro que todas as potências emergentes ainda enfrentam obstáculos consideráveis ao aspirarem rivalizar com o *soft power* do Ocidente.

É nesse domínio que uma importante disputa pode se dar entre a China e os Estados Unidos nas décadas futuras. A crise financeira de 2008, a deslegitimação do sistema financeiro liderado pelos Estados Unidos e a capacidade da China de dar continuidade à sua história de crescimento parecem pressagiar um mundo no qual legitimidade e influência serão amplamente disputadas. Essa mudança de guarda se torna mais visível na África, onde um número crescente de líderes busca emular a China (ou, no caso de Ruanda, Cingapura), em vez de tentar copiar uma potência ocidental.

Apesar de seu impasse político e de problemas sérios como desigualdade econômica, os Estados Unidos ainda desfrutam de muito mais legitimidade e influência em assuntos internacionais do que qualquer outro ator. Isso se deve amplamente à transparência e à liberdade política, assim como à sua capacidade continuada de inovar, à qual a China ainda se empenha em fazer face.

Do mesmo modo, a liderança intelectual do Ocidente, baseada em sua vantagem ao criar primeiro uma rede de universidades, institutos de pesquisa e redes de notícias globalmente destacados, é muito mais difícil de desafiar do que a liderança econômica ou mesmo militar. Além disso, a despeito da ascensão de redes noticiosas não ocidentais como Al Jazeera, RT e CCTV, as potências emergentes vão se empenhar enormemente para estabelecer novas fontes que possam desafiar os atores ocidentais estabelecidos e as narrativas que eles desenvolvem. É aqui que o poder do Ocidente é mais resiliente, e as mudanças nessa área serão provavelmente muito mais lentas. Em consequência, é provável que o Ocidente seja capaz de influenciar os assuntos globais por muito tempo ainda, apesar do possível enfraquecimento de sua posição econômica e militar.

Todavia, essas vantagens são apenas um elemento do *soft power*, e pode-se esperar que a China faça enorme progresso em outras áreas, aumentando assim dramaticamente seu *soft power* em todo o mundo, sobretudo em países em desenvolvimento. O poder econômico é uma precondição fundamental para uma projeção global de *soft power*, e o status da China como principal parceira econômica da América Latina, do Oriente Médio, da Ásia Central e da África permitirá a Pequim, em um grau elevado, moldar o modo como as pessoas veem a ascensão da China.

4. Rumo a uma ordem paralela: finanças, comércio e investimento

EM VEZ DE FAZER conjecturas genéricas sobre qual poderá ser a aparência da ordem global no futuro, este capítulo e o seguinte apresentam mais de vinte iniciativas, a maior parte delas conduzida pela China, embora algumas por outras potências emergentes. Essas iniciativas estão criando, em seu conjunto, uma estrutura paralela que reduzirá a reivindicação universal de várias instituições lideradas pelo Ocidente. Entretanto, à diferença de muitos alarmistas, que presumem de maneira irrealista que a China vá destruir as estruturas existentes no futuro próximo, o capítulo sustenta um argumento mais nuançado: pode-se esperar que os formuladores de política em Pequim (e em Déli e Brasília) continuem a investir em estruturas dominadas pelo Ocidente e pressionem por sua reforma. Ao mesmo tempo, contudo, eles expandirão redes discretas em muitas áreas diferentes, prontos a engajar aqueles que sentem que as instituições de hoje não logram satisfazer suas necessidades, ou aqueles que buscam aumentar sua autonomia em relação aos Estados Unidos.

Assim, a postura da China em face da ordem existente não é abertamente agressiva. A maioria das estruturas que ela implanta é complementar ou paralela às existentes, e raras vezes impõe desafios frontais – por enquanto. Entre elas, há iniciativas nos campos de finanças, moeda, infraestrutura, diálogo diplomático, comércio, investimento e segurança. Um dos principais objetivos de estabelecer estruturas paralelas é aumentar lentamente a autonomia estratégica e reduzir a dependência da China de estruturas controladas pelo Ocidente. Fortalecer o papel da moeda da China e estabelecer um sistema de pagamento sinocêntrico global poderia ser um bom exemplo disso. Contudo, avessa a riscos e consciente de suas limitações, a China continua a apoiar ativamente as estruturas existentes, tornando mais difícil para o Ocidente acusá-la de minar a ordem em curso. Além disso, de início e talvez permanentemente, várias importantes estruturas sinocêntricas foram estabelecidas no seio da lógica liberal existente, como o Arranjo Contingente de Reservas do Brics e a Iniciativa Multilateral Chiang Mai (IMCM), ambos enraizados no sistema do FMI. Do mesmo modo, em termos mais gerais, o Brics está enraizado no capitalismo internacional e nas estruturas de segurança globais. Isso mostra que, pelo menos por ora, é improvável que novas instituições desafiem de maneira fundamental a lógica que sustenta a ordem corrente. Em vez disso, as novas estruturas são criadas como uma cobertura paralela que serve não somente à China, mas também a atores como Brasil, Índia, África do Sul e Rússia, o que pode reduzir sua dependência em relação às estruturas existentes, sem reduzir abertamente seu apoio a elas. Como o poder está se deslocando na direção das potências emergentes, essas estruturas são uma tentativa de institucionalizar seu peso crescente, projetar seu poder e, conforme descrito no capítulo anterior, fomentar seu *soft power* assumindo mais responsabilidades internacionais. Para o Ocidente, a questão principal é em que medida ele quer se tornar partícipe de projetos liderados por chineses, ou se o caminho seria minar as novas instituições.

Essa análise focaliza amplamente a China, pois ela é hoje a única potência não ocidental com um projeto global concreto – à diferença de outros países emergentes, que nutrem ambições globais, mas ainda carecem de poder para implementá-las.

As tabelas 4.1 a 4.5 indicam as instituições internacionais dirigidas por potências não ocidentais nas áreas de finanças, comércio e investimento, segurança, diplomacia e infraestrutura, as quais analisarei neste capítulo e no seguinte. Na coluna da direita da tabela aparece a instituição existente mais comparável com a nova instituição.

TABELA 4.1. A ordem paralela: finanças

Instituições não ocidentais	Instituições tradicionais
Banco Asiático de Investimento em Infraestrutura (BAII)	Banco Asiático de Desenvolvimento
Novo Banco de Desenvolvimento (NBD) – liderado pelo Brics	Banco Mundial
Arranjo Contingente de Reservas (ACR)	FMI
Infraestrutura global para internacionalizar o iuane	Dólar americano
Sistema de Pagamento Internacional da China (Spic)	Câmara de Compensação do Sistema de Pagamentos Interbancários (Chips, na sigla em inglês)
China UnionPay	Visa e MasterCard
Centro Financeiro Global de Xangai (CFG)	Centros financeiros tradicionais
Grupo de Avaliação de Crédito Universal (Gacu)	Moody's, Standard & Poor's
Iniciativa Multilateral Chiang Mai (IMCM)	FMI
Asean+3 Escritório de Pesquisa Macroeconômica do Asean+3 (Amro)	OCDE

TABELA 4.2. A ordem paralela: comércio e investimento

Instituições não ocidentais	Instituições tradicionais
Parceria Econômica Regional Abrangente (Pera)	Parceria Transpacífico
Área de Livre Comércio Ásia-Pacífico (Alcap)	Parceria Transpacífico

TABELA 4.3. A ordem paralela: segurança (capítulo 5)

Instituições não ocidentais	Instituições tradicionais
Conferência sobre Interação e Medidas de Construção de Confiança na Ásia (Cica)	Fórum Regional Asiático
Organização para Cooperação de Xangai (OCX)	Otan na Ásia Central
Encontro dos Conselheiros de Segurança Nacional (CSNs) do Brics	

TABELA 4.4. A ordem paralela: diplomacia (capítulo 5)

Instituições não ocidentais	Instituições tradicionais
Cúpula dos Líderes do Brics	G7 (outrora G8)
Grupos de trabalho e outras estruturas do Brics e do IBSA (grupo composto por Índia, Brasil e África do Sul)	OCDE
Fórum de Boao para a Ásia (FBA)	Fórum Econômico Mundial

TABELA 4.5. A ordem paralela: infraestrutura (capítulo 5)

Instituições não ocidentais	Instituições tradicionais
Fundo da Rota da Seda/Um Cinturão, Uma Rota	
Canal da Nicarágua	Canal do Panamá
Estrada de ferro Transamazônica	

Finanças: o Banco Asiático de Investimento em Infraestrutura (BAII)

Quando o presidente chinês, Xi Jinping, mencionou pela primeira vez sua ideia de um novo banco de desenvolvimento para a região dirigido pela China, alguns de seus próprios funcionários ficaram surpresos de ele já ter divulgado o conceito publicamente. Na época, outubro de 2013, os formuladores de política de Pequim tinham desenhado pouco mais que as estruturas básicas e as diretrizes do banco. Isso faz parte de uma tendência mais ampla de demanda inegável de capital adicional para modernizar a infraestrutura em todo o continente asiático. Num estudo muito citado, o Banco Asiático de Desenvolvimento (BAD) disse que a região necessitava de 8 trilhões de dólares de investimentos em infraestrutura na década em curso para pôr a Ásia numa trajetória sustentável de desenvolvimento.[1] Porém, países mais pobres, como Mianmar, careciam de meios para fazê-lo, e as instituições existentes, como o Banco Asiático de Desenvolvimento, não podem satisfazer a demanda. O BAD empresta pouco mais de 10 bilhões de dólares por ano para desenvolvimento de infraestrutura. Seu presidente é tradicionalmente nomeado pelo Japão, mesmo que a China seja de longe a maior economia regional. Ao mesmo tempo, Pequim procurava meios para desdobrar estrategicamente seus amplos ativos de câmbio, o que fez a criação de um novo banco parecer uma opção atraente.

No ano seguinte, os Estados Unidos e o Japão empreenderam uma ofensiva diplomática regional para convencer Indonésia, Coreia do Sul e Austrália, entre outros, a rejeitar o convite da China de aderir ao BAII, reduzindo desse modo a respeitabilidade da instituição e fazendo-a parecer uma estrutura sinocêntrica: precisamente o que Pequim buscava evitar, para não parecer um opressor regional. As motivações dos Estados Unidos eram claras: um BAII poderoso com amplo apoio regional reduziria a influência tanto do Banco Mundial quanto do Banco Asiático de Desenvolvimento, dominados por Washington e por Tóquio, respectivamente. Com efeito, apesar dos riscos envolvidos, a ascensão de um banco de desenvolvimento liderado pela China, reconheciam os formuladores de política norte-americanos, aumentaria tanto a influência da China quanto o seu *soft power* na região, uma tendência que poderia limitar dramaticamente a capacidade de Washington de construir alianças na Ásia baseadas numa aversão comum por Pequim.

Os argumentos usados pelos formuladores de política norte-americanos não foram convincentes, e só depois de severas pressões diplomáticas Indonésia, Austrália e Coreia do Sul decidiram a princípio não aderir ao BAII. Em todos os três países, não obstante, vozes de peso começaram a sustentar que rejeitar o convite da China os privaria de influenciar a maneira como uma importante instituição regional seria dirigida.[2] Logo em seguida, os críticos venceram a parada, e o Japão se tornou o único ator principal a não fazer parte da nova instituição.

A oposição de Washington ao BAII era não apenas inútil, mas também feria o interesse nacional dos Estados Unidos: cidadãos em toda a Ásia reconheceram que os Estados Unidos buscavam manter influência na região, ao mesmo tempo que pouca importância davam ao bem-estar dos pobres da Ásia. O argumento de que o BAII não reconheceria os padrões ambientais e de governança aos quais o Banco Mundial ou o Banco Asiático de Desenvolvimento aderem pode ter seu quinhão de verdade, mas rejeitar a instituição por esse motivo foi inadequado. Uma resposta mais coerente teria sido abraçar a nova iniciativa, mas incentivar os países-membros (muitos dos quais aliados dos Estados Unidos) a pressionar por padrões mais rigorosos. Paradoxalmente, ao pressionar Seul e Camberra a permanecerem fora da nova instituição, Washington estava aceitando perder dois atores através dos quais poderia ter influenciado indiretamente o BAII.

O episódio salientou o quanto era insincero o apelo dos formuladores de política norte-americanos para que as potências emergentes se tornassem "partes interessadas responsáveis". Afinal de contas, há poucos exemplos melhores da China assumindo suas responsabilidades do que prover 50 bilhões de dólares para o desenvolvimento da infraestrutura regional. Embora surpreendente para alguns elementos em Washington, a atitude da China deixou claro que as potências emergentes querem assumir responsabilidades em seus próprios termos, em vez de aceitar as regras e normas estabelecidas pelas instituições dirigidas pelos Estados Unidos. De modo semelhante, em 2009, Washington ficou furiosa ao saber da decisão do Brasil e da Turquia de negociar um acordo nuclear com o Irã – uma atitude que desafiava o monopólio do Ocidente na discussão da proliferação nuclear no Oriente Médio, outra questão decisiva nos assuntos globais.

Poucos meses depois, num raro desacordo público entre Londres e Washington, alinhados praticamente em todas as questões maiores de política externa nas últimas décadas, a Grã-Bretanha se tornou o primeiro governo ocidental de peso a pedir filiação ao Banco Asiático de Investimento em Infraestrutura (BAII). Ao anunciar a intenção britânica de aderir à iniciativa, David Cameron fez um movimento ousado, que é prova de uma compreensão muito mais sofisticada dos assuntos internacionais do que aquela do outro lado do Atlântico.

Outras grandes economias, como Alemanha, França e Brasil, logo seguiram a conduta da Grã-Bretanha. No final de junho de 2015, representantes de cinquenta países se reuniram em Pequim para participar da cerimônia de assinatura dos artigos do acordo do Banco Asiático de Investimento em Infraestrutura. A significância do evento tanto para a Ásia quanto para a ordem global dificilmente pode ser exagerada. Ele representou o fim definitivo da estratégia tradicional chinesa de "esconda sua

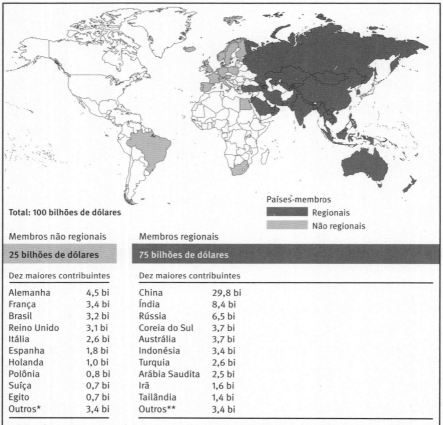

GRÁFICO 4.1. Estoque de capital no BAII
Fonte: Banco Asiático de Investimento em Infraestrutura

força, ganhe tempo", enunciada por Deng Xiaoping. A reivindicação da China por um papel global estava agora absolutamente explícita, e, pela primeira vez, o país optava pela criação de uma nova instituição global para cimentar suas ambições de liderança.

Os artigos do BAII, acordados pelos 57 países-membros fundadores, exigem que o banco seja supervisionado por um conselho de diretores não remunerado e não residente (à diferença do Banco Mundial, do Banco de Desenvolvimento Africano e do Banco Asiático de Desenvolvimento). Usando o inglês como língua operacional, o banco abrirá a licitação de projetos a todos, à diferença do BAD, que restringe seus contratos a países-membros. Várias diferenças em relação a instituições existentes surgirão e provavelmente criarão uma concorrência saudável entre ideias, a qual pode fortalecer a eficácia das práticas de empréstimo em geral.

Implicações

A criação do BAII foi uma boa notícia por três razões. Em primeiro lugar, a filiação de países de todo o mundo vai forçar a China a operar segundo um conjunto claro de regras e normas. Se outros países começassem a discordar da maneira como a China lidera a instituição, eles a deixariam, criando um embaraço que os líderes chineses vão buscar evitar. Para os países em desenvolvimento, receber empréstimos do BAII será muitíssimo mais seguro do que lidar com a China bilateralmente. De maneira mais ampla, a decisão da China de optar pelo multilateralismo é bem-vinda, afirmando os princípios básicos da ordem global de hoje.

Isso também é um sinal da maturidade chinesa no campo internacional. E é significativo, pois, como sustentou certa vez Henry Kissinger, a administração Hu Jintao-Wen Jiabao (2002-12) foi a primeira a governar a China como membro pleno e igual da sociedade internacional.[3] A China controlará 26,06% dos votos no BAII, o que lhe dá poder efetivo de veto sobre decisões mais importantes, seguida pela Índia, com 7,5%, e pela Rússia, com 5,92%. Países definidos como "da região" terão uma participação percentual combinada de 75% do capital-base do banco, de 100 bilhões de dólares. Ainda assim, como Amitav Acharya corretamente escreveu num editorial recente: "O BAII ... põe a capacidade de liderança da China em seu teste mais rigoroso até hoje."[4]

Em segundo lugar, a Ásia precisa muito de investimentos maiores em infraestrutura, e nenhum dos bancos existentes foi capaz de satisfazer uma demanda tão maciça. Junto com o Banco Mundial, o Novo Banco de Desenvolvimento, o Banco Asiático de Desenvolvimento e outros, o BAII é uma dádiva para as economias asiáticas, as quais, em sua totalidade, estão preparadas para se tornarem o centro da economia global durante o século XXI. O BAII não representa, portanto, uma ameaça para quaisquer outras instituições, inclusive o Novo Banco de Desenvolvimento liderado pelo Brics, descrito a seguir.

Em terceiro lugar, uma organização de grande porte e nova como o BAII, que se beneficia enormemente do conhecimento gerado no Banco Mundial e alhures, pode produzir novas ideias e melhores práticas que façam progredir o debate sobre desenvolvimento.

O Novo Banco de Desenvolvimento liderado pelo Brics (NBD)

Menos de um mês depois da criação em Pequim do Banco Asiático de Investimento em Infraestrutura (BAII) liderado pela China, outra instituição financeira global foi lançada, 1.200 quilômetros ao sul. Baseada em Xangai, centro financeiro da China, a criação do Novo Banco de Desenvolvimento marca um passo notável na história do arranjo Brics. Depois de ser uma mera categoria de investimento entre 2001 e 2007 e uma plataforma informal entre 2008 e 2014, o lançamento do NBD representa o começo de uma nova era para um agrupamento improvável, que foi, desde o início, confrontado com grande ceticismo e rejeição pela mídia ocidental. Embora o Banco Asiático de Investimento em Infraestrutura tenha recebido muitíssimo mais atenção da mídia, o NBD vai começar com um capital inicial notável de 50 bilhões de dólares. Os cinco países do Brics têm todos a mesma quantidade de ações com direito de voto.

Com relação aos vínculos entre países-membros, a criação do banco juntamente com o Arranjo Contingente de Reservas (ACR) parece preparada para fortalecer as relações entre bancos centrais, bancos nacionais de desenvolvimento e ministérios das Finanças. Contudo, a existência do banco deve ser usada para gerar vínculos adicionais não só entre governos, mas entre sociedades que raramente tenham se relacionado no passado. O impacto do NBD nas práticas de empréstimo só se tornará patente nos anos futuros. Kamath, o primeiro presidente da instituição, prometeu levar o banco "de melhores práticas para próximas práticas", acrescentando que os empréstimos de desenvolvimento tradicionais eram com frequência "rigorosos, inflexíveis e lentos demais".[5]

O impacto do NBD na governança global é, talvez, a questão mais interessante, mesmo que levemos anos para obter uma compreensão clara de como e se ele vai afetar as estruturas existentes. Muitos observadores veem o banco como uma prova de que o Brics tem uma agenda revisionista. Varun Sahni, por exemplo, argumenta que a criação do NBD é "um exemplo forte de agregação de poder revisionista, na medida em que questiona as estruturas e a legitimidade do Banco Mundial e do Fundo Monetário Internacional".[6] Outros enfatizam que o banco é uma reação natural das potências emergentes a uma ordem que tem relutado ou sido incapaz de incluí-las adequadamente. Kamath insiste que "nosso objetivo não é desafiar o sistema existente tal como ele é, mas aperfeiçoar e complementar o sistema ao nosso próprio modo". Mesmo que o site do banco afirme que o NBD é "operado ... como uma alternativa ao Banco Mundial e ao Fundo Monetário Internacional dominados pelos Estados Unidos", chamar os países do Brics de revisionistas seria equivocado. O lançamento do NBD sublinha a disposição do Brics de contribuir para ajustar um sistema que não mais satisfaz as demandas existentes. Como já foi mencionado, só os que consideram a liderança dos Estados Unidos, em vez das regras e da funcionalidade do sistema, como o elemento decisivo da ordem de hoje chamarão o Brics de revisionista.

O lançamento do NBD é um sucesso para o Brics, mas os maiores desafios desse arranjo surgirão à frente. Criar um banco de desenvolvimento globalmente ativo é difícil, e o Brics foi sensato ao buscar aproveitar as experiências das instituições existentes. Num bem-vindo sinal de pragmatismo dos países-membros, os principais tomadores de decisão do banco, como Kamath (que tem histórico na atividade bancária privada), possuem expertise oriunda de órgãos estabelecidos. Embora instituições novas devam primeiro mostrar que são capazes de dar uma contribuição tangível para o tratamento dos desafios do desenvolvimento internacional, o NBD e o BAII podem servir, em conjunto, como símbolos de uma ordem institucional global muito diferente: mais complexa, menos ocidentocêntrica, mas em última análise melhor para um mundo multipolar.

Todavia, é necessário pôr as dimensões do NBD em perspectiva. Índia e China são os dois maiores tomadores de empréstimo do Banco Mundial. Junto com o Brasil, eles têm impressionantes 66 bilhões de dólares em empréstimos, mais do que todo o capital inicial subscrito do novo banco liderado pelo Brics.[7] Embora o arranjo Brics tenha sido amplamente marcado, até 2014, pela falta de regras compulsórias, um banco de desenvolvimento conjunto e um Arranjo Contingente de Reservas podem ser interpretados como o estágio inicial de uma cooperação financeira institucionalizada. Além disso, eles vão exigir que os países do Brics desenvolvam regras e normas que orientem as iniciativas de ambos. Por exemplo, como serão os empréstimos ligados a mecanismos de monitoramento e supervisão e a condicionalidades políticas? Que aspecto terão? Se não seguirem uma lógica inspirada no Banco Mundial, que linhas de empréstimo e paradigmas de governança desenvolverão? A retórica política do Brics deixa pouca dúvida de que eles estejam entusiasmados com a perspectiva de trazer mudanças para um sistema global que não mais reflete a atual distribuição de poder. Será que o Brics aspira a fazer mais do que simplesmente ocupar posições de poder e, a não ser por isso, deixar o sistema inalterado? Como argumenta Radhika Desai:

> Os países do Brics têm de fato um tema que os vincula: sua experiência comum e a rejeição do modelo de desenvolvimento neoliberal das várias décadas passadas e que o FMI e o Banco Mundial continuam a defender... Há muito eles vêm demandando a reforma do FMI e do Banco Mundial, mas só encontraram resistência. Em vez de esperar, eles decidiram agir.[8]

Contudo, com o que o Brics busca substituir o modelo de desenvolvimento neoliberal, e que papel instituições como o Banco de Desenvolvimento do Brics e acordos como o Arranjo Contingente de Reservas (ACR) desempenharão num mundo imaginado pelo Brics? Para muitos pensadores no Sul Global, a criação de ambas as instituições – NBD e ACR – representa um "movimento significativo das economias emergentes para romper com o modelo doador-recebedor tradicional, advogado pelas nações ocidentais por mais de seis décadas".[9] Igualmente, Pravin Gordhan, ministro das Finanças da África do Sul, argumentou que "nós devemos ver o banco do Brics como parte de um novo paradigma para compartilhar recursos e... alcançar um resultado ganha-ganha".[10] Porém, o que exatamente isso significa na prática?

O estabelecimento de estruturas mais institucionalizadas forçará o Brics a expressar com mais clareza suas visões fundamentais sobre como alcançar estabilidade financeira e desenvolvimento econômico, e assegurar um futuro saudável para o sistema financeiro e econômico global. Como sustenta Narlikar, a criação dessas instituições "poderia ser o primeiro passo rumo a uma definição de agenda mais proativa pelo Brics", e uma chance para o bloco ir além da postura reativa e engajar-se mais assertivamente.[11] Isso também vai forçar o Brics a decidir o quanto os membros do grupo pretendem questionar o statu quo.

A narrativa de que a cooperação Sul-Sul é diferente da cooperação Norte-Sul não é inconteste. Críticos dessa hipótese e da ideia de que a ascensão do Brics seja benéfica para todos os envolvidos têm apontado para o que eles chamam de "Disputa pela África", indicando que a cooperação Sul-Sul é cada vez mais semelhante à interação econômica entre o Norte e o Sul. Afinal, argumentam eles, potências emergentes como Brasil, Índia e China estão se transformando em pilares importantes da economia global, e, por isso, é provável que aumentem as disparidades no interior do Sul Global.[12] Assim como a Conferência da África em Berlim em 1884-85, escreve Bond, a Quinta Cúpula do Brics, transcorrida em março de 2013 em Durban – durante a qual o Brics decidiu criar seu próprio banco de desenvolvimento –, buscou "partilhar a África", desincumbida das preocupações ocidentais com democracia e direitos humanos.[13]

Arranjo Contingente de Reservas do Brics (ACR)

Na Quinta Cúpula do Brics, realizada em Durban em 2013, os líderes do grupo decidiram criar um Arranjo Contingente de Reservas (ACR) de 100 bilhões de dólares para lidar com qualquer possível crise financeira nas economias emergentes. À diferença do Banco de Desenvolvimento do Brics, a ideia do ACR é relativamente recente e foi a princípio discutida entre líderes do Brics durante uma reunião paralela do G20 em Los Cabos, em junho de 2012.

À diferença do Banco de Desenvolvimento, o fundo de contingência exige muito menos negociações políticas e está plenamente operacional desde 2015. A montagem do pool de reserva é mais fácil, pois não exige estrutura física para operar. As reservas não são fisicamente recolhidas a um fundo comum, mas, em vez disso, mantidas pelos bancos centrais nacionais concernentes, vinculadas a essa finalidade. Somente em momentos de crise nas economias de um dos países-membros, o fundo contingente começa a operar, agindo como um amortecedor ou suporte. Considerando a frequência e a magnitude crescentes das crises financeiras globais ao longo das últimas décadas, o acréscimo de um novo fundo, que países de maior peso possam mobilizar em tempos de crise, há provavelmente de fomentar a confiança dos investidores.

A China contribui com uma cota de 41 bilhões de dólares, seguida por Brasil, Rússia e Índia, com 18 bilhões cada, e pela África do Sul, com 5 bilhões de dólares.[14] Para vários observadores, a criação de um arranjo contingente de alívio de 100 bilhões de dólares é uma tentativa de disseminar as sementes de uma estrutura financeira alternativa para os países em desenvolvimento, afirmando que a iniciativa poderia representar um desafio direto ao FMI. Depois da Quinta Cúpula, a mídia indiana saudou a criação do ACR como "uma vitória maiúscula da campanha indiana para reformar a arquitetura financeira global". Putin sustentou que o ACR "cria a fundação de uma proteção efetiva das nossas economias nacionais contra as crises dos mercados financeiros".[15] Não obstante, essa interpretação é amplamente infundada, por enquanto. Isso porque um fundo de 100 bilhões de dólares é relativamente pequeno pelos padrões globais. A China pode tomar emprestados 6,2 bilhões de dólares do ACR sem aprovação do FMI; para os outros participantes, a quantia é menor. Em comparação, o FMI aprovou 38 bilhões de dólares em empréstimos para a Rússia na década de 1990 e 15 bilhões em crédito standby para o Brasil em 2002. Por enquanto, um ACR de 100 bilhões de dólares é pouco mais que um trampolim para algo maior.

Mais importante, o ACR do Brics inclui um vínculo com o FMI. Apenas 30% da cota de cada membro é acessível sem um programa do FMI. Para os 70% remanescentes, o Estado-membro deve concordar com um programa do FMI, inclusive as suas prescrições políticas. Nesse sentido, o ACR liderado pelo Brics está longe de ser um contrapeso para a ordem corrente liderada pelo FMI. Na verdade, ele estará aninhado no interior do sistema atual.

Iniciativa Multilateral Chiang Mai (IMCM)

A Iniciativa Chiang Mai (ICM) é um acordo assinado em maio de 2000 entre os países da Associação de Nações do Sudeste Asiático (Asean, na sigla em inglês), bem como por China, Japão e Coreia do Sul.[16] O objetivo da iniciativa é fortalecer a capacidade da região de se proteger contra riscos na economia global.[17] Sua intenção é prover um suprimento de liquidez de emergência a países-membros que enfrentem crise monetária – e evitar a necessidade de depender do FMI, que se reputa ter abusado de seu poder em empréstimos de emergência durante a crise financeira asiática de 1997-98.[18] De fato, a IMCM dá mais poder de voto a seus membros com economias mais pesadas, mas não direito de veto (como os Estados Unidos dão no Banco Mundial), e a iniciativa é concebida para beneficiar as economias menores.[19] Os ministros das Finanças no Asean+3 revisaram a ICM em 2004-5 e lançaram a sua "fase dois", dobrando o tamanho nominal dos swaps. Depois de estabelecer um escritório em Cingapura em 2009, a ICM foi redenominada Iniciativa Multilateral Chiang Mai (IMCM). Por multilateralização, os países-membros entendem coletivização em bases regionais, criação de arranjos formais de pool de reserva, sistema de voto ponderado para desembolso de fundos e aumento da capacidade de supervisão. Hoje, a iniciativa provê a seus membros acesso a 240 bilhões de dólares de liquidez de emergência para defender a região de choques financeiros globais. Embora os Estados participantes tenham considerado agrupar reservas em uma única conta a ser mantida, administrada e desembolsada por um secretariado, como é o caso no FMI, decidiu-se vincular as reservas a um fundo comum e, alternativamente, retê-las em contas de bancos centrais e ministérios das Finanças nacionais.

A prova de que, por enquanto, a IMCM não é uma ameaça ao FMI é a regra de que um país sob seu guarda-chuva só pode ter acesso a uma pequena proporção de sua linha de crédito sem ser obrigado a entrar em negociações com o FMI para acordos standby. Apenas 30% da cota dos membros é acessível sem um programa do FMI – como o ACR do Brics descrito acima. Para receber os 70% remanescentes, o Estado-membro tem que concordar com um programa do FMI, inclusive as suas tão mal-afamadas prescrições políticas. Esse vínculo com o FMI foi inicialmente criticado, como quando a Malásia defendeu independência completa do ACR em relação ao FMI.[20] Além disso, a IMCM é designada como um arranjo de apoio de liquidez em dólares americanos, excluindo, desse modo, swaps em moedas locais.[21]

Alguns descrevem a IMCM como um passo essencial rumo à criação de um fundo monetário asiático (FMA), que seria plenamente autônomo em relação ao FMI.[22] Contudo, como a separação do vínculo com o FMI teria exigido a criação de um mecanismo regional de supervisão, os membros participantes decidiram que os arranjos de swap deveriam permanecer complementares aos meios do FMI. Na época, o Japão em particular pressionou em prol da vinculação com o FMI, visando dar credibilidade à nova iniciativa. A Malásia, contudo, só concordou com a ligação sob condição de formar um grupo de estudo para avaliar meios de finalmente separar-se do FMI. Desde então, nenhum passo significativo foi dado nessa direção. Isto é amplamente atribuído à falta de confiança entre os países participantes.[23] Assim, a IMCM é uma "linha de defesa paralela" ao financiamento do FMI.

Infraestrutura global para internacionalizar o iuane

Desde 2009, a China tem promovido uma internacionalização controlada do iuane. A criação do Sistema de Pagamento Internacional da China (Spic) é um elemento-chave dessa estratégia, assim como a transformação de Xangai em um centro financeiro global. Como Hu Jintao explicou em 2011, "o sistema monetário internacional corrente é produto do passado".[24] As razões de uma tal estratégia são claras. A predominância global do dólar americano dá aos Estados Unidos um tremendo privilégio. Para os estadunidenses, custa menos tomar emprestado, possibilitando ao governo financiar déficits e empresas para levantar dinheiro, o que de outro modo não seria possível. Em outras palavras, os Estados Unidos têm que trabalhar menos para preservar a confiança dos investidores globais, e a pressão para diminuir a dívida do governo é menor do que sobre as economias cujas moedas têm pouco peso no sistema internacional.

Como explica Christopher Layne:

> A preeminência geopolítica da América depende do papel monetário da reserva em dólares. Se o dólar perde status, a hegemonia dos Estados Unidos se torna literalmente impagável. O status da reserva monetária em dólar tem sido, com efeito, um tipo muito especial de "cartão de crédito". É especial porque os Estados Unidos não têm que ganhar dinheiro para pagar suas contas. Em vez disso, quando as contas vencem, os Estados Unidos tomam emprestados fundos no exterior e/ou imprimem dinheiro para pagá-las... Sem o uso do "cartão de crédito" propiciado pelo status da reserva monetária em dólar, os Estados Unidos teriam que pagar suas extravagantes ambições externas e internas aumentando impostos e taxas de juros, consumindo menos e poupando mais; vale dizer, apertando o cinto dramaticamente e reduzindo seus gastos militares e domésticos.[25]

Além disso, tal situação permite a Washington usar sua influência política mais efetivamente. Por exemplo, os Estados Unidos podem impor sanções econômicas que muitos países são obrigados a seguir. Afinal, a maioria dos bancos internacionais precisa de acesso ao sistema bancário estadunidense, o que requer uma licença. Assim, bancos em todo o mundo têm que aceitar quaisquer sanções impostas pelos Estados Unidos, como ficou evidenciado nos casos do Irã e da Coreia do Norte.

Embora a meta do governo chinês seja limitar o domínio do dólar e criar "multipolaridade monetária" em médio e longo prazos, a internacionalização do iuane ocorrerá em pequenos passos experimentais, pois desse modo há menos probabilidade de se gerar instabilidade ou ansiedade na economia doméstica ou internacional. Dar ao iuane mais liberdade pode enfraquecer a moeda, estimulando a fuga de capitais. Desde que Pequim começou a se empenhar na internacionalização do iuane, o uso da moeda para liquidar transações com a China aumentou muito. Quase 30% do comércio global da China é agora liquidado em iuane.

Talvez as ações mais importantes para internacionalizar o iuane sejam os numerosos acordos de swap com bancos centrais e o programa Investidores Institucionais Estrangeiros Qualificados em Renminbi (IIEQR), de liberalização dos mercados de capital. Em março de 2015, a China designou o China Construction Bank Co. como seu primeiro banco de compensação na América Latina e alocou 50 bilhões de iuanes (8,1 bilhões de dólares) em cotas para o IIEQR. O programa, que começou no final do ano de 2011, permite que iuanes levantados offshore sejam usados para comprar ações e títulos nos mercados onshore da China. A conta global impressionante do IIEQR no final de 2015 alcançou os 920 bilhões de iuanes.[26] Desde 2008, a China também chegou a acordos de 500 bilhões de dólares em swaps de moeda com quase trinta países, inclusive Argentina, Canadá e Paquistão.[27] Em 2013, o Brasil assinou um acordo de três anos de swap de moeda com a China, no valor de 30 bilhões de dólares.

Numa reunião do conselho do FMI no final de 2015, o iuane chinês entrou para a cesta de elite das moedas usadas para cotar sua moeda de fato. Esta foi a primeira mudança importante na cesta dos Direitos de Saques Especiais da instituição desde a inclusão do euro, quinze anos antes. As precondições do FMI para uma moeda ser incluída e reconhecida como global são que ela seja "utilizada amplamente" e "utilizável livremente".

A decisão, muito atrasada, considerando o tamanho da economia chinesa, foi um marco nos esforços do governo chinês para aumentar o papel global de sua moeda. Bancos centrais em todo o mundo se mostram agora muito mais inclinados a acrescentar o iuane às suas reservas.

Como acontece com todas as mudanças políticas significativas, os tomadores de decisão de Pequim estão longe de estar unidos em relação à internacionalização do iuane. Empresas e bancos estatais costumam se mostrar relutantes em internacionalizar a moeda chinesa, na medida em que a necessária liberalização reduziria seu controle sobre importantes decisões que afetam o modelo de desenvolvimento chinês, puxado pela exportação.[28] Do mesmo modo, o Ministério das Finanças, a Comissão Nacional de Desenvolvimento e Reforma e a Comissão de Supervisão e Administração de Ativos Estatais não estão entre os que apoiam a iniciativa. Por outro lado, forças liberais lideradas pelo Banco Popular da China são a favor da internacionalização, pois ela poderia ajudá-los a forçar a passagem de importantes reformas financeiras e monetárias domésticas. Esta pode ser uma estratégia perigosa. Como argumentam Mallaby e Wethington:

> Só depois que o sistema financeiro doméstico tenha sido fortalecido desse modo é seguro abrir a economia para influxos de capital estrangeiro, permitir a flutuação da taxa de câmbio e deixar o dinheiro do país circular offshore. A internacionalização da moeda deve ser o ponto final da reforma, não o ponto de partida.[29]

O ritmo da internacionalização depende, assim, não só da trajetória de crescimento da China, mas também da dinâmica de poder interna. Há argumentos econômicos sólidos de que transformar o iuane em uma moeda de reserva global pode também ter aspectos negativos para a economia da China: isso levaria a estrangeiros comprando e controlando montantes maciços de iuane, o que poderia levar a uma valorização permanente, prejudicando desse modo as exportações chinesas. Além disso, se o dólar americano um dia perder seu papel como moeda de reserva incontestável, isto resultaria certamente em desvalorização, afetando de maneira negativa o valor das reservas em dólar da China.

Entretanto, é cedo demais para dizer se o iuane poderá um dia ser capaz de desafiar o dólar como a principal moeda de reserva do mundo. Os desafios que a China enfrenta são formidáveis. Não só o iuane tem que ser universalmente conversível, mas o país teria também de criar um mercado de títulos transparente e líquido. A intervenção do governo durante a desordem do mercado em julho e agosto de 2015 mostra que a China ainda tem um longo caminho a percorrer para permitir que os mercados se autorregulem. Do mesmo modo, é difícil imaginar como o iuane poderia competir com o dólar sem um sistema legal mais transparente, o que aumentaria a confiança no governo. Injoo Sohn aponta para dificuldades adicionais:

> A ausência de alianças formais também parece restringir a extensão da influência da China para internacionalizar sua moeda. A internacionalização do dólar no início dos anos pós-guerra não foi sustentada apenas pelos Estados Unidos, mas também pelas principais potências europeias aliadas – a China não desfruta desse suporte ao empenhar-se na internacionalização do iuane.[30]

Durante a transição da libra britânica para o dólar americano em meados do século XX, os riscos eram administráveis em grande parte porque tanto a libra como o dólar eram conversíveis em ouro a taxas fixas. Os formuladores de política em Washington e Londres também estavam alinhados em muitas questões mais amplas referentes à ordem global. Washington e Pequim, em comparação, pensam a sua bilateralidade mais no contexto de uma dependência mútua ambígua e de desconfianças, o que torna uma transição sem atritos menos provável. Ainda assim, o plano chinês deveria ser bem-vindo e encorajado. Como diz Barry Eichengreen: "Dadas as vantagens de ter mais de um emprestador de emergência e múltiplas fontes de liquidez internacional, isso só pode ser uma coisa boa para o resto do mundo."[31]

O desejo de transformar o iuane em moeda globalmente negociada é natural para um país cuja economia está prestes a tornar-se a maior do mundo. O iuane já é responsável por quase 9% de todas as transações de serviços financeiros do mundo, o segundo maior, atrás do dólar americano. A moeda chinesa também é a quinta em pagamentos no mundo, atrás do dólar, do euro, da libra esterlina e do iene japonês. Entretanto, o iuane ainda não está perto de ameaçar o domínio do dólar americano. Menos de 3% dos pagamentos globais envolvem o iuane, em contraste com os mais de 40% que envolvem o dólar americano.

Sistema de Pagamento Internacional da China (Spic)

Um passo fundamental na criação de uma ordem paralela é o Sistema de Pagamento Internacional da China, estabelecido para processar transações transfronteiriças em iuane, aumentando muito o uso da moeda chinesa desse modo, em função da redução de custos das transações. As redes existentes tornavam o processamento dos pagamentos em iuane relativamente lento e burocrático, deixando de pôr a moeda chinesa em pé de igualdade com outras moedas globais. A compensação transfronteiriça do iuane exigia um banco de compensação offshore para essa moeda, em Londres, Hong Kong ou Cingapura, ou um banco na China continental.

À primeira vista, o Spic é pouco mais que uma plataforma para facilitar transações, mas suas consequências a médio e longo prazo podem ser significativas. Ele vai permitir que bancos e empresas movimentem dinheiro em todo o globo através de uma "supervia financeira" desvinculada das estruturas centradas no dólar americano. Ser excluído do sistema americano não será, portanto, tão apavorante quanto um dia já foi, reduzindo a vantagem dos Estados Unidos sobre atores tidos como transgressores. Além disso, deixar de depender inteiramente do sistema Swift reduzirá as preocupações da China com espionagem, já que a Agência de Segurança Nacional norte-americana definiu o Swift como alvo para rastrear pagamentos internacionais.

Em 2015, um grupo de bancos, entre os quais HSBC, Citibank e Standard Chartered, foi selecionado para iniciar a implementação do Spic. Embora a etapa inicial só incluísse entidades onshore, o Spic vai finalmente autorizar pagamentos offshore para onshore em iuanes e aqueles dentro e fora da China. Os que acreditam que a atual instabilidade financeira do país vai impedir o governo chinês de buscar ajustar as estruturas globais ao seu novo poder econômico estão, assim, provavelmente equivocados. Mesmo que a China e os Estados Unidos venham a crescer em ritmo semelhante nos próximos anos, a necessidade de reforma se mantém na ordem do dia, e, considerando sua posição como segunda maior economia do mundo, a representação institucional da China ainda é pequena tanto no campo econômico como no da segurança.

Embora o Spic não vá desafiar o sistema Swift dominante em âmbito global, vai aumentar consideravelmente a autonomia da China, e pode lhe permitir projetar sua influência com mais facilidade do que antes, uma vez que fazer parte do Spic tenha se tornado indispensável. Por exemplo, qualquer país que atuasse contra os interesses de Pequim (por exemplo, continuando a reconhecer Taiwan) poderia ser colocado na lista negra do Spic, do mesmo modo como a política externa estadunidense fez uso de sanções no passado para promover seus interesses.

China UnionPay

Um elemento-chave adicional da ordem paralela emergente liderada pela China é o China UnionPay (CUP), que busca complementar os atores globais existentes como Visa e MasterCard. A CUP é a organização nacional responsável pelos cartões bancários na China, a associação entre a indústria de cartões bancários e a única rede interbancária no país, propriedade de cerca de 85 bancos. Cartões da UnionPay podem ser usados em mais de 140 países e regiões em todo o mundo, o que faz dela a segunda maior rede de pagamento por valor de transações processadas, depois da Visa. A CUP é dominante na China: o UnionPay é usado por 80% dos cartões de débito e responde por 72% do valor total das transações em 2014. Na verdade, há quase tantos cartões UnionPay em circulação global quanto cartões Visa e MasterCard combinados (4,5 bilhões de cartões desde sua fundação em 2002), e a UnionPay está projetada para crescer marcadamente nos próximos anos.[32] Os consumidores do continente chinês apelidaram a companhia de cartões bancários de "China UP", já que ela emergiu como um símbolo do perfil em ascensão da China. Fora da China continental, a UnionPay emitiu 90 milhões de cartões e planeja "fazer um avanço especialmente marcante" nos próximos anos. Em 2015, o cartão inteligente da UnionPay foi apresentado aos bancos locais como padrão da indústria bancária da Tailândia. A Tailândia é a primeira nação ultramarina a adotar o padrão UnionPay como seu padrão de cartão inteligente uniforme local.[33] Operadoras globais como Visa e MasterCard, entretanto, podem agora solicitar licenças para compensar pagamentos domésticos chineses, de modo que a CUP pode enfrentar uma concorrência crescente.

A disposição da China de fortalecer a China UnionPay também deve ser vista como uma tentativa de adquirir mais autonomia em relação ao Ocidente para o caso de alguma confrontação futura. Isso se tornou particularmente óbvio após a adoção de sanções econômicas ocidentais contra a Rússia, em resposta à anexação da Crimeia. Se Moscou pôde ser alvo desse tipo de ação, raciocinam os formuladores de política em Pequim, a China pode ser a próxima.

Com efeito, em resposta às sanções ocidentais, quando Visa e MasterCard bloquearam as contas de titulares de cartões no Banco Rossiya e no SMF Bank, a Rússia adotou o UnionPay.[34] Como escreveu a RT, uma agência de imprensa pró-governo, no final de 2014: "Esqueçam Visa e MasterCard. Depois que duas companhias de pagamento de sistema de crédito americanas congelaram contas sem aviso prévio em março, a Rússia tem procurado uma alternativa junto à China UnionPay."[35] A China UnionPay, acrescenta ainda a RT, seria uma solução passageira para a Rússia se desligar do Ocidente enquanto se prepara para lançar seu próprio sistema de pagamento: o assim chamado Sistema Nacional de Cartão de Pagamento (NSPK, na sigla em inglês), embora possa levar anos até que ele comece a operar.

Centro Financeiro Global de Xangai

Além das várias instituições que a China fundou ao longo dos últimos anos, o Conselho de Estado da China anunciou, em 2009, seu objetivo de transformar Xangai, até 2020, em um centro financeiro global, rivalizando com Londres e Nova York, os únicos verdadeiros centros financeiros globais do mundo. Centros financeiros concentram enorme poder econômico. Ser pátria de um deles parece crucial para complementar os esforços chineses no campo da expansão do comércio. Dito de outra forma, uma potência global não é possível sem um centro financeiro global. Como explica Kawaii:

> Um centro regional pode crescer e passar a funcionar como um centro financeiro global se passar a oferecer mercados financeiros profundos e líquidos aos atores globais – além dos atores nacionais e regionais; se vier a se tornar um centro de informação financeira global; se tiver uma reserva de profissionais altamente educados e bem-treinados (para atividades de banco de investimento, legislação, contabilidade e tecnologia de informação e comunicação); se prover um ambiente regulatório conducente e responsivo; e se assegurar liberdade econômica suportada por certeza legal inequívoca.[36]

A intenção da China de transformar Xangai em um centro global está intimamente vinculada à internacionalização do iuane, à criação do Sistema de Pagamento Internacional da China (Spic) e ao estabelecimento, ocorrido em 2013, da Zona Piloto de Livre Comércio de Xangai, que é vista como a experiência mais inovadora do governo chinês. De início a primeira zona de livre comércio no continente chinês, ela já engendrou a criação de três zonas de livre comércio adicionais: em Fujian, Guangdong e Tianjin. É nessas zonas (e principalmente em Xangai) que o governo chinês está preparado para conduzir experimentos liberais, não só quanto a comércio, conversibilidade do iuane e sistemas de taxas de juros, mas também quanto a questões regulatórias concernentes a joint ventures no setor financeiro.

Com efeito, a conversibilidade plena do iuane seria uma exigência para Xangai começar a rivalizar com os centros financeiros existentes. Antes disso, toda conversa sobre o assunto parecerá implausível e exagerada.

Em 2014, foi lançada a Bolsa do Ouro de Xangai (SGE, na sigla em inglês), uma plataforma global de negócios na zona piloto de livre comércio da cidade, uma iniciativa cuja vocação é confrontar a predominância de Nova York e Londres no comércio e tarifação do ouro – considerados de grande importância estratégica. A China se tornou recentemente a primeira importadora de ouro do mundo, e a SGE é a maior plataforma para comércio de ouro físico. Não obstante, Xangai ainda não rivaliza nem com Londres nem com Nova York na capacidade de influenciar a tarifação do ouro. A cidade está na quarta posição do mundo em transações globais do metal, pouco à frente de Dubai. Para aumentar a atratividade de Xangai, investidores estrangeiros não legalmente estabelecidos na China passaram a ter direito de comercializar ouro no país. Para a China, um índice de um quilograma de ouro denominado em iuanes poderia ser útil para favorecer seus próprios consumidores e protegê-los de outros índices denominados por moedas estrangeiras, os quais, argumenta Pequim, são propensos a manipulações ou favorecem "interesses ocidentais".[37] Xangai também está buscando estabelecer referências para a tarifação de certo número de outras commodities, a mais importante delas sendo o petróleo.

O desafio enfrentado pela China é, portanto, complexo. Envolve não apenas implantar uma estrutura regulatória clara, mas também atrair talentos globais em todo o mundo, o que requer transformar a própria Xangai numa cidade atraente. Considerando o baixo nível de qualidade de vida em que as cidades chinesas tendem a ser classificadas (como praticamente todos os centros urbanos em países em desenvolvimento), o governo chinês pode ter que empreender reformas profundas para gerar o *momentum* necessário para fazer jovens talentos preferirem Xangai a Nova York, Zurique, Cingapura ou outros centros financeiros mundo afora. Para se tornar mais atraente, o governo está considerando abaixar o imposto sobre a renda para funcionários do setor financeiro, sobretudo levando em conta que o imposto sobre a renda em Hong Kong é bastante baixo, de apenas 15%. Investimentos consideráveis em educação, como o Instituto Avançado de Finanças na Universidade Jiao Tong, em Xangai, visam ajudar a aumentar a infraestrutura intelectual ainda insuficiente da cidade. Afinal, os bancos ainda preferem Cingapura e Hong Kong em razão de seus contingentes maiores de talento, mais uma área em que os países ricos quase sempre superam os países mais pobres. Se um dia o governo chinês fosse experimentar maior liberdade de expressão, deveria começar por Xangai, pois é inconcebível que a censura possa ajudar a trazer talentos internacionais para a cidade. A evidência anedótica sugere que a maioria dos executivos financeiros em todo o mundo pediria aumentos substanciais para aceitar um posto na China continental, mesmo que Xangai ofereça um estilo de vida muito mais confortável do que outras cidades no continente chinês, como Pequim e Chongqing.

A vantagem de Xangai é sem dúvida o seu papel como plataforma financeira daquela que será a maior economia do mundo, mesmo que grande parte do poder financeiro ainda esteja concentrado em Hong Kong e Pequim. Isso não significa, é claro, que Xangai possa rivalizar com a importância de Londres e Nova York em sua totalidade. Ambas as cidades foram centrais para o processo de globalização ao longo dos últimos dois séculos e, mesmo que Xangai venha a rivalizar seriamente com a capacidade desses centros financeiros, continuarão a ser referências culturais em escala global nas décadas futuras.

A predominância continuada de Londres é uma prova disso: apesar da expansão da economia dos Estados Unidos, dos impactos adversos da Primeira Guerra Mundial, do declínio gradual do império e da proeza econômica britânicos, Nova York nunca ultrapassou Londres como centro financeiro global.[38] Isso mostra que um centro financeiro pode sustentar sua força mesmo que a pátria que lhe deu origem (nesse caso a Grã-Bretanha) não desempenhe mais um papel preponderante na economia global. Logo, o crescimento econômico da China por si só não será o bastante para que Xangai substitua os centros financeiros existentes.

A ideia de transformar Xangai em um centro financeiro internacional está longe de ser revolucionária. Aos olhos da China, trata-se de restabelecer o relevante papel da cidade, exercido tão precocemente quanto nas décadas de 1920 e 1930, quando Xangai era uma metrópole com considerável visibilidade internacional. Não obstante, a ambição de hoje não é apenas copiar o passado; os formuladores de política em Pequim estão interessados em mais do que apenas sediar a bolsa de valores mais importante do mundo. Antes, eles querem que Xangai seja o lugar em que as mentes mais importantes do mundo financeiro se reúnam para desenvolver as ideias que vão moldar as finanças globais nas décadas futuras. Dito de maneira simples, o papel de Xangai como centro financeiro lhe permitiria, espera o governo chinês, tornar-se a principal definidora de agenda do mundo em matéria de finanças globais. Considerando que muito provavelmente a China será então a maior economia do mundo, a descentralização do poder financeiro e uma alocação mais diversa e mais igualmente distribuída dos tomadores de decisão na área serão positivas e louváveis. Afinal, Londres e Nova York são demasiado homogêneas para serem capazes de atuar em benefício de um sistema financeiro global muito mais diverso.

As reformas subsequentes em Xangai serão importantes por outra razão: servirão provavelmente como planta baixa para o restante da China, uma vez que o governo se sinta seguro o bastante para afrouxar seu controle sobre o sistema financeiro do país.

Grupo de Avaliação de Crédito Universal (Gacu)

A ideia de criar uma agência de classificação de risco liderada pelo Brics foi discutida com alguma frequência ao longo dos últimos anos, e diz-se que o governo russo se mostra especialmente interessado em levar o projeto adiante. O *sous-sherpa* russo[39] para o Brics, Vadim Lukov, enfatizou repetidamente que especialistas dos países do Brics estavam discutindo a criação de uma agência de classificação independente para se contrapor à cultura de avaliação econômica supostamente tendenciosa do ponto de vista geopolítico das agências de classificação de risco. O interesse da

Rússia em uma agência desse tipo parece bastante óbvio: a agência de classificação S&P rebaixou alguns anos atrás a classificação de crédito soberano da Rússia para BB+ com perspectiva negativa. De todos os países do Brics, a economia da Rússia é a mais dependente dos preços globais de commodities, e as sanções ocidentais agravaram ainda mais as perspectivas econômicas do país.

Com efeito, o governo russo acusa com frequência as agências de classificação de risco de atuarem segundo os interesses políticos dos Estados Unidos, dizendo que os rebaixamentos recentes são destinados a prejudicar a Rússia e não a produzir uma avaliação independente. Evgeny Stanislavov, diretor do Departamento de Cooperação Econômica do Ministério das Relações Exteriores, sustentou que as alegações das agências ocidentais de que a economia da Rússia encontra-se em estado lamentável estão erradas e fazem parte da "lógica consistente e bem-orquestrada da campanha antirrussa".[40]

Alguns analistas na China ecoam essa opinião. "Esses critérios são todos ideológicos e nada têm a ver com a capacidade de um governo central de gerar receitas nem com sua capacidade de saldar dívidas. Se formos usar esses critérios para classificar riscos de crédito dos Estados Unidos, podemos chegar à conclusão de que a economia dos Estados Unidos nunca ficaria inadimplente, pois eles podem saldar suas dívidas imprimindo mais dinheiro. É óbvio que esses critérios são injustos", disse Guan Jianzhong, presidente da Dagong, uma agência de classificação de risco chinesa. A única solução, segundo o governo russo, é uma agência de classificação "independente" liderada pelo Brics.[41]

Em 2013, com apoio dos governos russo e chinês, foi lançado o Grupo de Avaliação de Crédito Universal, mas ele ainda não divulgou as suas primeiras classificações. "No começo, a agência vai avaliar projetos de investimento russo-chineses, com vistas a atrair [investidores de] inúmeros países asiáticos", disse Anton Siluanov, ministro das Finanças da Rússia. "Gradualmente, com base nos progressos e na autoridade de uma tal agência, nós acreditamos que ela se alçará a um nível em que suas opiniões vão atrair outros países."[42]

Não há dúvida de que a concentração geográfica das "Big Three" (Moody's, Standard & Poor's e Fitch) é altamente problemática. Assim, é natural que a China, sendo a segunda maior economia do mundo, busque construir sua própria agência de classificação de risco. Afinal, as classificações emitidas pelas Big Three para tomadores de empréstimo de grande porte, como governos e corporações, são enormemente influentes; elas desempenham um papel central na determinação de como os investidores alocam bilhões de dólares. Suas classificações indicam aos compradores de dívida como eles deverão ser remunerados.

O desafio será garantir que o Gacu tenha credibilidade e seja visto como uma instituição livre de influências políticas. Só então suas classificações e relatórios serão levados a sério por observadores de fora. Mesmo que haja evidência informal de que governos ocidentais pressionem agências de classificação de risco, os recém-chegados enfrentam uma batalha duríssima e devem ser particularmente cautelosos para não serem vistos como se estivessem agindo segundo interesses políticos. Contudo, se o Gacu conseguir fundar uma confiança internacional, a ascensão de um novo ator poderia sem dúvida ajudar a estimular a reforma de um sistema que não conseguiu prever a crise de 2008 e que não foi suficientemente ajustado desde então.

Embora Rússia e China estivessem ansiosas para angariar o apoio de Brasil, Índia e África do Sul para a criação de uma agência de classificação liderada pelo Brics, os outros países do grupo assumiram uma postura mais neutra. "Uma agência de classificação de risco tem que ser completamente independente do ponto de vista dos governos. Se for patrocinada por um governo, só até certa medida pode reivindicar ser independente", afirmou Otaviano Canuto, então conselheiro do Banco Mundial e agora representante do Brasil no FMI, acrescentando que a probabilidade de o Brics criar tal agência é "muito pequena".[43] A questão não foi tratada na Declaração de Ufá, na Sétima Cúpula do Brics na Rússia, sugerindo que nem Brasil, nem Índia, nem África do Sul estavam ainda plenamente convencidos.

Asean+3

Num sinal de cooperação regional crescente na Ásia, o Asean+3 é um fórum que coordena a cooperação entre a Associação de Nações do Sudeste Asiático e China, Japão e Coreia do Sul. Líderes governamentais, ministros e funcionários de alto escalão dos dez membros da Asean e os três Estados do nordeste asiático o consultam sobre uma gama crescente de questões. Criado em base *ad-hoc* em 1996, líderes em Tóquio e Pequim logo pressionaram por sua institucionalização, e, desde a implementação da Declaração Conjunta sobre Cooperação na Ásia oriental, em 1999, na Cúpula de Manila, os ministros das Finanças do Asean+3 têm mantido consultas periódicas. Embora a Iniciativa Chiang Mai (ICM) seja a contribuição mais notável do grupo, desde então o Asean+3 ampliou a cooperação para além das finanças. Hoje, o grupo coordena atividades nos campos de segurança, cooperação econômica e financeira, comércio, políticas sociais e desenvolvimento. Por exemplo, quando do surto de ebola na África Ocidental, os líderes do Asean+3 se reuniram em Bangkok para desenvolver uma resposta política comum para a região.[44] Na cúpula de 2014, a China prometeu uma assistência de 480 milhões de dólares, ou 3 bilhões de iuanes, às nações da Asean para o ano seguinte, e tem ajudado o bloco regional a reduzir a pobreza.

Escritório de Pesquisa Macroeconômica (Amro)

O Escritório de Pesquisa Macroeconômica do fórum Asean+3 iniciou sua cooperação em Cingapura em maio de 2011. Ele desempenha uma importante função de supervisão regional dos 120 bilhões de dólares da facilidade de swap de moeda da Iniciativa Multilateral Chiang Mai (IMCM). Três anos depois, os Estados-membros (Asean, China, Japão e Coreia do Sul) estabeleceram o Amro como organização internacional. Como então anunciou o Banco da Tailândia:

O Acordo visa aumentar a eficácia da função do Amro como unidade de supervisão independente para monitorar, avaliar e relatar a estabilidade macroeconômica e a saúde financeira de seus membros. Com efeito, os papéis de identificar riscos e vulnerabilidades regionais, bem como de prover recomendações políticas adequadas em tempo, também foram descritos.[45]

O Amro deve apoiar a estabilidade financeira regional com uma Iniciativa Multilateral Chiang Mai (IMCM) fortalecida. O Amro trabalha frequentemente com a OCDE e outras instituições existentes. Os ministros das Finanças do Asean+3 declararam em 2013:

> Nós somos sensíveis ao progresso feito pelo Amro em cooperação com Instituições Financeiras Internacionais (IFIs), como intercâmbios frequentes com o FMI e o Banco Asiático de Desenvolvimento sobre desenvolvimentos macroeconômicos na região, promovendo seminários conjuntos e conduzindo estudos conjuntos.[46]

Embora não tenha ambições de globalizar suas atividades nessa fase, nem de procurar membros fora da região, o Amro é uma plataforma institucional vocacionada para conduzir atividades comparáveis às da OCDE.

Comércio e investimento

Assim como nas finanças, há um ativismo institucional sinocêntrico crescente no campo do comércio e investimento. Isso será particularmente relevante, considerando as tentativas dos Estados Unidos de fortalecer sua presença econômica nas vizinhanças da China como parte do seu "pivô para a Ásia".

Parceria Econômica Regional Abrangente (Pera)

Depois do recente desastre diplomático dos Estados Unidos em tentar impedir a adesão ao Banco Asiático de Investimento em Infraestrutura (BAII), os formuladores de política estadunidenses ficaram sob pressão para fortalecer sua presença na Ásia na frente de comércio através da conclusão da Parceria Transpacífico (TPP, na sigla em inglês), um acordo de comércio potencialmente histórico – se ratificado pelo Congresso norte-americano – ligando os Estados Unidos ao Japão e dez outros países. A decisão dramática de Donald Trump de retirar os Estados Unidos do acordo reduziu ainda mais a influência de Washington no continente asiático. A TPP ia conectar os Estados Unidos ao centro econômico do século XXI, uma das regiões de crescimento mais rápido do mundo, e cimentar suas relações com o Japão, seu importante aliado. Teria sido a primeira manifestação real do pivô de Obama para a Ásia, que até aqui consistiu de mera retórica.

A China, que foi excluída dos países que negociam a TPP, responde com a promoção da Parceria Econômica Regional Abrangente (Pera), que exclui os Estados Unidos e promove a reaproximação entre Pequim e Tóquio. A disputa por influência regional entre os Estados Unidos e a China também tomou conta do debate sobre acordos de comércio. Como a TPP, a Pera, cujas negociações foram lançadas na Cúpula da Asean em Phnom Pen em novembro de 2012, colocaria em contato uma fatia ampla da economia global, pondo a China e o Japão ao centro e harmonizando as regras relacionadas a comércio, investimento e regimes de concorrência. A Pera inclui um vasto conjunto de regras concernentes a investimento, cooperação econômica e técnica, propriedade intelectual, concorrência, resolução de disputas e regulação de governança. A Índia, notadamente, preparada para desempenhar um importante papel econômico na Ásia nas décadas futuras, também faz parte do arranjo.

A conclusão das modalidades inclui permuta de ofertas de bens, serviços e investimentos e revelação do número de produtos cujas taxas seriam reduzidas a zero e de bens que não teriam nenhuma taxa reduzida sob os termos do pacto. Em função da complexidade das negociações provavelmente tomarão mais tempo, considerando o grande número de interesses envolvidos. Afinal, o acordo prevalecente vai permitir que ou Washington ou Pequim atue como definidor regional de agenda, dando forma à arquitetura de cooperação nas regiões do Sudeste e do Leste Asiático e ajudando a garantir a defesa de seus interesses financeiros.

Entretanto, no domínio dos acordos de comércio, o pensamento soma zero pode não prevalecer. Há diferenças substanciais entre os dois: a Pera é um exercício de harmonização e integração das áreas de livre comércio entre a Asean e seus parceiros individuais, ao passo que a TPP é uma tentativa dos Estados Unidos e outros de criar um novo acordo de comércio, mais ambicioso e ajustado às condições do século XXI, com padrões muito mais elevados.

Área de Livre Comércio Ásia-Pacífico (Alcap)

Semelhante à Pera, a Área de Livre Comércio Ásia-Pacífico é uma alternativa liderada pela China à Parceria Transpacífico (TPP). Em vez de se opor e enfraquecer ativamente a TPP, Pequim está promovendo alternativas. Além dos países incluídos na TPP, a Alcap inclui a China e a Rússia. A Cooperação Econômica da Ásia e do Pacífico (Ceap) começou a discutir formalmente o conceito de Área de Livre Comércio Ásia-Pacífico na cúpula de 2006, em Hanói. Embora a Alcap não seja uma iniciativa chinesa, Xi Jinping decidiu apoiá-la abertamente na cúpula da Ceap em 2014. Havia três razões para isso, segundo Mireya Solís, do Instituto Brookings:

> Primeiro ... definir uma agenda de comércio que busca alcançar o objetivo mais ambicioso de todos: um arranjo de comércio Ásia-Pacífico incorporando tanto a China como os Estados Unidos. Segundo, impedir que a Parceria Transpacífico (TPP) se torne o ponto focal dos esforços em curso de integração econômica e uma reafirmação da liderança da América como potência no Pacífico. E terceiro, conquistar um papel muito mais proativo para a China no desenho das novas regras da ordem econômica – a partir de uma

situação de igualdade de status com os Estados Unidos. A entrada potencial da China na TPP, depois que a parceria passasse a vigorar, não conferiria à China essas vantagens: ela teria de aceitar disciplinas negociadas por outros e fazer concessões significativas para garantir sua aceitação.[47]

Na cúpula, os Estados Unidos evitaram qualquer referência a um cronograma para a conclusão da Alcap, mas a China garantiu o lançamento de um estudo estratégico comum sobre questões envolvendo sua realização. Assim, a Alcap não é uma contradição ou desafio direto à TPP promovida pelos Estados Unidos, mas, antes, uma tentativa de defender-se de ser deixada de fora num momento de definição de agenda e de estabelecimento de regras relacionadas ao comércio na sua vizinhança. O apoio da China para um plano tão incipiente, entretanto, estava sem dúvida destinado a desacelerar e desviar a atenção das negociações para a TPP.

Conclusão

Em 2009, Jacqueline Braveboy-Wagner previu a presença crescente de cooperação entre nações do Sul Global. Segundo a pesquisadora, elas

> construíram uma identidade ou um conjunto de identidades regionais a partir de suas experiências comuns, e essas identidades fomentam cooperação e persistem em função da persistência da hierarquia no sistema internacional. Até que a hierarquia mude e até que o sistema internacional e os Estados e outras unidades que compreendem esse sistema se tornem mais inclusivos, a conectividade do Sul Global vai se refletir em um número crescente de atividades e instituições Sul-Sul.[48]

Com certeza, desde que a China possa continuar sua trajetória de crescimento acima da média, nós veremos a emergência de várias estruturas novas nos próximos anos. Os países do Brics estão discutindo a possibilidade de instituir a sua própria agência de classificação de crédito, aumentar seus swaps bilaterais de moeda e implantar mecanismos para capacitar e estabelecer comércio transfronteiriço entre os países do Brics em moedas locais. O Sistema de Pagamento Internacional da China será o equivalente de Pequim ao Swift, reduzindo de maneira dramática a capacidade do Ocidente de isolar financeiramente atores percebidos como transgressores. Analistas ocidentais com frequência advertem seus colegas indianos ou brasileiros de que eles estão prestes a serem "pegos na armadilha da ordem dominada pelos chineses".[49] Essa reprimenda deixa de levar em consideração que países como o Brasil e a Índia permanecem firmemente integrados nas instituições existentes, como Banco Mundial, FMI, Swift e todas as demais instituições lideradas ou controladas por potências ocidentais. Fazer parte de instituições lideradas tanto pelos Estados Unidos, por um lado, quanto pela China, por outro, propicia a Brasília, Déli e outras capitais flexibilidade e espaço de manobra, e pode ajudá-las a aumentar seu poder de barganha nas estruturas existentes.

A maior parte deste capítulo e do seguinte, sobre a ordem paralela emergente, não faz especulações sobre o futuro, mas analisa as estruturas já existentes ou as recém-criadas; em várias regiões do mundo, como em partes da África, da América Latina e da Ásia Central, estruturas dirigidas pela China já estão funcionando, aumentando desse modo seu impacto (por exemplo, nos domínios de infraestrutura, investimento e swaps de moedas). Embora ainda seja difícil imaginar como o Fórum de Boao para a Ásia (descrito no capítulo seguinte) possa um dia vir a se tornar mais influente do que o Fórum Econômico Mundial anual em Davos, é provável que a China seja mais bem-sucedida quando se tratar de oferecer benefícios tangíveis, como crédito fácil para financiamento de infraestrutura, que é uma proposta particularmente atraente para o Sul Global.

Esta análise não busca reduzir a noção de "não Ocidente" (ou de "resto") à China. Conforme já mencionado, nenhum país pode representar o "resto", e muitos países em desenvolvimento estão preocupados com a influência crescente da China. Em vez disso, esta análise foca amplamente a China porque ela é a única potência não ocidental com um projeto global concreto – contrastando com os demais países do Brics, que nutrem ambições globais, mas carecem de poder diplomático e econômico para implementá-las. A análise neste capítulo também deixa claro que vários projetos institucionais estão em sua tenra infância, o que torna difícil avaliar seu impacto na ordem internacional como um todo. O Banco de Desenvolvimento do Brics acabou de emprestar dinheiro para o seu primeiro projeto, e o Arranjo Contingente de Reservas do Brics e a Iniciativa Multilateral Chiang Mai (IMCM) estão inseridos no sistema do FMI. Observar atentamente o grande número de iniciativas descritas aqui será crucial para avaliar de maneira adequada o seu impacto.

5. Rumo a uma ordem paralela: segurança, diplomacia e infraestrutura

O ÚLTIMO CAPÍTULO ANALISOU novas iniciativas nos domínios das finanças, do comércio e do investimento. Este vai focalizar a ordem paralela nos domínios de segurança, diplomacia e infraestrutura, três áreas que serão profundamente afetadas em escala global pelo empreendedorismo institucional não ocidental. É nas áreas descritas aqui que o impacto será mais visível para o público global, e atividades como a construção do canal da Nicarágua, da estrada de ferro Transamazônica e os investimentos chineses maciços ao longo da "Rota da Seda" irão fortalecer aqueles que sustentam que a China está atuando segundo um plano para substituir os Estados Unidos como potência dominante global.[1] Entretanto, em vez de analisar iniciativas recentes como o arranjo Brics ou a Organização para Cooperação de Xangai (OCX) através das lentes de uma dicotomia "Ocidente versus resto", que implica o pensamento soma zero, é necessário analisar objetivamente os benefícios potenciais de cada iniciativa. Essa perspectiva nos permitirá apreciar não apenas as motivações por trás de cada empreendimento, mas também qual seria a melhor resposta política. Devem os países ocidentais apoiar, por exemplo, ou deveriam as instituições existentes se abrir mais às potências emergentes para reduzir o incentivo ao avanço da criação da ordem paralela?

A evidência inicial sugere que muitas das novas iniciativas podem produzir benefícios consideráveis tanto para as potências estabelecidas quanto para países em desenvolvimento, embora a maioria delas seja incipiente e ainda não esteja claro se todos os projetos podem ser implementados com sucesso. Por exemplo, a nova Rota da Seda cobre uma área que abriga cerca de 70% da população global, produz cerca de 55% do PIB mundial e tem cerca de 75% das reservas conhecidas de energia. A iniciativa exige colaboração efetiva entre quarenta governos situados ao longo da rota da seda por terra e por mar.² Isso aponta para uma cooperação em muitas outras áreas, que se estendem desde a redução de barreiras comerciais (inclusive barreiras burocráticas como processos de liberação alfandegária não padronizados) e o combate à criminalidade internacional até a segurança marítima. Do mesmo modo, a criação da estrada de ferro Transamazônica tem potencial de aumentar de maneira dramática a integração da América do Sul na economia global, uma região que tradicionalmente tem sofrido de ligações infraestruturais precárias. Se for implementada como planejado, ela vai beneficiar não apenas os vínculos entre a China e a América do Sul, mas também facilitar vínculos econômicos com outros lugares, inclusive a Europa e os Estados Unidos.

Mais importante, talvez, o surgimento de estruturas paralelas proporcionará plataformas adicionais para a cooperação (tanto entre potências não ocidentais quanto entre potências não ocidentais e ocidentais) e a distribuição da responsabilidade de prover bens públicos globais mais igualmente. Isso é verdade não apenas no que diz respeito a projetos de infraestrutura, mas também em relação a instituições que ajudam a ampliar a conversação global, seja durante um dos incontáveis novos formatos relacionados ao Brics ou durante o Fórum de Boao, planejado para permitir que a China se envolva no processo de definição de agendas globais.

Por fim, aqueles que têm medo de potências emergentes irresponsáveis ou imprevisíveis devem saudar e encorajar em especial a ascensão de uma ordem paralela. Embora Pequim vá ter o cuidado de desenhar novas instituições em função de seus próprios interesses, elas ainda assim forçarão a China a concordar com um conjunto de regras de governança, o que deve tornar seu comportamento muito mais previsível no contexto de engajamentos bilaterais. Todas essas instituições aprofundarão a integração da China na economia mundial, possivelmente reduzindo o risco de conflitos e beneficiando a todos.

Segurança

Frequentemente negligenciada pelos analistas que estudam o empreendedorismo institucional das potências não ocidentais, a ordem paralela emergente também inclui um importante componente de segurança.

Conferência sobre Interação e Medidas de Construção de Confiança na Ásia (Cica)

A Cica é frequentemente mencionada no contexto do empreendedorismo institucional chinês. O que muitas vezes é esquecido é que a Cica não é uma instituição nova nem foi inventada pela China. A ideia foi lançada pelo presidente do Cazaquistão, Nursultan Nazarbayev, durante uma Assembleia Geral da ONU em 1992, embora tenha sido necessária uma década (e os ataques terroristas do 11 de Setembro) para a Cica convocar pela primeira vez um encontro. Desde então, o grupo manteve encontros a cada dois anos. Em 2014, Xi Jinping usou a cúpula em Xangai como plataforma para expor sua visão mais ampla, intitulada "Unidos e harmonizados, os países da Ásia se movem juntos para o futuro". O encontro foi marcado pelo mais alto comparecimento de chefes de Estado e de governo desde a criação da instituição. Numa referência direta à presença dos Estados Unidos na região, o presidente chinês evocou a necessidade da criação de uma "nova arquitetura de segurança" e sustentou que "os problemas asiáticos devem ser resolvidos pelos asiáticos" – frase que foi criticada pelos analistas, dada a sua reminiscência das tentativas japonesas de dominar a região nos anos 1930.[3] A insistência de Xi de que "não importa o quanto a China se fortaleça, ela nunca será uma potência hegemônica" ainda não é plenamente convincente para todos os países da região.[4]

Assim, não é de todo errado citar a Cica no contexto do crescente ativismo institucional da China, em grande parte porque Xi Jinping reviveu a Conferência e deu a ela um novo significado como uma das principais plataformas para assuntos de segurança regional: uma iniciativa que pode ser interpretada como uma resposta ao pivô dos Estados Unidos para a Ásia. Todavia, além de limitar a influência dos Estados Unidos na Ásia, Pequim considera que a Cica é um mecanismo útil para convencer os vizinhos de que a ascensão da China vai beneficiar a região como um todo. Nesse sentido, ela complementa outros projetos regionais como o Banco Asiático de Investimento em Infraestrutura (BAII) e o Fundo da Rota da Seda, que são todos destinados a fomentar apoio regional à liderança chinesa.

A principal questão é se os países asiáticos menores vão confiar numa estrutura de segurança liderada pela China (e em menor grau pela Rússia), em vez de pelos Estados Unidos. Dificilmente a Cica convenceria os formuladores de política de Tóquio, Seul e da região a abandonar em curto prazo alianças de segurança de décadas com os Estados Unidos. Para começar, Japão, Indonésia, Austrália, Filipinas, Mianmar e Malásia não fazem parte da Cica, e será preciso um longo e árduo esforço diplomático para convencê-los a aderir. O objetivo de Pequim decerto não é forçar os Estados Unidos a saírem da região de imediato. Qualquer movimento abertamente agressivo visando a este fim produziria o efeito oposto. A China, entretanto, vai buscar preparar o terreno de modo que, se um dia os Estados Unidos não se mostrarem mais capazes ou dispostos a sustentar seu papel na Ásia, Pequim seja capaz de intervir.

Vários analistas enfatizaram que a Cica é mero simbolismo, pois situações como terrorismo são suficientemente cobertas pelas instituições regionais existentes, como a Organização para Cooperação de Xangai (OCX). Eles negligenciam a sutileza da estratégia de Pequim: criando inúmeras organizações que, em sua totalidade, reforçam a socialização regional e reduzem aos poucos a resistência ao ativismo chinês entre as elites formuladoras de políticas na Ásia. Isso explica em parte por que a China escolheu se concentrar em tópicos como antiterrorismo e infraestrutura: questões em que todos os países na região podem facilmente concordar.

Organização para Cooperação de Xangai (OCX)

Comparada com os encontros de conselheiros de segurança nacional da Cica e do Brics, a Organização para Cooperação de Xangai é a mais antiga e mais institucionalizada organização de segurança não ocidental (embora também discuta questões econômicas), a despeito de se definir apenas como "parceria" e não aliança. A OCX foi fundada em 2001, em Xangai, pelos líderes de China, Cazaquistão, Quirguistão, Rússia, Tadjiquistão e Uzbequistão. Com exceção do Uzbequistão, esses países foram membros do assim chamado Cinco de Xangai, fundado em 1996 e redenominado após a inclusão do Uzbequistão.

A organização foi frequentemente entendida no contexto de defesa da autocracia e de limitação da influência dos Estados Unidos na região; e, em 2005, o grupo solicitou que Washington estabelecesse um cronograma para a retirada de suas bases militares da Ásia Central. O ministro das Relações Exteriores da Rússia, Sergey Lavrov, sustentou que a OCX é um elemento importante de uma nova "ordem mundial policêntrica".[5] Na cúpula de Dushanbe no ano 2000, os membros acordaram "se opor a intervenções nos assuntos internos de outros países sob pretexto de 'humanitarismo' e 'proteção de direitos humanos' e apoiar seus esforços recíprocos para salvaguardar a independência nacional, a soberania, a integridade territorial e a estabilidade social dos cinco países".[6]

Durante as cúpulas, as discussões costumam girar em torno de preocupações relacionadas à segurança da Ásia Central, sendo terrorismo, separatismo e extremismo considerados as principais ameaças a serem combatidas. Respostas políticas são buscadas nos domínios de cooperação militar, compartilhamento de inteligência e contraterrorismo. Exercícios militares regulares têm sido realizados desde 2003. Em 2014, a China hospedou a maior série de exercícios militares da OCX de todos os tempos, os quais incluíram a Rússia e a China conduzindo exercícios navais conjuntos no Mediterrâneo.

A Organização para Cooperação de Xangai está no meio de uma ampla transformação; ela começou a lidar com questões econômicas, incluindo a potencial criação de um banco de desenvolvimento da OCX. Outras questões novas dizem respeito a infraestrutura, fronteiras transnacionais e disputas de água, além de programas de intercâmbio cultural. A Rússia também propôs ligar a União Econômica Eurasiana, cujos integrantes são Armênia,

Cazaquistão, Belarus e Rússia, ao Cinturão Econômico da Rota da Seda da China. Todos esses tópicos desempenharão papel decisivo no futuro geopolítico da Eurásia, uma região que vem recuperando importância à medida que a Rússia vira parcialmente as costas para o Ocidente e a China articula a estratégia de fortalecer sua presença na Ásia Central e região.

Em julho de 2015, a OCX decidiu admitir a Índia e o Paquistão como membros plenos. Agora, todos os principais atores na estratégia chinesa de Um Cinturão, Uma Rota fazem parte da organização, o que a torna a plataforma ideal para Pequim negociar seus planos de investimento regionais. No âmbito geopolítico, a relevância da organização (embora ainda amplamente simbólica) é portanto vista como um contrapeso potencial para as instituições de segurança ocidentais, sobretudo a Otan. No entanto, ao contrário do que alguns esperariam, a OCX não vai rivalizar nem se contrapor à Otan frontalmente. Antes, ela provê uma plataforma alternativa que vai buscar desempenhar um papel cada vez mais importante nos processos de definição de agenda de questões geopolíticas que afetam a Ásia: o terrorismo que emana do Afeganistão, a instabilidade na Ásia Central e as tentativas da China de financiar a integração física da região.

Também, como tantas instituições que podem constituir a ordem paralela, sua mera existência reduz a capacidade ocidental de isolar diplomaticamente países que eles creem não estar jogando conforme as regras. Nem sempre a Rússia vai obter na OCX o que quer – sobretudo agora que a Índia aderiu ao arranjo –, mas sua filiação aumenta a legitimidade da organização e reduz a sua dependência de parceiros ocidentais (mesmo que isso não compense as perdas econômicas geradas pelas sanções).

A mais beneficiada com a expansão da OCX e sua importância crescente, contudo, é Pequim. A OCX permite ao poder econômico chinês projetar-se de maneira mais institucionalizada e adquirir uma plataforma para articular sua ambição de desempenhar um papel mais visível na região. A adesão da Índia permite à China promover, junto aos formuladores de política em Déli – que encaram a presença crescente da China na região com desconfiança –, o Cinturão Econômico da Rota da Seda, o Corredor

Econômico China-Paquistão, o Corredor Bangladesh-China-Índia-Mianmar e o Gasoduto Ásia Central-China. Saber se a China ainda prioriza a OCX nesse contexto é uma questão secundária; antes, a Organização para Cooperação de Xangai vai dar a Pequim autonomia adicional e mais uma opção para escolha de jurisdição.

Encontro dos Conselheiros de Segurança Nacional (CSNs) do Brics

As origens do Brics podem ser econômicas e os tópicos de suas primeiras reuniões diziam respeito à governança financeira global, mas, em maio de 2009, os conselheiros de segurança nacional do Brics se encontraram pela primeira vez. Outros encontros seguiram-se e hoje têm lugar anualmente. Em Déli, no começo de 2013, os conselheiros de segurança nacional de Brasil, Rússia, Índia, China e África do Sul discutiram questões de terrorismo, segurança cibernética e pirataria, assim como os conflitos na Síria, na Líbia e no Mali. Enquanto Rússia e Índia são ambas experimentadas no combate ao terrorismo, o Brasil começou a enfocar essa questão ao se preparar para a Copa do Mundo de 2014 e as Olimpíadas de 2016. Refletindo sobre a questão da segurança cibernética (na esteira das revelações sobre a espionagem dos Estados Unidos), um encontro na Cidade do Cabo no final de 2013 acordou o estabelecimento de um grupo de trabalho especializado para finalizar um conjunto concreto de propostas para adoção pela cúpula dos líderes.[7] Além disso, os participantes decidiram fortalecer a cooperação em segurança do transporte, incluindo iniciativas antipirataria relativas a compartilhamento de conhecimento e construção de capacidade com Estados em áreas afetadas pela pirataria.[8] Expectativas de que o Brics venha a buscar articular uma arquitetura de segurança real nos próximos anos são prematuras e irrealistas. Em vez disso, os encontros foram vistos como oportunidades úteis de empreender consultas mútuas e identificar áreas de interesse comum.

Diplomacia

Os esforços das potências emergentes para intensificar os vínculos diplomáticos produziram resultados notáveis na década passada, ainda que com frequência restem incompreendidos, como descrito a seguir.

Cúpula dos Líderes do Brics

Desde a Primeira Cúpula dos Líderes do Brics, a organização tem passado por um notável processo de institucionalização, gerando oportunidades amplas, mas também expectativas globais, tornando assim mais fácil avaliar o desempenho do grupo e sua capacidade de lidar com desafios globais. As cúpulas anuais de líderes continuam a ser a estrutura mais visível do agrupamento e podem ser mais bem compreendidas como uma plataforma comparável ao G7 (ou G8, antes da exclusão da Rússia).

A ascensão do Brics está diretamente relacionada à incapacidade do G7 de se adaptar a uma nova realidade multipolar. Durante anos, a centralidade continuada do G7, o qual incluía o Canadá e a Itália, mas não a China e a Índia, gerou um descontentamento crescente entre os formuladores de política de Brasília, Pequim e Nova Déli. Durante a cúpula do G8 em Gleneagles em 2005, portanto, Tony Blair decidiu iniciar um processo para "alcançar" o G8+5, mas não logrou integrar de forma permanente as potências emergentes. Maria Edileuza Reis, *sherpa* do Brasil em várias cúpulas do Brics, assinala que na época as potências emergentes foram apenas convidadas "a serem informadas" pelo núcleo do grupo, em vez de participarem ativamente dos debates.[9] O mesmo se aplica à ausência de reformas entre as instituições de Bretton Woods. Como apontou a *Economist* em 2006: "É um absurdo que Brasil, China e Índia tenham 20% menos influência dentro do fundo do que Holanda, Bélgica e Itália, embora as economias emergentes tenham quatro vezes o tamanho das europeias, uma vez acertadas as diferenças de moedas."[10]

O Brics foi o arranjo que chegou mais perto de criar algo semelhante ao G8. Durante um encontro bilateral no Rio de Janeiro, os presidentes russo, Dmitri Medvedev, e brasileiro, Luiz Inácio Lula da Silva, anunciaram que os chefes de Estado dos países do (então) Bric realizariam sua primeira reunião de cúpula de todos os tempos na Rússia em 2009. Depois do encontro, o presidente do Brasil, Lula, sustentou que a crise financeira oferecia oportunidades para as potências emergentes fortalecerem a cooperação entre si, bem como a sua posição nos assuntos globais como um todo.[11] Segundo um formulador de política brasileiro, "a cooperação no campo das finanças internacionais geraria confiança entre os governos do Bric, criando condições para uma cooperação mais ampla no futuro".[12] Logo em seguida, os chefes de Estado e de governo de Brasil, Índia, Rússia e China começaram a se denominar "membros do Bric" e concordaram que necessitavam fortalecer os laços intra-Bric.[13] Segundo formuladores de política envolvidos no processo, os encontros frequentes melhoraram as relações de governo a governo e ampararam os interesses nacionais durante a crise econômica.

Um estudo recente da Universidade de Toronto mostra que o Brics alcançou 70% de cumprimento dos Compromissos da Cúpula de Fortaleza, assumidos em 2014, dando continuidade à sua alta taxa de cumprimento das cúpulas anteriores. Os autores concluem que "os países do Brics sustentaram bem os compromissos de desenvolvimento no núcleo de sua agenda (com uma média de +0,60 ou 80% acima das obtidas nas quatro cúpulas anteriores)", mas também destacam que o desempenho em questões de comércio é desigual, com uma média de +0,10 (55%).[14] Isso mostra que as declarações finais das cúpulas são mais do que apenas declarações vazias.

A despeito de ser inicialmente visto como uma plataforma excêntrica de pouco significado, agora o grupo é levado mais a sério do que em qualquer momento desde a sua transformação numa organização mais política, processo que começou em 2006, quando os ministros das Relações Exteriores se encontraram em Nova York pela primeira vez. Além da criação do Novo Banco de Desenvolvimento liderado pelo Brics, o arranjo Brics deixou sua marca no campo da geopolítica. O exemplo mais poderoso é a declaração do Brics nas reuniões paralelas da Cúpula de Segurança Nuclear em Haia, em março de 2014, quando seus ministros das Relações Exteriores se opuseram às restrições à participação do presidente russo Vladimir Putin na cúpula do G20 na Austrália, em novembro de 2014. Foi um gesto sobretudo simbólico, na medida em que a Austrália não tinha apoio do Ocidente para excluir a Rússia. Não obstante, ele minou efetivamente o ímpeto do Ocidente em sua tentativa de isolar a Rússia, conferindo assim ao grupo Brics, pela primeira vez, um papel tangível numa questão de segurança global (em contraste com questões econômicas como a reforma do FMI). Apesar de não ter sido discutida em profundidade pela mídia internacional na época, os formuladores de política no Ocidente interpretaram corretamente a posição como um precedente de longo alcance: a opção do Brics de falar em uníssono já não era mais uma consideração teórica, tendo consequências potencialmente profundas para a capacidade do Ocidente de punir atores percebidos como transgressores e, por conseguinte, para a ordem liderada pelo Ocidente como um todo. Um cenário desse tipo não seria concebível apenas quinze anos antes, no apogeu percebido do domínio global dos Estados Unidos. Nesse sentido, os encontros anuais do Brics criaram uma plataforma decisiva para os Estados-membros se engajarem na definição de agenda global e opinarem sobre um amplo número de questões.

Grupos de trabalho e outras estruturas do Brics e do IBSA

A maioria das avaliações sobre Brics e IBSA é superficial, focalizando apenas a sua capacidade de alinhar posições concernentes a questões geopolíticas e à reforma de estruturas de governança global (o que pode ser chamado de crescer para fora).[15] Sempre que os líderes do Brics e do IBSA se encontrarem para a realização de cúpulas, analistas do mundo todo comentarão brevemente a dinâmica do encontro e a declaração da cúpula, apresentando em seguida a sua opinião sobre o futuro do agrupamento.[16] Muito pouco se sabe sobre o grau de cooperação técnica intra-

Brics e intra-IBSA ("crescimento para dentro"), cooperação esta, entretanto, que tem gerado (como muitos diplomatas de países-membros enfatizaram em entrevistas) uma parte considerável dos benefícios de ambos os grupos.[17] Desde a Primeira Cúpula do IBSA em 2003 e da Primeira Cúpula dos Líderes do Brics em 2009, a cooperação ocorreu em áreas que vão desde saúde pública, facilitação de comércio, agricultura, estatística, cooperativas, academia e fóruns de negócios até questões de concorrência, judiciário e defesa, conforme especificado a seguir.[18]

A simples organização de uma sequência infinita de encontros não vai criar uma cooperação sustentável, argumentarão os céticos. É verdade, e o resultado de vários dos encontros pode não ter o impacto desejado. Ao ser perguntado sobre a extensão em que o Brics poderia cooperar, Roberto Jaguaribe, *sherpa* do Brasil nas cúpulas do Brics de 2009 e 2010, respondeu enigmaticamente: "O Brics não é um fórum normativo, não é um fórum de negociações, mas um fórum de convergência."[19] Só o tempo dirá quanta cooperação real esses encontros são capazes de gerar – e vários diplomatas expressam dúvidas privadamente sobre o quanto a cooperação frequente a nível ministerial em tantas áreas pode ser sustentável no longo prazo. Com efeito, há evidências de que o número de encontros decaiu depois do pico em 2011-13. Ao mesmo tempo, os encontros sem dúvida mostram que a cooperação intra-Brics está sem dúvida ocorrendo em muitas áreas diferentes. Os que criticam os conceitos do Brics não podem mais dar apenas uma rápida olhada nas primeiras cúpulas de líderes; antes, a cooperação intra-Brics ao longo dos últimos anos se tornou complexa demais para ser facilmente descartada.

A Declaração de Ufá na Sétima Cúpula do Brics inclui uma longa lista de novas iniciativas, estendendo-se da criação de uma plataforma de discussão conjunta para a cooperação comercial entre países do Brics, através de intensificação do diálogo entre Agências de Crédito à Exportação do Brics; fortalecimento da cooperação na área do comércio eletrônico; e compromisso de aprimorar as áreas de cooperação em administração fiscal, energia, agricultura, ciência, tecnologia e saúde pública: questões que são

TABELA 5.1. Cooperação intra-Brics, áreas principais

Temas	Primeiro encontro	Frequência dos encontros
Academia	Maio de 2009 (Fórum Acadêmico do Brics, Conselho de Think Tanks do Brics)	Encontros anuais
Agricultura	26 de março de 2010 (Encontro de Ministros da Agricultura do Brics)	Encontros ministeriais em 2010, 2012, 2013 e 2015
Negócios	15 de abril de 2010 (Fórum de Negócios do Brics, Conselho de Negócios do Brics)	Encontros anuais
Fórum sobre concorrência	1º de setembro de 2009 (Conferência Internacional do Brics sobre Concorrência)	Encontros em 2009, 2011, 2013 e 2015
Fórum sobre cooperativas	16 de abril de 2010 (Encontro de Cooperativas do Brics)	Encontros anuais
Bancos de desenvolvimento	12 de outubro de 2010 (Encontro de Bancos Nacionais de Desenvolvimento do Brics/O mecanismo de cooperação interbancária do Brics)	Encontros presidenciais anuais
Finanças e Bancos Centrais	7 de novembro de 2008 (Encontro de Ministros das Finanças e de Presidentes de Bancos Centrais do Brics)	Encontros ministeriais anuais
Saúde	11 de julho de 2011 (Primeiro Encontro de Ministros da Saúde do Brics)	Encontros ministeriais anuais
Judiciário	12 de março de 2010 (Programa de Intercâmbio de Magistrados e Juízes de Países do Brics)	Encontro em 2010
Segurança nacional	30 de maio de 2009 (Encontro dos Conselheiros de Segurança Nacional do Brics)	Encontros anuais
Ciência e tecnologia	15 de setembro de 2011 (Encontro Ministerial de Ciência e Tecnologia do Brics)	Encontros anuais
Estatística	21 de janeiro de 2011 (Encontro de Autoridades Estatísticas Nacionais do Brics)	Encontros anuais

Temas	Primeiro encontro	Frequência dos encontros
Governo subnacional	3 de dezembro de 2011 (Fórum de Cooperação de Governos Locais e Cidades Amigas do Brics)	Encontros em 2011 e 2013
Administração fiscal	18 de janeiro de 2013 (Encontro de Chefes de Receita do Brics)	Conferências fiscais anuais do Brics
Comércio	13 de abril de 2011 (Encontro de Ministros do Comércio do Brics)	Encontros ministeriais anuais

especificadas em mais detalhe no Plano de Ação de Ufá.[20] Finalmente, o Brics vai explorar a possibilidade de desenvolver seu website "como um secretariado virtual – iniciativa que pode ajudar os observadores a compreenderem melhor o alcance da cooperação intra-Brics".

Fórum de Boao para a Ásia (FBA)

Todo ano, em março, o Fórum de Boao para a Ásia (FBA) dá boas-vindas a formuladores de política, líderes empresariais e jornalistas de todas as partes do mundo na província de Hainan. Seguindo o modelo do Fórum Econômico Mundial em Davos, o primeiro encontro do FBA teve lugar em 2002. O evento anual se tornou desde então um elemento importante para a estratégia da diplomacia pública global da China (ele começou como um projeto conjunto com outros países, mas hoje é amplamente controlado pelo governo chinês). Ao contrário de muitas outras iniciativas chinesas em finanças e desenvolvimento, o Fórum de Boao para a Ásia cai na categoria *soft power* da estratégia global da China.

A liderança política chinesa considera claramente que o evento é um pilar da política externa do país. O secretário-geral do FBA é Long Yongtu, que negociou a entrada da China na Organização Mundial do Comércio (OMC). Como em 2013, Xi Jinping fez o discurso de abertura da edição de 2015 do evento, cujo tema era "O novo futuro da Ásia: rumo a uma comunidade de destino comum".[21] Entre os participantes havia não só líderes políticos da região (mais de dez chefes de governo e de Estado participaram em 2015), mas também líderes empresariais como Bill Gates, George Soros e Ratan Tata, que é membro do conselho do FBA. Em 2014, um FBA regional teve lugar em Dubai, considerado um centro estratégico para investidores chineses.

Embora o foco oficial do FBA seja fortalecer a integração econômica na região (envolvendo numerosos grupos de trabalho e discussões setoriais específicas nas reuniões paralelas das cúpulas), o alcance do fórum se expandiu recentemente e hoje ajuda a China a definir a agenda de discussões na região. Há dois anos, o FBA começou discutindo a relação Ásia-Estados Unidos e segurança alimentar, ambas questões de grande importância para a China. Em 2014, os debates incluíam tópicos como ciberespaço e o papel dos Estados Unidos na região Ásia-Pacífico.

A RT, uma rede de televisão estatal russa, afirmou com certo tom de triunfo que o FBA estava em seu caminho para rivalizar com a convenção anual de Davos.[22] Contudo, os críticos estão certos ao enfatizar que o Fórum de Boao para a Ásia ainda tem um longo caminho a percorrer antes de poder desafiar o Fórum Econômico Mundial. Ao contrário do que acontece nas discussões na estação de esqui suíça, a sociedade civil está amplamente ausente na ilha tropical chinesa, assim como as discussões sobre direitos humanos.

Em vez de rivalizar com Davos, a estratégia dos formuladores de política chineses é, por enquanto, mais modesta, mas não menos astuta: ao hospedar um evento regional vibrante, ela pode fortalecer continuamente seu "poder estruturante": sua capacidade de construir o debate e redefinir ideias e conceitos de maneiras que sirvam ao seu interesse nacional. Isso pode envolver estratégias sutis como omitir certos tópicos e promover outros, ou convencer países vizinhos a usar o FBA para discutir questões específicas, em vez de outras plataformas que envolvam os Estados Unidos, como a Cooperação Econômica da Ásia e do Pacífico (Ceap). Esses detalhes podem parecer insignificantes à primeira vista, mas vão sem dúvida aumentar a capacidade da China de configurar as discussões em seu benefício no longo prazo, do mesmo modo como os Estados Unidos inteligentemente decidem discutir questões em fóruns em que possuem mais influência ou vantagem.

Por exemplo, em 2012, o Ocidente foi de modo geral bem-sucedido quando impediu a Conferência das Nações Unidas sobre Comércio e Desenvolvimento (Unctad, na sigla em inglês) – dominada por países em desenvolvimento – de continuar a analisar a crise financeira global. Como declarou um delegado sênior dos Estados Unidos numa das últimas rodadas de negociação em Doha: "Nós não queremos a Unctad produzindo concorrência intelectual com o FMI e o Banco Mundial."[23] Na verdade, o Ocidente disse: "Nós não queremos que a Unctad discuta nenhuma dessas questões, pois a Unctad não tem competência para isso. Essas discussões são para o G20 e o FMI."

O Fórum de Boao para a Ásia é, portanto, um elemento notável do esforço mais amplo da China de engajar-se em âmbito internacional e aumentar aos poucos sua autonomia no teatro global. Ao longo dos próximos anos, a lista de participantes do FBA será um meio útil para medir o poder de convocação regional da China, um fator importante numa região que de modo geral continua desconfiada das ambições de Pequim.

Infraestrutura

É talvez no campo da infraestrutura que a emergência de uma ordem paralela será mais visível para os cidadãos em todo o mundo, conforme mostram os três exemplos a seguir.

Fundo da Rota da Seda/Um Cinturão, Uma Rota

Desde que tomou posse, em 2014, uma das prioridades da política externa do presidente Xi Jinping foi ressuscitar os vínculos da China com o continente eurasiano através da construção de assim chamadas "rotas da seda", uma alusão ao termo cunhado em 1877 pelo geógrafo prussiano Ferdinand von Richthofen para descrever as rotas comerciais que ligavam a China ao Ocidente mediterrâneo durante as dinastias Han e Tang. Como observa Valeria Hansen, professora de história da China na Universidade Yale: "É um dos poucos termos de que as pessoas se lembram das aulas de história que não envolvem *hard power*... e são precisamente essas associações positivas que os chineses querem enfatizar."[24] Uma forma abreviada adicional e cada vez mais comum para a visão de Xi Jinping é Um Cinturão, Uma Rota. Ela alude aos "cinturões econômicos" terrestres e às "rotas marítimas" que se estendem continente e mar adentro até a Europa.

A iniciativa Um Cinturão, Uma Rota, de Xi Jinping, serve a um propósito duplo. Domesticamente, ele espera que melhores ligações de transporte promovam crescimento nas regiões centrais e ocidentais subdesenvolvidas como Xinjiang, a província de Gansu, Ningxia, Guangxi e a província de Yunnan. Isto não apenas aumentaria o PIB em toda parte, mas também reduziria a desigualdade econômica regional e, assim, a migração para as áreas costeiras, uma tendência que pode contribuir para tensões sociais. Um boom econômico em Xingiang também é visto como a melhor maneira de combater a ascensão do extremismo islâmico na região.

De uma perspectiva de política externa, o objetivo imediato da iniciativa é promover a influência da China na Ásia Central, uma região rica em recursos e que não está mais na órbita de Moscou. Como um número cada vez maior de países se torna dependente da infraestrutura de transporte e da energia chinesa, vínculos econômicos mais fortes tornarão cada vez mais dispendioso, para os governos centro-asiáticos, opor-se à China.

À diferença da antiga Rota da Seda, que se consagrava principalmente ao comércio, o projeto Um Cinturão, Uma Rota também poderia incluir o fluxo de serviços financeiros, de informação, de tecnologia e de pessoas. A China envolveria os seus vizinhos numa série de arranjos institucionais como o Banco Asiático de Investimento em Infraestrutura (BAII), a arquitetura de segurança da Cica, os corredores para o oceano Índico através do Paquistão e de Mianmar, os quais podem contribuir para a criação, em

Rumo a uma ordem paralela: segurança, diplomacia e infraestrutura

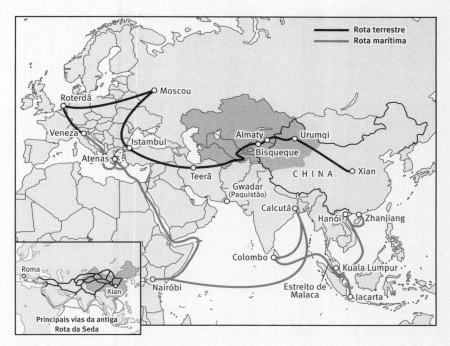

MAPA 5.1. A nova Rota da Seda

médio prazo, de uma Ásia cada vez mais sinocêntrica. As iniciativas chinesas não se concentram apenas em infraestrutura para conectar fisicamente os países envolvidos, mas também em explorar acordos de livre comércio.

O sonho da China de uma Ásia sinocêntrica é anterior a Xi. O primeiro trem direto para Duisburg, na Alemanha, saiu de Chongqing em 2011. Hoje, conexões por trem são mais frequentes e reduziram dramaticamente o tempo de transporte, mas seu impacto econômico ainda é limitado a bens dispendiosos. Embora trens levem apenas três semanas entre a China e a Europa, eles só podem transportar várias centenas de contêineres. Um navio de grande porte, em contraste, pode transportar vários milhares de contêineres a um terço do custo. Dificuldades burocráticas ao cruzar postos de fronteira e padrões diferentes de rastreamento complicam ainda mais os transportes ferroviários, embora a China espere reduzir essas dificuldades. Além do "cinturão econômico", Xi Jinping considera uma "rota marítima" a partir de Quanzhou, na província de Fujian, para a Europa, via estreito de Malaca, Kuala Lumpur, Sri Lanka, Nairóbi e Djibouti. Um mapa da imaginada Rota da Seda publicado pela agência Xinhua representa duas vias: uma passando por Cazaquistão, Quirguistão e Irã a caminho da Áustria; e a via marítima, da China para Antuérpia, na Bélgica. Enquanto esta última é desenhada para beneficiar as regiões costeiras orientais da China, as vias terrestres também são vistas como um instrumento para fomentar desenvolvimento econômico nas províncias ocidentais da China, mais pobres e sem acesso ao mar.

Considerando quão dispendiosa e durável é a construção de ligações ferroviárias e rodoviárias, os investimentos em larga escala de Xi na região podem vincular vizinhos à Ásia sinocêntrica durante décadas, reduzindo de maneira significativa a capacidade ou os incentivos de seus governos para se opor à China. Como recentemente argumentou Kerry Brown, diretor do Centro de Estudos da China na Universidade de Sydney: "Há obrigações sendo criadas aqui, dependências e comprometimentos que muitos que estão incluídos na ideia da Rota da Seda precisariam considerar seriamente."[25]

Analistas ocidentais costumam enfatizar que é provável que a China enfrente forte resistência a seus planos de fortalecer a conectividade tanto em terra como no mar. Entre outros, a ressurgente Rússia e uma Índia mais ambiciosa estariam ansiosas para bloquear os planos de Pequim. Embora essa possibilidade de fato exista, as estradas e portos chineses serão mais plausivelmente acolhidos de braços abertos por aqueles que corretamente os veem como uma chance para promover desenvolvimento econômico. Considerando que a China é a segunda maior economia do globo e principal parceira comercial de muitos países em todo o mundo, o sentimento anti-China resta notavelmente limitado. Enquanto a China assegurar que outros interpretem a estratégia Um Cinturão, Uma Rota como uma situação ganha-ganha, o pivô da China para a Eurásia cimentará, ao invés de abalar, as pretensões chinesas de liderança regional. O Fundo da Rota da Seda é nada mais nada menos que o primeiro passo na direção de um sistema regional de relações políticas e econômicas mutuamente benéficas tendo a China no centro.

É claro, não se deve esquecer que taxas mais baixas de crescimento econômico limitarão a capacidade da China de fazer investimentos não lucrativos baseados em cálculos políticos. Quanto mais crescem os investimentos chineses em países instáveis, mais a resolução de Pequim de não se enredar em assuntos internacionais será testada. Por exemplo, embora tropas norte-americanas ainda protejam minas de cobre dirigidas por chineses no Afeganistão e tropas paquistanesas estejam estacionadas em torno de projetos de larga escala em zonas consideradas inseguras, esses arranjos exigirão um dia componentes chineses de segurança, isto é, tropas chinesas estacionadas em solo estrangeiro. Portanto, pode não ser coincidência que a minuta da lei antiterror chinesa legalize posicionar soldados chineses no exterior, com o consentimento da nação hospedeira.[26] Além dos benefícios econômicos, a estratégia Um Cinturão, Uma Rota pode aumentar aos poucos a presença militar da China em sua vizinhança, como é o caso da construção de portos que podem ser usados para fins militares (como em Mianmar, Paquistão, Sri Lanka e Bangladesh): uma estratégia informalmente aludida como "colar de pérolas". Uma questão importante é como a China vai evitar as armadilhas que outras grandes potências enfrentaram ao buscar fortalecer sua influência em países politicamente instáveis, sobretudo na Ásia Central. A presença crescente da China na Eurásia pode aumentar as tensões com Moscou, uma vez que interpretem os planos de Pequim como uma intrusão em seu quintal tradicional.

Implementar um projeto tão grande continua a ser um enorme desafio, e é cedo demais para avaliar suas consequências de médio a longo prazo.

Canal da Nicarágua

A construção do assim chamado Grande Canal Interoceânico (geralmente chamado de canal da Nicarágua) começou no início de 2015. Se concluído, o canal será o maior projeto de engenharia civil e construção da história da humanidade, estendendo-se por 276 quilômetros, cruzando a nação centro-americana.

A ideia de construir um canal na Nicarágua não é nova. Numa carta ao rei da Espanha, Carlos V, Hernán Cortés escreveu: "Quem quer que possua a passagem entre os dois oceanos pode se considerar o dono do mundo."[27] Do mesmo modo, Napoleão declarou que a Nicarágua poderia se tornar "melhor que Constantinopla, a rota necessária do grande comércio do mundo".[28] Como escreve Jon Lee Anderson, Cornelius Vanderbilt, um magnata norte-americano, se interessou muito pelo projeto:

> Prontamente, os Estados Unidos aceitaram a ideia de um canal e o Congresso começou a tentar decidir se devia construí-lo no Panamá ou na Nicarágua. Em 1901, o governo da Nicarágua deu aos Estados Unidos direitos exclusivos para lá construir o canal. Porém, antes que a questão fosse votada, o chefe do poderoso lobby pró-Panamá enviou a cada senador dos Estados Unidos um selo postal nicaraguense de um centavo, apresentando uma imagem do lago Manágua lugubremente iluminado pela explosão de um vulcão. O Panamá, que não tinha vulcões na área do canal, ganhou por uma margem de oito votos.[29]

Seguir-se-ia a completa humilhação da Nicarágua em 1914, quando, em troca de 3 milhões de dólares, o presidente do país, Emiliano Chamorro, concedeu ao governo norte-americano o direito exclusivo de construir um canal nicaraguense. O acordo basicamente impedia a Nicarágua de construir um canal para competir com o canal do Panamá. O tratado só foi abolido na década de 1970. Desde então, líderes nicaraguenses têm sonhado em tornar o canal realidade, em parte na esperança de que ele promoveria o desenvolvimento no segundo país mais pobre do hemisfério ocidental.

Seria preciso esperar o antes desconhecido empresário Wang Jing, provavelmente com aprovação e apoio do governo chinês, para ressuscitar o projeto. A HKND, empresa de Wang registrada em Hong Kong, agora possui uma concessão de cem anos para a operação do canal. O custo da construção é oficialmente estimado em 40 bilhões de dólares, embora especialistas acreditem que o custo total será mais próximo de 100 bilhões. Só os estudos de viabilidade já custaram várias centenas de milhões de dólares, indicando a confiança de Wang. Ele contratou para isso a China Railroad Construction Corporation, empresa que supervisionou a construção da Barragem das Três Gargantas, na China.

A viabilidade financeira do projeto é questionável, e suas consequências ambientais podem ser desastrosas. O canal da Nicarágua poderia acomodar navios capazes de transportar 25 mil contêineres, competindo exitosamente, portanto, com o canal do Panamá, que só pode acomodar navios com capacidade para 13 mil contêineres. A competição reduziria os preços de frete e fomentaria o comércio.

Contudo, os objetivos da China são mais provavelmente geopolíticos. A HKND é isenta de impostos e de regulamentações comerciais locais e obteve a concessão de poderes para arrendar e expropriar terras. Junto com a concessão para construir o canal, Wang agora detém os direitos de construção de grandes portos marítimos em ambas as costas, novos aeroportos, ferrovias e autoestradas. Ele também ganhou contratos para construir uma nova rede de telecomunicações. O plano inclui ainda uma zona de livre comércio. De maneira notável, uma reforma recentemente aprovada derrubou uma restrição constitucional contra o estacionamento de soldados estrangeiros na Nicarágua, em teoria pavimentando o caminho para uma base militar chinesa – embora esse passo pareça extremamente improvável em curto e médio prazos, na medida em que Pequim não tem nenhum interesse em desafiar de maneira aberta os Estados Unidos.

Considerando que não está oficialmente por trás do projeto e que os custos iniciais foram relativamente baixos, o governo chinês ainda pode recuar se surgirem problemas políticos ou logísticos. Portanto, seria prematuro encarar o projeto do canal da Nicarágua como parte de uma versão global do "colar de pérolas", a rede de instalações militares e comerciais chinesas no oceano Índico.

Contudo, se Wang tiver êxito em construir o canal, as consequências geopolíticas para a região seriam significativas. O projeto vai empregar pelo menos 50 mil trabalhadores, muitos dos quais serão chineses. Numa cúpula recente da Organização dos Estados Americanos (OEA), o então secretário de Estado dos Estados Unidos, John Kerry, disse celebremente aos líderes da região que a era da Doutrina Monroe tinha terminado. E, com efeito, o governo dos Estados Unidos não fez muitos comentários sobre os planos da China na Nicarágua, além de solicitar mais transparência. A criação de uma enorme pegada chinesa na América Latina, entretanto, alteraria a dinâmica regional muito mais do que qualquer outra das parcerias anteriores que a China estabeleceu com governos da região.

Estrada de ferro Transamazônica

Comparada com o canal da Nicarágua, a estrada de ferro Transpacífico, destinada a atravessar a América do Sul e conectar o Atlântico com o oceano Pacífico, é relativamente barata. A conexão de 5.300 quilômetros de trilhos, se um dia for construída, terá um custo estimado de 10 bilhões de dólares (embora esse valor possa aumentar, uma vez que os estudos de viabilidade sejam concluídos).

Além de projetos comparáveis em casa, a China tem experiência em projetos de infraestrutura de larga escala no exterior. Nos anos 1970, ela financiou a estrada de ferro TanZam, que liga o porto de Dar es Salaam, na Tanzânia Central, com a cidade de Kapiri Mposhi, na Província Central, na Zâmbia. Ao preço de 500 milhões de dólares, o projeto foi concluído antes do prazo e continua a ser um dos maiores projetos individuais de ajuda estrangeira empreendidos pela China.

Contudo, à diferença da China e da Tanzânia, o Brasil e o Peru abrigam sociedades civis que estão entre as mais organizadas do mundo, e ONGs ambientais já começaram a expressar suas preocupações com o potencial impacto negativo do projeto sobre a floresta tropical amazônica e as tribos indígenas que nela vivem. A rodovia Transamazônica, construída nos anos 1970, acelerou a destruição da floresta ao facultar a madeireiras ilegais acesso fácil a regiões anteriormente isoladas. Afinal, 95% do desmatamento na Amazônia ocorre no interior de um perímetro de cinco quilômetros da estrada.[30]

O segundo desafio é logístico: além de atravessar uma floresta densa, o traçado cruza pântanos e montanhas íngremes antes de chegar à costa do Pacífico. Por fim, a região de fronteira entre Peru, Bolívia e Brasil é célebre pelo tráfico de drogas e a ilegalidade.

O terceiro obstáculo é a burocracia do Brasil, que torna a implementação de projetos complexos de infraestrutura mais dispendiosa, prolongando muitas vezes o tempo de conclusão. Com frequência, investidores chineses acabam cancelando projetos no Brasil, depois de compreenderem que os obstáculos burocráticos são maiores do que em casa, na China. Essa situação recrudesce particularmente quando governos de vários países da região estão envolvidos.

Não obstante, o projeto, muito comentado pelo premiê chinês Li Keqiang durante sua visita ao Brasil e ao Peru em maio de 2015, reduziria dramaticamente o custo do transporte da soja e do minério de ferro brasileiros para a China. Embora a demanda por minério de ferro esteja diminuindo, a demanda por carne bovina da China deve crescer nos próximos anos, e Pequim suspendeu recentemente a proibição de importação da carne brasileira. Para a economia do Brasil, dependente de commodities e pouco competitiva, isso seria um tremendo incremento, dando aos negócios brasileiros um porto no Pacífico, sem passar pelo canal do Panamá. Além disso, daria ao Brasil acesso mais fácil ao Peru e a outros mercados ao longo da costa do Pacífico.

O Banco de Desenvolvimento da China pode financiar o projeto com a construção feita por empresas locais, mas dirigida pela China International Water and Electric Corporation. Para Pequim, usar firmas locais pode ajudar a compensar a crise que afeta muitas empreiteiras brasileiras em casa. De uma perspectiva chinesa, tanto o canal da Nicarágua quanto a estrada de ferro Transpacífico servem a um propósito semelhante, o que pode sugerir que a China esteja se empenhando em ambos os projetos como parte de uma estratégia de proteção, ciente dos riscos que ambos os empreendimentos acarretam.

A má notícia é que o governo brasileiro tradicionalmente pouco se preocupou com o meio ambiente. Contudo, alguns analistas argumentaram que a linha férrea pode ser construída seguindo as estradas já existentes e passando por terras que já foram amplamente cultivadas.[31] Desde que as organizações não governamentais possam continuar pressionando o governo para garantir que o dano ambiental seja mantido em patamares mínimos, a estrada de ferro Transamazônica é uma tremenda oportunidade para integrar fisicamente a região e conectar o Brasil ao centro econômico mundial do século XXI.

Conclusão

Será que a China vai tentar se opor à ordem existente e derrubá-la ou irá integrar-se? John Ikenberry se fez essa pergunta com frequência nos últimos anos.[32] Centenas de intelectuais voltados para a política seguiram os seus passos e buscam avaliar que caminho a China tomará ao se tornar a maior economia do mundo, pondo fim a dois séculos de domínio global ocidental. Ikenberry sustenta que a China pode ser integrada na ordem de hoje, a qual ele celebremente chama de "fácil de aderir e difícil de derrubar". Ele escreve:

> Mesmo que a China e a Rússia de fato tentem contestar os termos básicos da ordem global vigente, a aventura será assustadora e contraproducente. Essas potências não fazem frente apenas aos Estados Unidos; elas também teriam que pelejar com a ordem mais globalmente organizada e profundamente estabelecida que o mundo jamais viu, uma ordem que é dominada por Estados que são liberais, capitalistas e democráticos. Essa ordem é apoiada por uma rede de alianças, instituições, acordos geopolíticos, Estados clientes e parcerias democráticas e liderada pelos Estados Unidos.[33]

John Mearsheimer, em contraste, prevê que a China será disruptiva e mostrará pouca disposição de manter as estruturas estabelecidas pelos

Estados Unidos.[34] Como dizem Barma, Ratner e Weber, as potências emergentes poderiam criar um sistema paralelo com "o seu próprio conjunto distinto de regras, instituições e moedas de poder, rejeitando princípios fundamentais do internacionalismo liberal e em particular qualquer noção de sociedade civil global que justifique intervenções políticas ou militares".[35]

A esperança de que a China (e, em graus variados, os outros Brics) integre a ordem liderada pelo Ocidente fundamentou por muito tempo a política dos Estados Unidos. Tentativas de engajar países como a China e a Rússia buscavam astuciosamente aumentar a interdependência, gerar riqueza mútua e transformar os demais em partícipes e, portanto, em partes interessadas em sustentar a ordem liderada pelos Estados Unidos.

Nenhum dos dois extremos de "integração" e "confronto" é capaz de captar a estratégia mais sutil da China perante a ordem internacional. Fugindo desses dois extremos, a criação de várias instituições sinocêntricas – além do fortalecimento da sua presença nas estruturas existentes – vai permitir à China articular o seu próprio tipo de multilateralismo competitivo, escolhendo entre configurações flexíveis, a depender de seus interesses nacionais. A China e outros países do Brics desenvolvem uma estratégia que desafia a escolha de apoiar ou rejeitar a ordem liberal internacional existente. Um breve exame da recente Declaração de Ufá, assinada na Sétima Cúpula do Brics, mostra o quanto os Estados-membros estão comprometidos com a manutenção e o fortalecimento da estrutura da ONU e de muitas outras instituições multilaterais, como a OMC. Ao mesmo tempo, contudo, as potências emergentes se engajaram num empreendedorismo institucional sem precedentes, como atesta a criação do Novo Banco de Desenvolvimento (NBD), do Arranjo Contingente de Reservas do Brics (ACR) e do Banco Asiático de Investimento em Infraestrutura (BAII).

Os formuladores de política norte-americanos têm se empenhado em compreender e dar uma resposta a essa estratégia dual de tanto afirmar as instituições existentes como criar estruturas alternativas. A China não adota nenhum comportamento confrontador sério (digamos, sair do Banco Mundial e pressionar outros países a fazerem o mesmo) que justifique uma pronta resposta dos Estados Unidos. Contudo, como argumenta corretamente Cynthia Roberts, o Brics "contesta as pretensões do Ocidente de governar de maneira permanente o sistema em vigor", uma postura que engendrou confusão e reações imprudentes de Washington, simbolizadas na decisão de se opor ao BAII.[36] A tentativa de Washington de impedir outros países de aderirem ao novo banco expôs que, embora tenham feito muito para construir a ordem liberal baseada em regras e normas, os Estados Unidos se sentem profundamente incomodados com o pensamento de não estarem no comando. O problema é que só essa ansiedade não basta para incitar os aliados dos Estados Unidos a empreenderem ações para conter a China e outras potências emergentes. A Europa, em particular, não está interessada em ajudar a perpetuar a liderança global dos Estados Unidos a todo custo, se isso afetar seu relacionamento econômico com a China e outros países. As coisas se passam assim sobretudo porque as estruturas recém-estabelecidas não solapam de maneira alguma as regras e normas que dão suporte à ordem atual. A decisão da China de criar o BAII a protege de futuras acusações de ser uma "parte interessada irresponsável" que não provê bens públicos globais. Afirmações de que a China busca "demolir a ordem global a partir de dentro" equivalem, para muitos observadores, a pouco mais que tentativas dos Estados Unidos de prolongar a hegemonia em nome da hegemonia.[37]

Uma arquitetura internacional pós-ocidental está em construção, e é inegável que o ativismo institucional da China vai influenciar profundamente tanto as dinâmicas regionais como as globais nos anos vindouros. Se as instituições lideradas pela China vão ter êxito não depende dos Estados Unidos nem da Europa, mas sim da capacidade de Pequim de convencer seus vizinhos de que a ascensão da China é boa (e não perigosa) para a região como um todo. Embora o resultado da proposta de hegemonia da China esteja longe de estar claro, a oposição ativa do Ocidente a projetos que poderiam beneficiar a região provavelmente vai jogar a favor da China.

A relutância dos Estados Unidos, sua insistência em nada aceitar exceto a sua própria liderança ou aquela de seus aliados, aponta para uma transição complexa rumo a uma multipolaridade real na qual outras potências, como a China, reduzem o espaço de manobra dos Estados Unidos em algumas partes do mundo. Essa postura implica um sentimento profundo de insegurança entre os formuladores de política norte-americanos que é tanto exagerado quanto desnecessário. Os Estados Unidos não têm razões para temer uma competição intensa de ideias com a China. Na verdade, minar a livre competição vai contra os seus princípios mais fundamentais. Preocupações de que o capitalismo de Estado ou o autoritarismo da China possam parecer mais atraentes para o resto do mundo ainda são infundadas, e há muitos sinais de que a multipolaridade pode ter consequências positivas para a ordem global, tanto política quanto economicamente. A criação do BAII propicia um exemplo poderoso: sua ascensão poderia forçar o Banco Mundial a mudar sua distribuição arcaica de poder e tornar a instituição mais efetiva e legítima.

É cedo demais para fazer quaisquer previsões específicas sobre a velocidade com a qual as instituições sinocêntricas irão adquirir aceitação ampla semelhante à das instituições lideradas pelo Ocidente. A instabilidade global fora da vizinhança da China (produzindo regimes párias carentes do apoio chinês) e a inércia institucional (desacelerando reformas necessárias para dar mais espaço às potências emergentes) vão provavelmente beneficiar a China, pois reduzem a legitimidade das estruturas existentes. Exemplos de peso são o isolamento crescente da Rússia em relação ao Ocidente e a tremenda demora do Congresso dos Estados Unidos para aprovar a cota do FMI.

6. O mundo pós-ocidental

O QUE SIGNIFICA A ASCENSÃO da "ordem paralela" descrita nos capítulos 4 e 5 para as regras e normas globais? Muitos estudiosos ocidentais acreditam que as potências emergentes vão procurar minar as instituições ocidentais e, portanto, enfraquecer as regras e normas que as suportam. Isso se baseia numa compreensão falsa de que as regras hoje vigentes são puramente ocidentais em sua natureza e, assim, estranhas a potências emergentes como China e Índia. Conforme foi mostrado no capítulo 1, essa noção é produto de uma visão de mundo ocidentocêntrica que não reconhece o importante papel desempenhado por potências não ocidentais na criação da ordem global de hoje, especialmente quando se trata de pilares básicos como autodeterminação, soberania e direitos humanos. Essa noção de coautoria explica por que formuladores de política em Brasília, Nova Déli e Pequim não estão propondo regras novas. A Responsabilidade de Proteger (R2P) é um bom exemplo. Embora analistas ocidentais muitas vezes acreditem que países como China, Índia e Brasil discordam da norma R2P, as potências emergentes estão a princípio de pleno acordo com ela, ainda que preocupadas com o modo como as potências ocidentais a operacionalizam – como ficou óbvio na sequência da intervenção da Otan na Líbia em 2011.[1]

Assim, seria errado supor que novas instituições – desde o Banco Asiático de Investimento em Infraestrutura e o Novo Banco de Desenvolvimento até a Conferência sobre Interação e Medidas de Construção de Confiança na Ásia – vão articular ou promover quaisquer regras fundamentalmente novas nos termos das quais os assuntos internacionais deveriam ser organizados em um mundo pós-ocidental. Antes, ao criar instituições e liderá-las, a China busca emular o estilo de liderança dos Estados Unidos: baseado em regras, mas com influência adicional incorporada e direito de agir ocasionalmente sem ter que preencher um "formulário de autorização" – isto é, o direito de quebrar as regras, se considerado necessário por tomadores de decisão em Pequim. Outras potências emergentes, como o Brasil e a Índia, estão fazendo o mesmo, mas em âmbito regional. Isto é simbolizado pela decisão do Brasil de simplesmente ignorar uma petição da Comissão Interamericana de Direitos Humanos (CIDH) da Organização dos Estados Americanos (OEA) para interromper a construção de uma barragem na floresta amazônica porque o governo não tinha consultado as populações indígenas. Esse tipo de "excepcionalismo regional" tem sido comum há muito tempo, mas, sob a ordem de hoje, só os Estados Unidos dispõem de "excepcionalismo global", simbolizado por sua liberdade, desde a Segunda Guerra Mundial, de muitas vezes violar a lei e empregar força militar em países geograficamente distantes sem ser punido pela comunidade internacional.

Além do direito de agir sem ter que pedir "formulários de autorização" quando o interesse nacional está em jogo, os Estados Unidos gozam de influência adicional através de uma série de acordos explícitos e implícitos. A China e outros países vão buscar emular esses mesmos privilégios nas instituições que estão criando. Uma vantagem muito óbvia é a localização. Enquanto a sede das Nações Unidas, do FMI e do Banco Mundial estão nos Estados Unidos, proporcionando acesso mais fácil ao governo norte-americano, as sedes das novas instituições estão baseadas sobretudo na China. Enquanto o governo dos Estados Unidos pode designar o presidente do Banco Mundial, o governo chinês vai desempenhar um papel imenso na escolha das estruturas de liderança de instituições como o Banco Asiático de Investimento em Infraestrutura, embora, no começo, possa tentar parecer menos imponente. A importância de controlar o processo de seleção de liderança não pode ser subestimada. Nos casos do Banco Mundial e do FMI, isso implica a capacidade de favorecer certos governos em detrimento de outros com base em interesses estratégicos, e os Estados Unidos e a Europa têm feito amplo uso desse privilégio ao longo das últimas décadas.

Em vez de confrontar diretamente as instituições existentes, portanto, a China vai continuar a apoiá-las, mas ao mesmo tempo vai cavar seu próprio espaço institucional. Isso ajudará a prevenir a possibilidade de que violações ocasionais levem à sua expulsão. A resposta à intervenção dos Estados Unidos no Iraque é um caso ilustrativo: devido a seu status institucional privilegiado, ninguém na época expressou a ideia de excluir os Estados Unidos do G8. Ninguém também propôs pedir a MasterCard e Visa que parassem de negociar com bancos e clientes estadunidenses. E, mesmo que alguém o tivesse feito, teria sido impossível, uma vez que as companhias estão baseadas nos Estados Unidos. Institucionalmente, os Estados Unidos são centrais demais para serem punidos, formalizando uma posição excepcional para agir de forma unilateral sempre que julgam ser necessário.

Por fim, os Estados Unidos mantiveram o monopólio na prática do multilateralismo competitivo, escolhendo a jurisdição institucional para problemas específicos segundo seu interesse nacional. As novas instituições lideradas pela China vão permitir que Pequim adote esta mesmíssima estratégia, levando a uma nova forma de multilateralismo altamente competitivo, com duas potências principais apoiadas por suas próprias estruturas institucionais, cada uma delas voltada para estabelecer sua versão de "imperialismo institucional".[2]

O liberalismo e a batalha por privilégios

Críticos chamam atenção para o fato de as potências emergentes com frequência questionarem as fundações que formam a base da ordem liberal, expressando opiniões divergentes sobre alcance da cooperação, localização de regras e alocação de autoridade. Todas as potências, segundo essa visão, manifestaram desse modo suas discordâncias fundamentais sobre políticas substantivas do consenso liberal pós-guerra. O resultado foi um questionamento do projeto internacionalista liberal em áreas substanciais tão distintas quanto comércio, direitos humanos, R2P e não proliferação nuclear. Em consequência, analistas sustentaram que as potências emergentes "não estão prontas para assumir liderança",[3] ou se tornaram "partes interessadas irresponsáveis".[4] Essa avaliação não logra entender de maneira adequada as preocupações que as potências emergentes têm com a assim chamada ordem liberal e confunde a existência de uma ordem baseada em regras com a liderança ocidental dessa ordem.

As potências emergentes concordam em questões fundamentais como instituições internacionais, segurança cooperativa, solução coletiva de problemas, soberania compartilhada e estado de direito. Elas o fazem por uma razão óbvia: foi essa ordem, baseada em regras e relativamente aberta, que contribuiu de maneira significativa para sua fenomenal ascensão econômica ao longo dos últimos sessenta anos. Ela ajudou o governo chinês a empreender (e a obter crédito para) o maior programa de redução da pobreza da história da humanidade. Ao se perguntar se a China, ou outras potências emergentes, tem interesse em desfazer essa estrutura internacional, deixa-se de levar em consideração que elas precisam dela para manter sua posição nas próximas décadas em vista de modernizar suas economias e se tornarem países ricos.

Não obstante, como escreve Amitav Acharya, só porque potências emergentes se beneficiaram da ordem internacional dominada pelos Estados Unidos não significa que elas deixariam essa ordem internacional intacta e seguiriam a liderança americana.[5] Com efeito, potências emergentes consideram que a ordem de hoje tem defeitos e é com frequência minada pelos criadores do sistema (em diferentes graus). Brasil, África do Sul e Índia em particular se opõem às hierarquias implícitas e explícitas das instituições internacionais e aos muitos privilégios desfrutados pelas grandes potências em deliberações internacionais. A China, embora mais privilegiada e já bem-integrada em muitas estruturas, como o Conselho de Segurança da ONU, se ressente da mesma forma das vantagens dos Estados Unidos, imanentes à ordem atual. Isso não é uma crítica ao sistema baseado em regras de hoje, mas antes uma crítica ao comportamento da potência hegemônica dentro dele.

Há, portanto, um ceticismo em relação à operacionalização das normas liberais, mas não em relação aos objetivos e valores que as guiam, que modelam o relacionamento do Brics com a ordem global de hoje. Isso explica por que o internacionalismo liberal continua, às vezes, a ser interpretado pelas potências emergentes como uma forma de imperialismo liberal, e por que o poder dos Estados Unidos no centro da ordem liberal é retratado por elas como uma ameaça.[6]

Potências emergentes consideram que a ordem liberal é imperfeita devido às transgressões do seu criador, que com frequência minam o sistema. Esses privilégios e "direitos especiais" são simbolizados por pequenos detalhes como o direito de os Estados Unidos designarem o presidente do Banco Mundial, mas também pela capacidade de quebrar as regras e não ser punido por isso, como quando os Estados Unidos intervieram no Iraque, desrespeitando o direito internacional, e só sofreram consequências mínimas. Como destaca Richard Betts: "Potências hegemônicas nunca são totalmente restringidas, beneficiando-se de exceções, cláusulas de salvaguarda, direitos de veto e outros mecanismos que permitem que os países mais poderosos usem as instituições como instrumentos de controle político."[7]

Isso aponta para o elemento decisivo da ordem de hoje, tanto a sua maior força quanto a sua maior fraqueza: a ambiguidade em torno de como alinhar princípios hierárquicos com regras que devem se aplicar a todos, independentemente de sua força. Em *Liberal Leviathan*, John Ikenberry resume essa contradição descrevendo a ordem de hoje como "ordem hierárquica com características liberais".[8] O autor tenta minimizar a contradição explicando que as regras não restringem a potência hegemônica, pois ela pode "comandar através das regras", e regras podem ser "usadas como instrumentos mais diretos de controle político".[9] Ele se refere explicitamente ao excepcionalismo da potência hegemônica, aludindo a "cláusulas de salvaguarda, votação ponderada, acordos de autoexclusão e direitos de veto". Outros países podem se perguntar como isso difere de uma ordem imperial irrestrita, em que o mais forte opera acima das leis. De que valem as regras se os mais fortes podem quebrá-las quando desejam? Esse tipo de sistema pode funcionar sem atrito no caso de uma unipolaridade extrema, em que as regras da potência hegemônica são mansamente acatadas pelos demais. Contudo, assim que o poder econômico e militar se desconcentra e emergem outras potências, a tensão que Ikenberry acredita ser resolúvel mediante a combinação de liderança dos Estados Unidos com cooperação começa a aumentar. Estudiosos liberais norte-americanos sugerem que o fim da Guerra Fria destruiu o Segundo Mundo, e que a ordem "interna" do Primeiro Mundo ocidental teria se tornado a ordem "externa" para o restante. Entretanto, essa visão é puramente ocidentocêntrica e rejeitada na China, na Índia e mesmo em nações "moderadas" como o Brasil, todas elas muito desconfiadas dos propósitos da Otan.[10]

Hoje, portanto, em vez de questionar os preceitos intelectuais que sustentam a ordem internacional, as potências emergentes dizem buscar criar um sistema multilateral no qual as mesmas regras se apliquem a todos. Na realidade, isso significa que, como vimos no caso da Crise da Crimeia, elas mesmas passarão cada vez mais a buscar tratamento especial no seio do regime existente de governança global. Isso vai ajudá-las a adaptar a agenda e sua aplicação a questões que as interessam ou preocupam, tanto através de ajuste nas regras formais quanto de aumento de sua influência informal. Em outras palavras, potências emergentes vão demandar tratamento excepcional com frequência cada vez maior, o que inclui quebrar regras caso a adesão a elas prejudique seu interesse nacional. Enquanto a China buscará "excepcionalismo global", potências emergentes menores como o Brasil vão se satisfazer com "excepcionalismo regional", isto é, a capacidade de quebrar regras, quando necessário, em âmbito regional. Pesquisadores chineses gostam de brincar dizendo que a China está contente com a ordem global em sua condição presente (e com as regras e normas tal como são), desde que Pequim substitua Washington; há um elemento de verdade nessa observação jocosa.[11]

Isso não acontece porque as potências emergentes tenham um interesse específico em quebrar as regras. Em vez disso, à medida que seu poder econômico cresce, é ampliada a sua definição de interesses "vitais", levando ao desejo de criar uma esfera de influência regional (e depois global). Assim, planejadores de longo prazo na China vão garantir que nenhum outro ator possa lhes negar acesso a recursos necessários para sustentar seu crescimento econômico.[12]

Para fazer essas transgressões parecerem mais aceitáveis para a comunidade internacional, as potências emergentes proverão mais bens públicos nos domínios de segurança e economia, assegurando desse modo que o sistema forneça benefícios suficientes para gerar apoio de outros. No caso da China, esses bens públicos incluem projetos de infraestrutura de larga escala na Ásia Central (através do Fundo da Rota da Seda), na América Latina e na África. Como os Estados Unidos hoje, a China e outras potências emergentes vão manter um cuidadoso equilíbrio entre quebrar regras e prover bens públicos. Potências emergentes menores, como o Brasil e a Índia, proveem muito menos bens públicos e, assim, seu direito de obter tratamento especial é muito mais limitado. Não obstante, a Índia se tornou uma importante doadora regional em questões de auxílio ao desenvolvimento e ajuda humanitária, e o Brasil empreendeu tentativas semelhantes em âmbito local e em vários países africanos. Entre 2004 e 2017, o Brasil também liderou a Missão das Nações Unidas para a Estabilização no Haiti, e um brasileiro comandou a Missão de Paz da ONU na República Democrática do Congo.

Rumo ao multilateralismo global competitivo

Assim como os Estados Unidos intervieram no Iraque fora do direito internacional (2003), a China (e possivelmente outras potências emergentes) quebrará regras se necessário, ou será seletiva a respeito delas. Isso também incluirá usar instituições internacionais segundo necessidades e preferências. Em 2009, por exemplo, Estados ocidentais liderados pelo Reino Unido e pelos Estados Unidos contornaram a Assembleia Geral das Nações Unidas e trataram de garantir que ela não tivesse um papel de destaque no debate sobre a crise financeira global e seus impactos, de modo a deixar a questão para organizações dominadas pelo Ocidente – as quais, naturalmente, tiveram o cuidado de não fazer nenhuma proposta que fosse prejudicial aos interesses ocidentais. Na época, Susan Rice prevaleceu sobre os argumentos dos que queriam dar à Assembleia Geral (a "G192") um papel mais importante. Assim, o secretário-geral Ban Ki Moon recusou qualquer assistência financeira à Comissão Stiglitz, encarregada pela Assembleia Geral de produzir um relatório independente. Apesar da competência da Comissão, os Estados Unidos argumentaram que era sua "opinião firme... que a ONU não tinha nem expertise nem mandato para servir como fórum adequado nem estipular direção".[13] O Reino Unido fez seus diplomatas pressionarem os membros da Comissão a saírem. Como o Ocidente queria, o G20 fez as discussões preliminares, e o FMI (onde o Ocidente ainda está no controle) reassumiu o papel de único fórum legítimo para discussões e negociações difíceis. Da mesma maneira, em 2012, o Ocidente quase conseguiu impedir a Conferência das Nações Unidas sobre Comércio e Desenvolvimento (Unctad) – dominada por países em desenvolvimento – de continuar analisando a crise financeira global. O multilateralismo competitivo liderado pelos Estados Unidos foi com frequência a estratégia preferida. Ruth Wedgwood argumenta:

> A ideia de multilateralismo competitivo evita a escolha clara de ir sozinho ou ir para as Nações Unidas. A América ainda tem que apoiar as propostas das Nações Unidas: trata-se de uma aliança histórica, produto da Segunda Guerra Mundial, e continua a ser a única organização política a incluir todos. A América usufrui de prerrogativas como membro permanente do Conselho de Segurança, e seria difícil ganhá-las novamente. Mas nós temos uma flexibilidade em relação a como escolhemos abordar a cooperação internacional.[14]

Por um longo tempo, as potências ocidentais estavam mais bem posicionadas para jogar o jogo do multilateralismo competitivo à sua vantagem, mudando sagazmente os debates de uma instituição para outra a fim de alcançar os seus objetivos com maior facilidade. O G20 é um exemplo primordial: criado para evitar discutir a crise financeira na Assembleia Geral ou no Conselho Econômico e Social da ONU, o Ocidente deixou de participar ativamente nele e se reconcentrou no G7 (depois de ter excluído a Rússia). Como escreve Steward Patrick, essas ações "basicamente ressuscitaram o santuário interno da economia global, que tinha sido jogado ao mar depois que a crise financeira global necessitou de cooperação com a China".¹⁵ As potências ocidentais com frequência usam o sistema existente em seu benefício ou para preservar seu poder, por exemplo através do "sistema pen-holder",* em que a Grã-Bretanha e a França controlam decisões no Conselho de Segurança da ONU que dizem respeito às suas ex-colônias.

Com efeito, a capacidade do Ocidente de usar as regras e instituições a seu favor e de se unir em períodos cruciais (muito mais do que "o resto" tem sido capaz de fazer) vai prolongar sua influência na governança global. Isso se deve amplamente ao fato de o assim chamado "resto" não ser uma unidade coesa: na verdade, é tão diversificado que mal pode ser usado como conceito analítico. Mesmo grupos menores, como o Brics, em muitos casos são incapazes de alinhar seus interesses, e essa incapacidade tem sido historicamente uma das principais dificuldades para a articulação de propostas conjuntas.

Na Declaração de Sanya do Brics em abril de 2011, Brasil, Rússia, Índia, China e África do Sul afirmaram solenemente que "era preciso elevar a voz dos países emergentes e em desenvolvimento nos assuntos internacionais". Contudo, um mês depois, quando as potências ocidentais renegaram sua promessa de 2009 de "designar os chefes e lideranças seniores das instituições financeiras internacionais através de um processo aberto, transparente e meritocrático", chegando rapidamente a um acordo sobre o nome da ministra das Finanças francesa Lagarde para substituir Dominique Strauss-Kahn, as potências emergentes aceitaram sem ação o fato de que a Europa escolheria mais uma vez o diretor-gerente do FMI. As expectativas das potências emergentes de que a diretora-gerente Lagarde deixaria o cargo antes de 2016 para dar lugar a um não europeu foram ilusórias. O Brics perdeu uma chance de mostrar que seu grupo tem sim importância, forçando o Ocidente a romper com esse acordo de cavalhei-

---

* O Unterm, Banco de Dados de Terminologia das Nações Unidas, define o "pen-holder" como o país-membro do Conselho de Segurança que inicia e preside o processo informal de redação e circulação de uma decisão desse Conselho. (N.T.)

ros antiquado de que só europeus podem liderar o Fundo, discriminando mais de 90% da população mundial e reduzindo a legitimidade do FMI.

Como pôde o zelo reformista tão visível entre as potências emergentes evaporar tão depressa? Diplomatas brasileiros e indianos sustentam que a saída de Strauss-Kahn pegou todo o mundo de surpresa, dando ao Brics pouco tempo para coordenar uma resposta conjunta ou sequer um candidato conjunto. Porém, o mesmo se aplica aos Estados Unidos e à União Europeia, que rapidamente chegaram a um acordo sobre o seu candidato. Considerando os detalhes sórdidos que vieram à tona sobre a cultura de trabalho sexista do FMI, a escolha de uma mulher foi uma manobra inteligente dos europeus, que assim puderam argumentar que a indicação de Lagarde marcava uma mudança importante para o Fundo. As potências emergentes, por outro lado, exigiram que um não europeu ocupasse o cargo, sem primeiro negociar entre si quem deveria ser esse candidato. Eles tinham muitos indivíduos adequados ao cargo, muitos dos quais eram pelo menos tão qualificados quanto Christine Lagarde em economia internacional, se não mais. Afinal de contas, economistas de países como Brasil e Turquia têm experiência preciosa em gestão bem-sucedida de crises econômicas, o que poderia ajudar os países mais afetados da Europa.

Quando um funcionário brasileiro admitiu contrariado que "provavelmente a Europa vai manter sua mão de ferro sobre a posição",[16] foi uma admissão implícita de que, ao não conseguirem fechar acordo sobre uma alternativa forte ao nome da ministra das Finanças francesa, as potências emergentes tinham sido vencidas pelo Ocidente. Embora Europa e Estados Unidos tivessem votos suficientes para fazer passar qualquer candidato, teria sido difícil para eles rejeitar uma escolha viável que tivesse pleno apoio de China, Índia, Brasil, Rússia e África do Sul. Com toda probabilidade, muitos outros países não europeus teriam se juntado ao Brics. Até mesmo os diplomatas australianos expressaram preocupação com a intransigência europeia.

Encontrar um "candidato do Brics" era quase impossível, considerando as opiniões, interesses estratégicos e pontos de vista amiúde diferentes dos países-membros. A China, segunda maior economia do mundo e terceira maior contribuinte para o FMI (depois de Estados Unidos e Japão), pode não ver grandes diferenças entre um candidato francês e um mexicano. Do mesmo modo, o Brasil pode não se sentir incentivado a despender capital político numa disputa por um candidato cingapuriano. O Brasil pode até buscar sabotar um candidato argentino ou mexicano, do mesmo modo que a Índia pode preferir um diretor-gerente europeu a um chinês. Assim, a campanha sem brilho das potências emergentes por uma alternativa a mais um político europeu para chefiar o FMI revela que, apesar de sua visibilidade e atratividade, o Brics não é tão unido quanto seus membros gostariam de pensar. Quando a coisa ficou feia, como depois da queda de Strauss-Khan, a aliança das potências emergentes se desintegrou, incapaz de se mostrar à altura da grande retórica tantas vezes ouvida nas cúpulas do Brics.

O mesmo cenário se repetiu um ano depois, quando Roberto Zoellick anunciou que renunciaria à presidência do Banco Mundial. "Nós tomaremos posição junto com o Brics, faremos uma escolha comum", anunciou o então ministro da Fazenda brasileiro, Guido Mantega, suscitando esperanças de que Okonjo-Iweala, da Nigéria, teria amplo apoio entre as potências em desenvolvimento e emergentes. Logo depois, contudo, o governo russo declarou seu apoio a Jim Yong Kim, o candidato dos Estados Unidos, "uma decisão inteiramente descoordenada com o restante do Brics", conforme comentou um diplomata indiano. Segundo ele, o governo indiano ficara sabendo da decisão do governo russo pela mídia. Isso mostra que, mesmo numa questão de relativa simplicidade (o candidato nigeriano era amplamente visto como mais bem-qualificado), os membros do Brics não foram capazes de coordenar suas posições. A disputa entre um candidato africano forte e um candidato americano fraco teria propiciado uma oportunidade única ao Brics para mostrar unidade. Como observou Wade corretamente, o episódio mostrou "como a desconfiança entre os países em desenvolvimento torna mais fácil para os americanos dividi-los com acordos bilaterais".[17] Tudo isso aponta para a dificuldade de montar coalizões efetivamente equilibradas contra a potência hegemônica.[18]

Os episódios descritos fazem os observadores se perguntar se o Ocidente conseguiu transformar as potências emergentes de hoje em "idiotas úteis", tão orgulhosos de fazer parte do G20 que já nem defendem mais os interesses dos países em desenvolvimento. Vista dessa perspectiva, a ascensão do Brics pode ter sido um desenvolvimento positivo para o Ocidente, agora que os pobres perderam defensores poderosos em Brasília, Pretória e Déli, que defendem cada vez mais os interesses das grandes potências, mas acabam vendo o G20 marginalizado por um G7 ressurgente. Ao mesmo tempo, as potências emergentes não deveriam se queixar: é natural que o Ocidente faça tudo para manter seu poder – afinal, nem sequer a China está plenamente comprometida em incluir de forma permanente o Brasil e a Índia no Conselho de Segurança da ONU. Até aqui, os Estados ocidentais têm sido surpreendentemente bem-sucedidos em seus esforços para manter o controle das posições de comando. Seu sucesso deve muito às regras institucionais que eles mesmos estabeleceram décadas atrás, muito antes de sequer ouvirmos falar de ascensão do Sul. Não obstante, o Sul tem parte da responsabilidade, por não ser capaz de se unir e de apresentar ideias mais fortes sobre por que é necessário fazer reformas. As divergências entre as potências emergentes não se limitam ao FMI e ao Banco Mundial. Por exemplo, não há consenso entre os membros do Brics sobre a necessidade de reformar o Conselho de Segurança da ONU; sobretudo porque a Rússia e a China são membros permanentes e, assim, menos suscetíveis à ideia de reformar o órgão do que o Brasil, a Índia e a África do Sul.

O empreendedorismo institucional da China mostra que ela está tentando virar a mesa e jogar seu próprio jogo de multilateralismo competitivo. Não há nada de novo em escolher jurisdição, e as potências ocidentais têm se mostrado superiores há décadas em conseguir o que querem no palco multilateral.

Apesar das bem-sucedidas estratégias ocidentais para manter o poder, o mais provável é que nas décadas futuras sejam as potências emergentes, sobretudo a China, que possam usar o sistema internacional segundo seus interesses. Embora os aspectos da ordem internacional que Ikenberry chama de "liberal" (instituições, estado de direito e assim por diante) sejam de fato bem-vindos pelas potências emergentes, elas vão resistir cada vez mais às práticas hegemônicas dos Estados Unidos, que com tanta frequência acompanharam essa ordem, e aos poucos buscar abrir espaço próprio.

As potências emergentes aceitam as características liberais da ordem global e estão propensas a mantê-las, mas elas mudarão a hierarquia que alicerça o sistema. Além das novas instituições criadas pelas potências emergentes, várias instituições internacionais atuais podem não parecer tão diferentes daqui a décadas, nem as normas e regras em que estarão baseadas. Contudo, embora hoje sejam os Estados Unidos que podem quebrar as regras e ficarem impunes, esse privilégio logo será da China, e talvez, um dia, de outras potências emergentes. Não há nenhuma evidência de que elas venham a usá-lo de um jeito diferente do usado pelos Estados Unidos nas décadas passadas.

Entretanto, a nova onda de multilateralismo competitivo vai parecer incomum para as potências ocidentais, pois envolverá uma pletora de novas instituições criadas por potências não ocidentais. Jogando no campo da China, vai ser mais difícil para os formuladores de política de Washington e Londres definirem a agenda. Por isso, as negociações decisivas sobre desafios globais – digamos, tensões geopolíticas na Ásia Central ou um acordo de socorro financeiro necessário para um país em desenvolvimento passando por dificuldades – vão focar primeiro em onde tais questões serão discutidas.

A maioria dos observadores associará discussões excessivas sobre escolha de jurisdição e multilateralismo excessivamente competitivo com uma erosão das normas universais e uma "corrida para nivelar por baixo" os padrões globais. Sem dúvida, é verdade que a multiplicação de padrões em alguns campos, como a atividade bancária, pode tornar necessário que as instituições financeiras operem em mais de um sistema. Mas há pouca evidência de que um número crescente de bancos de desenvolvimento tenha afetado de maneira negativa as práticas de empréstimo. A proliferação de instituições pode, até mesmo, ter tido consequências positivas importantes. Afinal, o monopólio pode minar a agilidade e a eficácia de qualquer instituição, enquanto a competição pode gerar novas ideias e desenvolver novas melhores práticas. A vasta maioria dos observadores, mesmo no seio do Banco Mundial, tem, assim, recebido com bons olhos a ascensão de novos bancos de desenvolvimento. Por exemplo, a União Africana (UA) desempenhou um papel importante na discussão sobre a manutenção da paz. Isso também vai permitir a países que abrigam a maior parte da humanidade desempenhar um papel mais importante quando se tratar de lidar com desafios globais. Como sustentou corretamente um editorial do *Financial Times* após a Sexta Cúpula do Brics:

> Deslocamentos no poder econômico global sugerem que mudanças no poder institucional podem decorrer logicamente – ou mesmo inevitavelmente. Por que os Estados Unidos deveriam estabelecer as regras para a internet quando a maior parte do tráfego na internet já não envolve mais os americanos? Por que o dólar deveria ser a moeda global de reserva quando os Estados Unidos já não são mais o núcleo incontestе da economia global?[19]

Mais importante, como apontado acima, é que as grandes potências sempre terão o cuidado de equilibrar seu excepcionalismo com a provisão de bens públicos globais e a estabilidade de que precisam para proteger seus interesses vitais. Pequim está plenamente consciente de que as fontes de *hard power* só podem ser traduzidas em influência política quando submetidas a regras e normas acordadas. A China não pode se dar ao luxo de ser encarada como uma transgressora global que pouco se importa com o resto do mundo. Foi precisamente esta compreensão de que o poder chinês tem que estar enraizado numa rede de regras e normas que devem ser consideradas legítimas que fez com que os formuladores de política de Pequim criassem as tantas instituições descritas nos capítulos anteriores.

Embora deslocamentos de poder exijam que as transações que as grandes potências acordam com o resto do mundo sejam constantemente renegociadas, eles não são má notícia para o futuro das normas e regras globais.

Conclusão

COMO MOSTRA A ANÁLISE dos capítulos anteriores, a discussão sobre se as potências emergentes irão adotar ou rejeitar a ordem liderada pelo Ocidente provavelmente não trará respostas satisfatórias. Considerando que as regras e normas de hoje não são tão ocidentais quanto se costuma pensar, potências não ocidentais não irão questioná-las frontalmente. Previsões de que a China vai restabelecer o sistema tributário hierárquico, vigente por milhares de anos na Ásia, não levam em consideração que o poder econômico e militar no mundo de hoje está demasiado igualmente distribuído para retornar a estruturas imperiais. Além disso, elas negligenciam o importante papel da China na criação da ordem de hoje, implicando que o sistema de hoje é de algum modo "inatural" para a China e que, intuitivamente, ela vai derrubá-lo.

Como destacam Armijo e Roberts: "Individual ou conjuntamente, as preferências do Brics por governança global dependem de reforma e evolução, não de revolução. É evidente que nenhuma das potências emergentes (ou reemergentes, como no caso de Rússia e China) manifestou objetivos revolucionários no tocante a reordenar o sistema internacional."[1]

Apoiando esse ponto de vista, um diplomata indiano argumenta que "[nossas] visões [são] mais não ocidentais do que antiocidentais".[2] Assim, é improvável que a ascensão de uma ordem paralela seja uma ameaça para as regras e normas da ordem de hoje. Contudo, isso não significa que as instituições terão êxito em lidar com todos os perigos da transição de poder. Embora previsões de caos pós-ocidental careçam de fundamento histórico ou teórico e sejam baseadas numa crença paroquial ocidentocêntrica de que somente os Estados Unidos e a Europa podem liderar, a rivalidade entre grandes potências continua a ser uma realidade. Noções de que "mudanças impelidas por guerras tenham sido retiradas do processo histórico",[3] como sustenta John Ikenberry, parecem irrealistas, embora a guerra seja altamente improvável a esta altura dos acontecimentos. Em vez disso, a ascensão da China pode ajudar a moderar a retórica liberal excessivamente otimista empregada sobretudo pelos Estados Unidos desde Woodrow Wilson. Como argumenta Stephen Walt:

> A Primeira Guerra Mundial foi a "guerra para acabar com as guerras". Depois, a Segunda Guerra Mundial ia construir um mundo "seguro para a democracia". Em vez disso, tivemos a Guerra Fria. Quando ela acabou, contudo, o presidente George H.W. Bush falou de uma "nova ordem mundial", e o candidato presidencial Bill Clinton proclamou que os "cálculos cínicos das políticas de poder ... [eram] inadequados para uma nova era". Os intelectuais alertas também fizeram coro, afirmando que a humanidade havia alcançado "o fim da história" e que guerras eram cada vez mais "obsolescentes"... Acreditar que nós superamos para sempre a rivalidade entre grandes potências é excessivamente otimista, potencialmente perigoso e, francamente, absurdo.[4]

Não obstante, apesar dessa advertência, a análise prévia mostra que há poucos sinais de que a ascensão de uma ordem paralela seja um arauto do fim da ordem liberal. Previsões sobre a dissensão global são motivadas por ocidentocentrismo, não por uma análise objetiva da dinâmica que vai moldar a ordem global. A ascensão de novas instituições multilaterais é uma afirmação para as potências emergentes de que o futuro vai continuar a ser dominado por uma ordem global sólida, ainda que muitas vezes imperfeita, baseada em regras.

Em vez de prever o futuro, este livro buscou descrever algumas das dinâmicas que provavelmente vão moldá-lo e sublinhou a importância de adaptar nossa perspectiva dos assuntos globais a uma realidade verdadeiramente multipolar.

Este livro foi escrito numa época de crise no Sul Global. Depois de anos de crescimento estelar, todos os países do Brics, exceto a Índia, mergulharam em grave desarranjo econômico. A economia chinesa está crescendo a taxas mais baixas em anos. Rússia e Brasil, que perderam a chance de diversificar suas economias durante o boom das commodities, estão em meio a uma recessão. O crescimento também desacelerou na Indonésia e na Turquia, esta última enfrentando uma virada preocupante para o autoritarismo. A África do Sul, o quinto membro do Brics, foi obstruída por um governo corrupto e incompetente, incapaz de empreender as reformas estruturais necessárias, até recentemente. A Nigéria, uma das poucas estrelas dos últimos anos, continua a lutar contra uma insurreição extremista sangrenta no norte do país. A Índia, a maior democracia do planeta, e que logo será o país mais populoso do mundo, é o único ponto brilhante, candidata a crescer mais rápido do que a China nos próximos anos.

Os efeitos políticos desse desenvolvimento já são palpáveis em escala global. O crescimento decepcionante no mundo emergente diminuiu a pressão sobre os Estados Unidos e a Europa para reformar as instituições internacionais e aumentar a representação de países como Brasil e Índia. Um grande número de formuladores de política e observadores nos Estados Unidos e na Europa estão se sentindo como se enfim tivessem acordado de um pesadelo de uma década. Hoje, felizmente, as coisas parecem ter voltado à distribuição de poder "normal" do século XX. O dinheiro fácil do Federal Reserve Bank secou, a China está cada vez mais focada em promover o consumo interno. Em consequência, as potências emergentes, que têm forte dependência da China, estão sofrendo imensamente. A "ascensão do resto", que simbolizou a primeira década do século XXI, parece ter chegado ao fim. As principais instituições do mundo, alguns acreditam, podem manter seu projeto ocidentocêntrico. Essa retórica pinta a ascensão do Sul Global como um fenômeno basicamente dependente de dinheiro ocidental fácil e importações chinesas, e as potências emergentes como atores desamparados que tropeçaram por acaso numa década inesperada e não merecida de crescimento.

Contudo, o crescimento econômico temporariamente baixo no Sul Global não pode apagar os avanços históricos feitos pelas potências emergentes, em especial durante a década passada, que viu um grau sem precedentes de emancipação do Sul Global – inclusive do continente africano. A calmaria no mundo emergente não altera as previsões de longo prazo de que a China vai ultrapassar a economia dos Estados Unidos. Como argumentei ao longo do livro, trata-se de um fenômeno amplamente natural, considerando a predominância demográfica das potências emergentes. Apesar dos problemas correntes, a Índia está preparada para tornar-se um dos principais pilares da economia mundial ao longo deste século. A economia mundial não retornará à distribuição de poder pós-Segunda Guerra Mundial.

Como sustenta Zachary Karabell, em relação a essas mudanças:

O sentimento pode ter mudado dramaticamente... mas há uma diferença substancial entre isso e colapso estrutural e crise. Sim, as economias do mundo emergente estão testemunhando desaceleração de crescimento em relação às taxas elevadas dos anos recentes, e, sim, a mudança para a atividade econômica impulsionada pelo consumo interno não é fácil. Mas isso não é o mesmo que reescrever o enredo da década passada e transformar a realização de muitos desses países numa miragem.

Quando chegar a hora de escrever a história dos primeiros anos do século XXI, a narrativa global não será somente das lutas dos Estados Unidos para se ajustar a um mundo de poder difuso, ou da ascensão da China e do declínio da Europa. Será do modo como porções substanciais do planeta emergiram da pobreza agrária para os primeiros estágios de afluência urbana. Será do modo como a internet e a revolução do celular, ancoradas pela ascensão da China, começaram a reconfigurar vastas regiões da África subsaariana; de como as classes médias da Índia começaram a redefinir o país e como milhões de latino-americanos saíram do atoleiro de décadas de incompetência autoritária e começaram a florescer. Nunca na história humana mais pessoas se tornaram mais afluentes mais depressa do que nos anos de abertura do século XXI.[5]

Em consequência, apesar da ascensão de uma ordem paralela, a necessidade fundamental de reformar as estruturas de governança global permanece. Para os formuladores de política da Europa e dos Estados Unidos, envolver as potências emergentes é o único caminho para garantir que as instituições internacionais tradicionais permaneçam funcionais, uma vez que os poderes tradicionais não estejam mais no controle. O difícil processo de adaptação a uma nova realidade apenas começou. Nos próximos anos e décadas, reformas muito mais extensivas – no Banco Mundial, no FMI e no Conselho de Segurança da ONU – terão de ser implementadas para que essas instituições mantenham a sua legitimidade no século XXI. Afinal, um descompasso entre a distribuição real de poder e a distribuição de poder dentro dessas instituições está fadado a levar a tensões. Como descreve Carr em *The Twenty Years' Crisis: 1919-1939*, o sistema de Versalhes fracassou por causa da lacuna entre a ordem que ele representava e a real distribuição de poder no continente europeu. É em parte em razão desse descompasso que as instituições existentes têm hoje de competir cada vez mais com instituições semelhantes lideradas por Estados em ascensão, as quais, em sua totalidade, podem ser descritas como uma ordem paralela incipiente.

Além de reformar as instituições internacionais, é necessário adotar uma visão pós-ocidental que leve em conta perspectivas divergentes sobre a ordem global. Para avaliar adequadamente como a ordem global vai evoluir nas próximas décadas, nós precisamos ir além da visão de mundo ocidentocêntrica. Considerando o quanto esse viés ocidentocêntrico está enraizado (tanto no Ocidente como em outras partes do mundo), isso propõe um desafio considerável. Há obstáculos adicionais. A literatura dominante sobre relações internacionais ainda é produzida nos Estados Unidos e no Reino Unido, e as ideias geradas em outras partes do mundo com frequência não estão disponíveis em inglês ou encontram-se aquém dos padrões teóricos necessários para serem publicadas em revistas acadêmicas ou por editoras. Poucos jornais chineses ou indianos apresentam uma perspectiva global semelhante à do *Financial Times*, do *New York Times* ou da *Economist*. Todavia, nunca foi tão grande a necessidade de ouvir a opinião daqueles que buscam levar em conta não só o excepcionalismo e o centrismo estadunidense, mas também o chinês, o indiano, o brasileiro e outras formas de excepcionalismo e centrismo que não dão a mesma importância à agência do Ocidente no passado, no presente e no futuro.

Os quatro principais argumentos em torno dos quais este livro está organizado apontam para uma série de implicações para os formuladores de política.

O primeiro argumento foi que nossa visão de mundo ocidentocêntrica nos leva a subestimar não só o papel que atores não ocidentais desempenharam no passado e desempenham na política internacional contemporânea, mas também o papel construtivo que provavelmente desempenharão no futuro. Este livro sustenta que a ordem pós-ocidental não será necessariamente mais violenta do que a ordem global de hoje.

No âmbito da política, isso significa avaliar mais objetivamente instituições lideradas por não ocidentais, como o BAII, o Brics e a Organização para Cooperação de Xangai, perguntando sobretudo se elas tiveram êxito em prover bens públicos globais e aperfeiçoar os laços entre seus membros, e não se representam uma ameaça para a hegemonia dos Estados Unidos. No caso do BAII, os Estados Unidos não lograram assumir essa postura pragmática. Só uma abordagem estreita de jogo de soma zero pode explicar a decisão dos Estados Unidos de se opor ao banco liderado pelos chineses, o que produziu um desastre diplomático. Isso levou os formuladores de política de Washington a julgar mal sua capacidade de convencer países em todo o mundo – Grã-Bretanha, Alemanha, Brasil, Coreia do Sul, Japão e Austrália – a não aderir à nova instituição. Talvez ainda mais desconcertante, eles decidiram conceber a criação do BAII como uma disputa diplomática. Tivessem os Estados Unidos desde o começo procurado se filiar ao banco, ou apenas decidido não comentar a questão, observadores de todo o mundo não prestariam hoje tanta atenção à instituição, ou a interpretariam como um momento divisor de águas na transição da unipolaridade para a multipolaridade. A estratégia de Washington perante o BAII foi desenhada a partir da premissa de que a ascensão da China ocorre principalmente num contexto de tensão inevitável e conflito possível. Pressupor uma estratégia revisionista por trás de toda atitude de potências emergentes é equivocado e paroquial. A criação do BAII e do NBD salienta a disposição de ajudar um sistema que não mais satisfaz as demandas existentes. A China pode buscar revisar a intendência ocidental do sistema, mas não necessariamente as normas e regras que formam a sua base.

Num nível mais amplo, isso significa aprender a ver a ascensão da China e de outras potências emergentes não como uma catástrofe a simbolizar o fim do projeto cosmopolita liberal. De uma perspectiva histórica, o fim do domínio ocidental é pouco mais que o fim de uma aberração que testemunhou uma concentração extrema de riqueza e poder numa parte relativamente pequena do globo. É normal que essa concentração pouco usual de poder – e, pode-se acrescentar, artificial – um dia termine. Apesar de todas as dificuldades que essa transformação vai trazer, riqueza e poder mais igualmente distribuídos em todo o mundo é um fenômeno positivo que em princípio não deveria ser temido, mas, sim, bem-vindo.

Meu segundo argumento é o de que a ascensão econômica do resto, sobretudo da China, vai permitir que ela aumente a sua capacidade militar e, por fim, o seu *soft power* e influência internacional. Questiono o argumento recorrente de que a China nunca vai se tornar uma potência global porque "não tem amigos", pois sustento que é relativamente fácil gerar *soft power* a partir de uma base ampla de *hard power*. À medida que a China e outras potências emergentes ascendam economicamente, elas conquistarão novos amigos e aliados, como aconteceu com o Ocidente no passado. A União Soviética, é claro, possuía muito pouco *soft power* no Ocidente, mas gerou seguidores no mundo inteiro em número considerável o bastante para forçar o Ocidente a adotar uma política inteiramente baseada em *hard power*, não em *soft power*: as intervenções dos Estados Unidos na América Central, na Indochina e na África mostraram que o *soft power* sozinho não foi capaz de mudar a opinião global, e, ao contrário do que se costuma acreditar, o fim da Guerra Fria não foi recebido com celebrações em Déli, Pequim e Brasília, mas com hesitação e preocupações sobre a ascensão da unipolaridade.

De uma perspectiva política, isso significa despender mais tempo e energia ao avaliar o modo como a China e outras potências emergentes são vistas ao desenvolver seus países. O *soft power* chinês pode ser extremamente limitado na Europa e nos Estados Unidos, mas argumentar que isso seja prova suficiente de que a estratégia de *soft power* da China fracassou em escala global seria errado. Um tratamento mais objetivo do papel da China na África também significa questionar algo da retórica sobre as práticas do Ocidente no continente, que muitas vezes em nada diferem das que são implementadas por potências emergentes. Isso também significa, por um lado, reconhecer abertamente o fato de que a China já provê um montante significativo de bens públicos globais e, por outro, estimular essa tendência. Contribuições maiores de China, Índia e outros países em todas as áreas – manutenção da paz, operações antipirataria, mudança climática, ajuda ao desenvolvimento e assim por diante – deveriam ser bem-vindas. Com efeito, uma maior integração das potências emergentes aumentaria o número de plataformas oferecendo coordenação intensiva, reduzindo o espaço para equívocos e desentendimentos que possam levar a cooperação deficiente e até mesmo conflitos. Isso significa que os formuladores de política ocidentais deveriam convocar abertamente as potências emergentes a engajar-se, e também oferecer espaços adequados nas instituições existentes para incluir os Estados em ascensão. Os formuladores de política de China, Índia, Brasil e outras potências emergentes, por sua vez, devem reivindicar com maior firmeza um papel protagonista nas discussões sobre regras e normas globais.

De muitas maneiras, a iniciativa do Brasil de lançar o conceito Responsabilidade ao Proteger (RwP) – um adendo ao R2P sobre um mecanismo mais transparente de monitoramento de intervenções humanitárias – simbolizou a própria estratégia que Brasília aspirava seguir: transformar-se em construtor de pontes, mediador e buscador de consensos através de liderança refletida. Apesar de suas insuficiências, a RwP foi uma proposta inovadora e construtiva para superar a lacuna entre uma Otan excessivamente agressiva e uma China e Rússia excessivamente resistentes. Acadêmicos no Brasil e no exterior louvaram a iniciativa. Foi a melhor iniciativa multilateral da administração Rousseff.[6]

Contudo, um ano depois do seu lançamento em novembro de 2011, diplomatas em Nova York confessaram em particular que estavam desapontados com o que alguns chamaram de a "enigmática retirada" do Brasil. A RwP continuou a ser mencionada durante os debates, mas já não havia mais a percepção de que o Brasil priorizasse a questão. Muito mais teria sido possível. A R2P só prosperou por causa dos esforços de um grupo incansável para promover o tópico. Do mesmo modo, a RwP provavelmente não teria um impacto duradouro no debate sem um patrocínio poderoso e digno de crédito como o do Brasil. Não importa se o Brasil se desobrigou passiva ou ativamente, a atitude fere os interesses nacionais do Brasil: tentativas futuras de atuar como definidor de agenda podem receber uma acolhida mais hesitante, em função da incerteza geral sobre a disposição do Brasil de dar sequência e resistir às críticas iniciais (e normais). Por outro lado, a iniciativa RwP pode ter sido útil para permitir um vislumbre do que o Brasil é capaz de fazer em escala global. Apesar do *hard power* limitado do país, ele exerceu temporariamente liderança internacional num debate que deve moldar os assuntos internacionais nas próximas décadas.[7]

O terceiro argumento central do livro é que, em vez de confrontar diretamente as instituições existentes, as potências emergentes (sobretudo a China) estão construindo em silêncio uma assim chamada ordem paralela que, a princípio, vai complementar as instituições internacionais de hoje. Essa ordem já está em construção, e inclui instituições como o Novo Banco de Desenvolvimento liderado pelo Brics e o Banco Asiático de Investimento em Infraestrutura (para complementar o Banco Mundial), o Grupo de Avaliação de Crédito Universal (para complementar Moody's e S&P), o China UnionPay (para complementar MasterCard e Visa) e o Brics (para complementar o G7). Essas estruturas não estão surgindo porque a China e outros países têm novas ideias sobre como lidar com os desafios globais: na verdade, eles as criaram para proteger seu poder, como fizeram os atores ocidentais antes deles.

As implicações políticas para todos os lados estão claras. Tanto potências emergentes quanto atores estabelecidos farão bem em aceitar plenamente, em vez de criticar ou tentar isolar, essas novas instituições. Sua emergência é natural e inevitável (e foi acelerada pela resistência a reformar as instituições existentes), e opor-se a elas enfraquecerá o Ocidente. A Grã-Bretanha adotou essa postura previdente e pragmática e se tornou o primeiro país ocidental de maior peso a apresentar seu pedido de filiação ao BAII. Washington deveria seguir a liderança da Grã-Bretanha. Interromper os esforços para integrar melhor a China e outros nas instituições existentes, como resposta ao empreendedorismo institucional da China, seria um erro grave, limitando de maneira desnecessária o número de plataformas nas quais os formuladores de política chineses e ocidentais vão administrar a bipolaridade assimétrica nas próximas décadas. O apoio à postura da Grã-Bretanha perante o BAII não deve ser mal interpretado como um chamado a permanecer calado sobre questões que a China busca evitar, como direitos humanos. Ao contrário, este apoio deve explicitamente insistir em que as regras de governança do BAII incluam padrões claros de direitos humanos.

Quarto argumento: como parte de uma estratégia de proteção, as potências emergentes – lideradas pela China – continuarão a investir nas instituições existentes e a acatar a maior parte dos elementos da "ordem liberal hierárquica" de hoje, mas vão buscar mudar a hierarquia do sistema com vistas a obter "privilégios hegemônicos", até então só desfrutados pelos Estados Unidos. A criação de várias instituições sinocêntricas vai permitir que a China adote o seu próprio tipo de multilateralismo competitivo, separando e escolhendo entre estruturas flexíveis de acordo com seus interesses nacionais – e assim institucionalizando lentamente o seu próprio excepcionalismo, aumentando a sua autonomia política e se tornando cada vez mais imune às ameaças ocidentais de exclusão.

Este último ponto é provavelmente o mais penoso para os formuladores de política ocidentais, e apresenta de fato um importante desafio ao espaço de manobra de que antes eles dispunham, com frequência usado em seu próprio benefício, mediante pressão sobre Estados menores nos bastidores ou a escolha da plataforma mais propensa a permitir que o Ocidente fizesse as coisas a seu modo. Por isso, seria errado acusar os Estados não ocidentais ascendentes de procurar usar o sistema multilateral em benefício próprio. Afinal, foi o que o Ocidente fez por muitas décadas.

O Ocidente se beneficiou enormemente de sua capacidade de traçar projetos comuns em várias áreas, simbolizada em organizações como a Otan, o G7, a UE e a OCDE. Embora existam desacordos, eles não podem ser comparados com as disputas que ainda existem entre a Índia e a China, a China e o Japão, ou a Índia e o Paquistão. Do mesmo modo, arranjos como o Brics, o IBSA e o G77 têm tido, historicamente, dificuldade para articular um projeto comum, e há pouca perspectiva de que isso vá mudar de forma significativa nos próximos anos. Isso vai permitir que o Ocidente desempenhe um papel fora do comum ainda por muito tempo.

Da perspectiva chinesa, o plano de criar instituições separadas é tanto astuto quanto compreensível. O novo cenário vai reduzir a capacidade das potências ocidentais de distorcer o jogo em benefício próprio. No futuro, a China será capaz de escolher mais facilmente sua plataforma de preferência, como fizeram as potências ocidentais no passado.

O relato histórico ocidentocêntrico clássico, como mostrou esta análise, é unilateral e engendra uma compreensão da ordem global que será inútil ao buscarmos interpretar e entender as tendências contemporâneas. Ele dá ênfase exagerada ao papel do Ocidente na história global, simplifica excessivamente as fontes da ascensão do Ocidente e, por conseguinte, gera uma falsa noção de que o processo de multipolarização em curso é uma ruptura importante que inevitavelmente levará a mudanças fundamentais.

Ao longo da história, as grandes potências sempre buscaram institucionalizar e consolidar seu poder superior temporário em normas internacionais, tornando a mobilidade social internacional mais difícil.[8] Adotando um discurso excepcionalista, a justificativa principal é sempre a de que manter a hegemonia é crucial para preservar a estabilidade: uma linha de argumentação hoje abraçada nas capitais ocidentais. Não obstante, temores relativos a uma ordem pós-ocidental são falaciosos, em parte porque os sistemas passado e presente são muito menos ocidentais do que se costuma pensar. Potências não ocidentais deram contribuições importantes para a criação das regras e normas globais, muitas vezes antes que os atores ocidentais o fizessem, e países como China e Índia estão cada vez mais dispostos e são cada vez mais capazes de assumir a liderança na provisão de bens públicos globais. Embora a transição para uma multipolaridade genuína – não só em âmbito econômico, mas também militar e no tocante à capacidade de definir agenda – vá ser desconcertante para muitos, a multipolaridade pós-ocidental será, afinal, muito mais democrática do que qualquer ordem anterior. Ela abrirá possibilidades para níveis mais elevados de diálogo aberto e de disseminação de conhecimento e habilitará modos de lidar mais efetivamente com os principais desafios globais no século XXI.

Notas

Introdução (p.9-36)

1. Embora com frequência empregado na mídia, na política e na academia, o conceito de Ocidente resta abstrato e de modo geral malcompreendido. Não estático, ele está em movimento, se adaptando continuamente a novas realidades e sendo imaginado de maneiras novas por diferentes grupos – tanto ocidentais como não ocidentais – com interesses diferentes. Apesar de concordar com Lazarus que "existe uma tendência a fetichizar o Ocidente como superagente de dominação no mundo moderno", considero indispensável usar este termo "amplamente, mas com bastante reflexão", como propõe Morozov. O Ocidente contém diferenciação e hierarquias, suas fronteiras são porosas, e a utilização do conceito não é limitada àqueles que afirmam ser parte dele. Desse modo, o objetivo não é apresentar uma definição precisa, o que tornaria o Ocidente inevitavelmente algo unidimensional, mas, antes, acatar a natureza contestada do termo. Ver Neil Lazarus, "Specters haunting: Postcommunism and postcolonialism", *Journal of Postcolonial Writing* 48, n.2 (mar 2012), p.122, disponível em: <http://www.tandfonline.com/doi/abs/10.1 080/17449855.2012.658243>, e Viatcheslav Morozov, *Russia's Postcolonial Identity: A Subaltern Empire in a Eurocentric World* (Londres: Palgrave Macmillan, 2015), p.24.

2. John M. Hobson, *The Eurocentric Conception of World Politics: Western International Theory* (Cambridge: Cambridge University Press, 2012), p.1. Um exemplo histórico é, entre outros, Karl Marx, que escreveu dentro de uma perspectiva profundamente ocidentocêntrica e acreditava que o Oriente não tinha nenhuma perspectiva de autodesenvolvimento progressista. Não obstante, um viés ocidentocêntrico se mantém igualmente visível na maioria das análises contemporâneas dos assuntos internacionais.

3. Ver, por exemplo, Edward W. Said, *Orientalism* (Nova York: Vintage Books, 1979); Mark Mazower, *No Enchanted Palace: The End of Empire and the Ideological Origins of the United Nations* (Princeton: Princeton University Press, 2013); John Darwin, *After Tamerlane: The Rise and Fall of Global Empires, 1400-2000* (Nova York: Penguin Books, 2008); e Edward Keene, *Beyond the Anarchical Society: Grotius, Colonialism and Order in World Politics* (Cambridge: Cambridge University Press, 2002).

4. No início dos anos 1960 e 1970, dá-se uma onda maciça de estudos acadêmicos pós-coloniais que buscam explicitamente questionar o ocidentocentrismo. Essa crítica se concentra nos estudiosos e eruditos dominantes em Relações Internacionais e nos especialistas que predominam no campo, não nos historiadores e antropólogos, que são muito menos ocidentocentristas.

5. Marcos Tourinho, "Beyond expansion: Political contestation in the global international society (1815-1960)" (tese de doutorado, Graduate Institute of International and Development Studies of Geneva, 2015), p.24.
6. Henry Kissinger, *World Order: Reflections on the Character of Nations and the Course of History* (Nova York: Penguin Press, 2014), p.277.
7. Há um vívido debate sobre o grau em que coerção e atração desempenharam um papel na assim chamada ordem pós-Segunda Guerra Mundial. Estudiosos ocidentais como Geir Lundestad, "Empire by invitation? The United States and Western Europe, 1945-1952", *Journal of Peace Research* 23, n.3, 1986, p.163-277, disponível em: <http://jpr.sagepub.com/content/23/3/263>. Mark A. Stoler, *Allies and Adversaries: The Joint Chiefs of Staff, the Grand Alliance, and U.S. Strategy in World War II* (Chapel Hill: The University of North Carolina Press, 2003) ou Frank Costigliola, *Roosevelt's Lost Alliances: How Personal Politics Helped Start the Cold War* (Princeton: Princeton University Press, 2013) tendem a enfatizar a atração inerente do sistema liberal, ao passo que estudiosos não ocidentais como Ayse Zarakol, *After Defeat: How the East Learned to Live with the West* (Cambridge: Cambridge University Press, 2011), consideram os elementos coercivos mais decisivos. Estudiosos realistas como Nuno Monteiro (Nuno Monteiro, "Monteiro on Ikenberry, 'Power, Order, and Change in World Politics'", *H-Diplo*, set 2015, disponível em: <https://networks.h-net.org/node/28443/reviews/85222/monteiro-ikenberry-power-order-and-change-world-politics>) argumentam que a distinção entre autoridade e dominação e coerção e legitimidade é obscura e frequentemente carece de evidência clara.
8. Os argumentos foram desenvolvidos, entre outros, por Janet L. Abu-Lughod, *Before European Hegemony: The World System A.D. 1250-1350* (Oxford: Oxford University Press, 1991), e J.M. Blaut, *The Colonizer's Model of the World* (Nova York: The Guilford Press, 1993).
9. Este argumento é desenvolvido por Beate Jahn, *Liberal Internationalism: Theory, History, Practice* (Londres: Palgrave Macmillan, 2013). Como mostra Odd A. Westad, *The Global Cold War: Third World Interventions and the Making of Our Times* (Cambridge: Cambridge University Press, 2007), o fim da Guerra Fria não foi marcado por forças liberais pró-Ocidente, mas muito mais pela ascensão do islã político.
10. Graham Allison, "The Thucydides trap: Are the U.S. and China headed for war?", *The Atlantic*, 24 set 2015. Disponível em: <http://www.theatlantic.com/international/archive/2015/09/united-states-china-war-thucydides-trap/406756>.
11. Quando a revista *LIFE* criou uma lista das cem pessoas e eventos mais importantes do milênio para a sua edição de setembro de 1997, ela comentou: "Os ocidentais produziram um montante desproporcional dos movimentos e abalos globais. Praticamente dezessete [dos cem] são de extração europeia. ... Isso não reflete vieses dos editores e conselheiros especialistas da *LIFE*, mas as realidades sociopolíticas dos últimos mil anos." Excerto da revista *LIFE*, set 1997, p.135, citado por Andre Gunder Frank, *ReOrient: Global Economy in the Asian Age* (Berkeley: University of California Press, 1998), p.12.
12. Tourinho, "Beyond expansion", p.9.

13. Esses argumentos foram desenvolvidos, entre outros, por Amartya Sen, *Identity and Violence: The Illusion of Destiny* (Nova York: W.W. Norton & Company, 2007), e Jack Goody, *The Theft of History* (Cambridge: Cambridge University Press, 2007).
14. Robbie Shilliam, *International Relations and Non-Western Thought: Imperialism, Colonialism and Investigations of Global Modernity* (Nova York: Routledge, 2011). Um exemplo notável é como, com exceção de pensadores como Amitav Acharya, Kanti Bajpai ou Raja Mohan, verifica-se há muito na disciplina das relações internacionais uma falta de engajamento crítico profundo com o pensamento político de Nehru, embora ele tenha desenvolvido ideias cruciais sobre não alinhamento, movimento anticolonial e não proliferação.
15. Michael Mastanduno, "Order and change in world politics: the financial crisis and the breakdown of the US-China grand bargain", in G. John Ikenberry (org.), *Power, Order and Change in World Politics* (Cambridge: Cambridge University Press, 2014), p.183.
16. Essa ideia foi enunciada por vários estudiosos antes, mas de maneira particularmente elegante por Ayse Zarakol, *After Defeat: How the East Learned to Live with the West* (Cambridge: Cambridge University Press, 2011).
17. Richard Betts, por exemplo, escreve a respeito de uma "luta titânica sobre qual ideologia seria o modelo para organizar sociedades em todo o mundo – fascismo, comunismo ou democracia ocidental", implicando que os dois primeiros não eram de origem ocidental. "Conflict or cooperation? Three visions revisited", *Foreign Affairs* (nov/dez 2010). Disponível em: <https://www.foreignaffairs.com/reviews/review-essay/conflict-or-cooperation>.
18. John Mearsheimer, "Can China Rise Peacefully?", *The National Interest*, 24 out 2015.
19. Randall L. Schweller, *Maxwell's Demon and the Golden Apple* (Baltimore: Johns Hopkins University Press, 2014), p.67.
20. Uma guerra por procuração (em inglês, *proxy war*) é um conflito armado no qual dois países se utilizam de terceiros – os *proxies* – como intermediários ou substitutos de forma a não lutarem diretamente entre si.
21. Ver, por exemplo, Henry Kissinger, *On China* (Nova York: Penguin Books, 2012), Harald Müller e Carsten Rauch, "Make converts, not war: Power change, conflict constellation, and the chance to avoid another 1914", in Andreas Herberg-Rothe (org.), *Lessons from World War I for the Rise of Asia* (Londres: Lessons from World War I for the Rise of Asia, 2015), e Daniel W. Drezner, *The System Worked: How the World Stopped Another Great Depression* (Oxford: Oxford University Press, 2014).
22. "The APEC summit and the Pacific Rim Bridge over troubled water", *The Economist*, 15 nov 2014. Disponível em: <http://www.economist.com/news/leaders/21632452-weeks-summit-beijing-helped-great-power-rivalry-still-threatens-pacific-bridge>.
23. Mastanduno, "Order and change in world politics: the financial crisis and the breakdown of the US-China grand bargain", p.183.

24. Anders Fogh Rasmussen, durante painel na Conferência de Londres na Chatham House, 1-2 jun 2015.
25. "Losing the Middle East: Why America must not abandon the region", *The Economist*, 6 jun 2015, capa. Disponível em: <http://www.economist.com/printedition/covers/2015-06-04/ap-e-eu-la-me-na-uk>.
26. Várias dessas perspectivas consideram que atores não ocidentais foram decisivos na configuração da história global e na criação e manutenção da ordem de hoje, avaliando, por isso, o deslocamento global em curso de maneira diferente da narrativa ocidental. Por exemplo, perspectivas sinocêntricas enfatizam que a ascensão do Ocidente durante os séculos passados foi possibilitada em parte pela apropriação de ideias e tecnologias chinesas, e também por dominação militar. Isso não era inevitável, como frequentemente se supõe no Ocidente, e a recuperação da China logo vai acabar com a superioridade econômica ocidental, restituindo o que a China considera "normal". Em vez de considerar essas perspectivas mais próximas da verdade ou mais adequadas, elas serão meramente descritas para obter um quadro mais completo. Além disso, em vista de um exame amplo da literatura, esta análise será baseada em pesquisa primária realizada em anos passados e durante 2015, na China, na Índia e no Brasil, entre outros.
27. Reconheço que a "ascensão do resto" é um conceito analiticamente muito limitador e logo esclarecerei que eu o emprego apenas como uma abreviação inicial, explicando a ampla diversidade do "resto" – e, o que é mais importante, que conceitos como "resto" ou "não ocidental" são parte de uma visão de mundo ocidentocentrista, que este livro busca questionar.
28. Ver David Shambaugh, *China Goes Global: The Partial Power* (Nova York: Oxford University Press, 2013).
29. Uma ideia semelhante foi enunciada por Naazneen Barma et al., "A world without the West? Empirical patterns and theoretical implications", *Chinese Journal of International Politics* 2, n.4, 2009, p.525-44, disponível em: <http://cjip.oxfordjournals.org/content/2/4/525.extract>, e por Moritz Rudolf et al., "Chinas Schatten-Außenpolitik: Parallelstrukturen fordern die internationale Ordnung heraus", *China Monitor* 18 (23 set 2014), disponível em: <http://www.merics.org/fileadmin/templates/download/china-monitor/China_Monitor_No_18.pdf>.
30. Cemil Aydin, *The Politics of Anti-Westernism in Asia: Visions of World Order in Pan-Islamic and Pan-Asian Thought* (Nova York: Columbia University Press, 2007), p.75.
31. Viatcheslav Morozov, *Russia's Postcolonial Identity: A Subaltern Empire in a Eurocentric World* (Londres: Palgrave Macmillan, 2015), p.33.
32. O conceito da "Responsabilidade de Proteger" (R2P) significa que a comunidade internacional tem a responsabilidade de interferir nos assuntos internos de um país se o governo é incapaz, ou está indisposto, de proteger sua população ou parte dela de genocídio ou crimes parecidos.
33. Ivo Daalder e James Stavridis, "NATO's victory in Libya: The right way to run an intervention", *Foreign Affairs* (mar/abr 2012). Disponível em: <https://www.foreignaffairs.com/articles/libya/2012-02-02/natos-victory-libya>.

34. Oliver Stuenkel e Marcos Tourinho, "Regulating intervention: Brazil and the responsibility to protect", *Conflict, Security & Development* 14, n.4, 2014, p.379-402. Disponível em: <http://www.tandfonline.com/doi/abs/10.1080/14678802.2014.9 30593?journalCode=ccsd20>.
35. Oliver Stuenkel, "The Brics and the future of R2P: Was Syria or Libya the exception?", *Global Responsibility to Protect* 6, n.1, 2014, p.3-28. Disponível em: <http://booksandjournals.brillonline.com/content/journals/10.1163/1875984x-00601002>.
36. Matias Spektor, "How to read Brazil's stance on Iran", *Council on Foreign Relations* (4 mar 2010). Disponível em: <http://www.cfr.org/brazil/read-brazils-stance-iran/p21576>.
37. Charles Kupchan, *No One's World: The West, the Rising Rest, and the Coming Global Turn* (Nova York: Oxford University Press, 2013).
38. Kupchan, *No One's World*.
39. Hedley Bull e Adam Watson, *The Expansion of International Society* (Londres: Oxford University Press, 1985).
40. O Brics tem um acordo fundamental sobre os princípios que sustentam a R2P. Seu apoio aos pilares I e II do Responsabilidade de Proteger é absoluto, patrocinando, portanto, a ideia de que Estados têm a responsabilidade primária de proteger suas populações contra genocídios, crimes de guerra, limpeza étnica e crimes contra a humanidade, e que a comunidade internacional deve assumir o papel de dar assistência aos Estados para fazê-lo. Quanto ao pilar III, o Brics às vezes diverge dos países ocidentais, não quanto à existência da norma que prescreve a responsabilidade da comunidade internacional de empreender "ação rápida e decisiva" para impedir e fazer parar os crimes acima mencionados, caso o Estado esteja "manifestamente fracassando em proteger suas populações", mas sobre quando e como aplicar essa norma. Ver Oliver Stuenkel, "The Brics and the Future of R2P", p.3-28.
41. Isaac T. Sampson, "The Responsibility to Protect and ECOWAS mechanisms on peace and security: Assessing their convergence and divergence on intervention", *Journal of Conflict and Security Law* 16, n.3, 2011. Disponível em: <http://jcsl.oxfordjournals.org/content/16/3/507.abstract>.
42. Sampson, "The Responsibility to Protect and ECOWAS", p.2.
43. Rahul Rao, *Third World Protest: Between Home and the World* (Nova York: Oxford University Press, 2010), p.43.
44. Ryan Pickerell, "China: Projecting power through peacekeeping", *The Diplomat*, 15 out 2015. Disponível em: <http://thediplomat.com/2015/10/china-projecting-power-through-peacekeeping>.
45. Ver, por exemplo, Jonathan Fenby, *Will China Dominate the 21st Century?* (Cambridge: Polity Press, 2014).
46. Aaron Friedberg, *A Contest for Supremacy: China, America, and the Struggle for Mastery in Asia* (Nova York: W.W. Norton & Co., 2011), p.176.
47. Friedberg, *A Contest for Supremacy*, p.158.
48. "Not just straw men: The biggest emerging economies are rebounding, even without recovery in the West", *The Economist* (18 jun 2009). Disponível em: <http://www.economist.com/node/13871969>.

49. Samir Saran e Vivan Sharan, "Banking on Brics to deliver", *The Hindu*, 27 mar 2012. Disponível em: <http://www.thehindu.com/opinion/lead/article3248200.ece>.
50. Eman El-Shenawi, "The Bric. The Brics. The who?", *Al Arabia News*, 13 jun 2011. Disponível em: <http://english.alarabiya.net/articles/2011/06/13/153140.html>.
51. Philip Stephens, "A story of Brics without mortar", *Financial Times*, 24 nov 2011. Disponível em: <http://www.ft.com/intl/cms/s/0/352e96e8-15f2-11e1-a691-00144feabdc0.html>.
52. Para uma análise completa da história do Brics, ver Oliver Stuenkel, *The Brics and the Future of Global Order* (Nova York: Lexington Books, 2015).
53. Rebecca Liao, "Out of the Bretton Woods: How the AIIB is Different", *Foreign Affairs* (27 jul 2015). Disponível em: <https://www.foreignaffairs.com/articles/asia/2015-07-27/out-bretton-woods?cid=soc-tw-rdr>.
54. Nazneen Barma, Ely Ratner e Steve Weber, "A World Without the West", *The National Interest*, jul/ago 2007. Os autores identificam uma "terceira via" entre alinhamento e confrontação. Não obstante, seu roteiro contém muitos elementos de confrontação, pois não chega a ser possível simplesmente "ignorar" o sistema dominado por ocidentais sem causar considerável fricção.
55. G. John Ikenberry, *Liberal Leviathan: The Origins, Crisis, and Transformation of the American World Order* (Princeton: Princeton University Press, 2011), prefácio, p.xiv.
56. Hale et al., *Gridlock*, p.31.
57. G. John Ikenberry et al., *The Crisis of American Foreign Policy: Wilsonianism in the Twenty-First Century* (Princeton: Princeton University Press, 2009), p.14.
58. Mark Mazower, *Governing the World: The History of an Idea, 1815 to Present* (Nova York: Penguin Books, 2013).
59. Jean L. Cohen, "Reply to Scheuerman's review of *Globalization and Sovereignty*", *Global Constitutionalization* 3, n.1, 2014, p.126.
60. Rao, *Third World Protest*, p.22.
61. Thomas Carothers e Saskia Brechenmacher, "Closing Space: Democracy and Human Rights Support Under Fire", *Carnegie Endowment for International Peace* (2014). Entretanto, deve-se também chamar atenção para o fato de que as potências emergentes de hoje, como Brasil e Índia, se mostram não menos preocupadas do que os Estados Unidos com abusos contra direitos humanos e a erosão da democracia, embora lidem usualmente com esses desafios em seus próprios termos e sob premissas diferentes daquelas dos formuladores de política estrangeira de Washington, D.C.
62. Charles Kupchan. "Unpacking hegemony: the social foundations of hierarchical order", in G. John Ikenberry (org.), *Power, Order and Change in World Politics* (Cambridge: Cambridge University Press, 2014), p.39.
63. Andrew Hurrell, "Can the study of global order be de-centred?" (documento de trabalho, Institut für Politikwissenschaft, Universidade de Hamburgo, Hamburgo, 2015), p.12. Disponível em: <http://www.primo-itn.eu/PRIMO/wp-content/uploads/2015/07/WorkingPaper-2_Andrew-Hurrell.pdf>.

64. Hurrell, "Can the study of global order be de-centred?", p.23.
65. As visões de mundo das civilizações islâmica e chinesa eram igualmente autocentradas. Os que não estavam no interior da *umma* de crentes abençoada pelo domínio perfeito do imperador eram ou infiéis ou bárbaros, e dificilmente podiam se tornar membros plenos.
66. Moisés Naím, *The End of Power: From Boardrooms to Battlefields and Churches to States, Why Being in Charge Isn't What It Used to Be* (Nova York: Basic Books, 2013), p.52.
67. Kupchan, *No One's World*, p.145.
68. Schweller, *Maxwell's Demon and the Golden Apple*, p.132.
69. Martin Jacques, *When China Rules the World: The End of the Western World and the Birth of a New Global Order* (Nova York: Penguin Press, 2009), p.11-2.

1. O nascimento do ocidentocentrismo (p.37-69)

1. Hedley Bull e Adam Watson (orgs.), *The Expansion of International Society* (Oxford: Clarendon Press, 1984), p.1. Ver também: Adam Watson, *The Evolution of International Society: A Comparative Historical Analysis* (Londres: Routledge, 1992).
2. Kupchan, *No One's World*, p.65.
3. Hugh Trevor-Roper, *The Rise of Christian Europe* (Londres: Thames & Hudson, 1965), p.1.
4. Daniel Deudney e G. John Ikenberry, "Democratic internationalism: An American grand strategy for a postexceptionalist era", *Council on Foreign Relations* (documento de trabalho, International Institutions and Global Governance Program, Council on Foreign Relations, Nova York, 2001). Disponível em: <http://www.cfr.org/grand-strategy/democratic-internationalism-american-grand-strategy-post-exceptionalist-era/p29417>.
5. Robert Kagan, *The Return of History and the End of Dreams* (Nova York: Alfred A. Knopf, 2008).
6. Um exemplo mais antigo é *A Little History of the World*, de Gombrich, publicado em 1923, que inclui apenas uma análise cursória da história não ocidental.
7. Para uma das melhores análises sobre este tema, ver Sen, *Identity and Violence*, 2007.
8. Ayse Zarakol, *After Defeat: How the East Learned to Live with the West* (Cambridge: Cambridge University Press, 2011), p.54. Como explica Zarakol: "Mesmo hoje, é difícil separar esses conceitos. No mínimo dos mínimos, a Europa continua a ser vista como total e naturalmente 'moderna', ao passo que, em outros lugares, os ocidentais buscam experiências 'autênticas' intocadas pela modernidade... A cobertura de mídia de áreas não ocidentais focaliza invariavelmente os aspectos 'não modernos' da vida, que na melhor hipótese são descritos como atraentes, singulares, exóticos e, na pior, como assustadores, inseguros e imprevisíveis."
9. Darwin, *After Tamerlane*, p.499.

10. "Statue of Liberty inspired by Arab woman", *AFP News*, 2 dez 2015. Disponível em: <http://www.afp.com/en/news/statueliberty-inspired-arab-woman-researchers-say>.
11. Janet L. Abu-Lughod, *Before European Hegemony: The World System A.D. 1250-1350* (Oxford: Oxford University Press, 1989), p.10.
12. William Dalrymple, "The Great & Beautiful Lost Kingdoms", *The New York Review of Books*, 21 mai 2015. Disponível em: <http://www.nybooks.com/articles/archives/2015/may/21/great-and-beautiful-lost-kingdoms>.
13. Darwin, *After Tamerlane*, p.38.
14. Ian Brownlie, "The expansion of international society: The consequences for international law", in Hedley Bull e Adam Watson (orgs.), *The Expansion of International Society* (Londres: Oxford University Press, 1985), p.360.
15. Robin Law, *Ouidah: The Social History of a West African Slaving 'Port' 1727-1892* (Athens: Ohio University Press, 2004), p.37.
16. Darwin, *After Tamerlane*, p.492.
17. Amartya Sen, "India: The stormy revival of an international university", *The New York Review of Books* (15 ago 2015).
18. Paul Bairoch, "Geographical structure and trade balance of European foreign trade from 1800 to 1970", *Journal of European Economic History* 3, n.3, 1974, in Andre Gunder Frank, *ReOrient: Global Economy in the Asian Age* (Berkeley: University of California Press, 1998), p.12.
19. R. Bin Wong, *China Transformed: Historical Change and the Limits of European Experience* (Ithaca e Londres: Cornell University Press, 2000), in Martin Jacques, *When China Rules the World: The End of the Western World and the Birth of a New Global Order* (Nova York: Penguin Press, 2009).
20. Jacques, *When China Rules the World*, p.31.
21. Suzuki et al., *International Orders in the Early Modern World* (Londres: Routledge, 2013), p.24.
22. Jacques, *When China Rules the World*, p.36.
23. Angus Maddison, *Contours of the World Economy, 1-2030 AD* (Oxford: Oxford University Press, 2007).
24. Tourinho, "Beyond expansion", p.69.
25. Frank, *ReOrient*, p.166.
26. Jack Goody, *The Theft of History* (Cambridge: Cambridge University Press, 2007), p.6.
27. Samuel P. Huntington, "The West: Unique, not universal", *Foreign Affairs* 75, n.6 (nov/dez 1996), p.32.
28. Sen, *Identity and Violence*, p.50.
29. Darwin, *After Tamerlane*.
30. Charles Kupchan, "Unpacking hegemony: The social foundations of hierarchical order", in John Ikenberry (org.), *Power, Order and Change in World Politics* (Cambridge: Cambridge University Press, 2014), p.45.
31. Jacques, *When China Rules the World*, p.50.

32. Blaut, *The Colonizer's Model of the World*, p.181.
33. Suzuki et al., *International Orders in the Early Modern World*, p.170.
34. Darwin, *After Tamerlane*, p.26.
35. Jacques, *When China Rules the World*, p.35.
36. Hobson, *The Eastern Origins of Western Civilisation*, p.10.
37. Edward Gibbon, *The History of the Decline and Fall of the Roman Empire*, vol.3 (Philadelphia: B.F. French, 1830), p.399, in David Levering Lewis, *God's Crucible: Islam and the Making of Europe, 570-1215* (Nova York: W.W. Norton & Co., 2008), p.171.
38. Levering, *God's Crucible: Islam and the Making of Europe*, p.172.
39. Frank, *ReOrient*, p.16.
40. Peter Katzenstein (org.), *Sinicization and the Rise of China: Civilizational Processes Beyond East and West* (Londres: Routledge, 2013), p.8.
41. Pankaj Mishra, *From the Ruins of Empire: The Intellectuals Who Remade Asia* (Nova York: Farrar, Straus & Giroux, 2012), p.64.
42. Hobson, *The Eastern Origins of Western Civilisation*, p.29.
43. Frank, *ReOrient*, p.11.
44. Anna M. Davies, "Nineteenth-century linguistics", in Giulio Lepsehy (org.), *History of Linguistics*, vol.4 (Londres: Longman, 1998), citado por Robbie Shilliam, *International Relations and Non-Western Thought: Imperialism, Colonialism and Investigations of Global Modernity* (Nova York: Routledge, 2011), p.2.
45. James Mill, *The History of British India*, vol.1 (Londres: Baldwin, Cradock, and Joy, 1817), p.225-6, in Sen, *Identity and Violence*, p.87.
46. T.B. Macaulay, "Indian education: Minute of the 2nd February, 1835", in G.M. Young (org.), *Macaulay, Prose and Poetry* (Cambridge, Mass.: Harvard University Press, 1952), p.722, in Sen, *Identity and Violence*, p.128.
47. Jacques, *When China Rules the World*, p.36.
48. Goody, *The Theft of History*, p.287.
49. Uday S. Mehta, *Liberalism and Empire: A Study in Nineteenth-Century British Liberal Thought* (Chicago: University of Chicago Press, 1999).
50. Robert A. Dahl, *Democracy, Liberty, Equality* (Oxford: Oxford University Press, 1988), p.208.
51. Sen, *Identity and Violence*, p.85.
52. John M. Hobson, *The Eurocentric Conception of World Politics: Western International Theory* (Cambridge: Cambridge University Press, 2012), p.6.
53. Sen, *Identity and Violence*, p.92.
54. Karl Marx, *The Future Results of British Rule in India*. Disponível em: <https://marxists.anu.edu.au/archive/marx/works/1853/07/22.htm>. Tudo isso é particularmente digno de nota, considerando o quanto Marx é importante para a ideologia do Partido Comunista da China hoje, o quanto é essencial nos esforços em curso para "proteger" as universidades chinesas da influência ocidental. Este ano mesmo, por exemplo, o *Diário do Povo*, principal porta-voz do PC, citou o chefe do partido da Universidade Renmin em Pequim, dizendo que o pensamento marxista precisa "entrar nos manuais, entrar nas salas de aula e entrar nos cérebros".

55. Ibid.
56. Pankaj Mishra, *Temptations of the West: How to Be Modern in India, Pakistan, Tibet, and Beyond* (Nova York: Farrar, Straus & Giroux, 2006).
57. Zarakol, *After Defeat*, p.55.
58. Blaut, *The Colonizer's Model of the World*, p.5.
59. Darwin, *After Tamerlane*, p.496.
60. Jared M. Diamond, *Guns, Germs, and Steel: The Fates of Human Societies* (Nova York: W.W. Norton & Co., 1997).
61. Ian Morris, *Why the West Rules – for Now: The Patterns of History, and What They Reveal About the Future* (Nova York: Farrar, Straus & Giroux, 2010).
62. Tourinho, "Beyond expansion", p.161.
63. Mark Mazower, *Governing the World: The History of an Idea, 1815 to Present* (Nova York: Penguin Books, 2013), p.169, in Tourinho, "Beyond expansion", p.161.
64. Shashi Tharoor, "This House Believes Britain Owes Reparations to her Former Colonies" (discurso, Oxford Union Debate, 28 mai 2015).
65. Tourinho, "Beyond expansion", p.265.
66. Vijay Prashad, *The Darker Nations: A People's History of the Third World* (Nova York: The New Press, 2007), p.145.
67. Tourinho, "Beyond expansion", p.259.
68. Ibid., p.159.
69. Qianlong ao rei Jorge III, Pequim, 1792, Universidade da Califórnia, Departamento de História. Disponível em: <http://www.history.ucsb.edu/faculty/marcuse/classes/2c/texts/1792QianlongLetterGeorgeIII.htm>.
70. Tourinho, "Beyond expansion", p.139.

2. Deslocamentos de poder e a ascensão do resto (p.70-104)

1. Sen, *Identity and Violence*, p.12.
2. Joseph S. Nye, Jr., *Is the American Century Over?* (Cambridge: Polity Press, 2015).
3. Nuno P. Monteiro, *Theory of Unipolar Politics* (Cambridge: Cambridge University Press, 2014), p.11.
4. Simon Reich e Richard Lebow, *Good-bye Hegemony! Power and Influence in the Global System* (Princeton: Princeton University Press, 2014), quarta capa.
5. Há um debate amplo, e até a presente data não resolvido, sobre como medir poder em assuntos internacionais. A maioria dos índices de poder nacional costuma se fiar principalmente em medições como PIB, que são às vezes suplementadas com medições demográficas e militares. Um conceito interessante foi desenvolvido pelo Correlates War Projects (Susumu Suzuki, Volker Krause e J. David Singer, "The Correlates of War Project: A bibliographic history of the scientific study of war and peace, 1964-2000", Conflict Management and Peace Science 19, n.2, 2002, p.69-107). Como escreve Baldwin: "Entretanto, a dificuldade com esse tipo de

medições é que elas tratam o poder como uma propriedade em vez de uma relação. Embora sedutora, a saída de redefinir poder como uma propriedade distorce a própria essência do que nos interessa" (David A. Baldwin, "Power and International Relations", in Walter Carlsnaes, Thomas Risse e Beth A. Simmons [orgs.], Handbook of International Relations [Londres: SAGE Publications, 2002], p.243). Embora reconhecendo a dificuldade existente, a primeira parte deste capítulo vai considerar o PIB (tamanho da economia) como um representante de poder, e a segunda vai discutir como o poder econômico afeta o poder militar. O capítulo 3 discutirá como o poder econômico afeta o soft power. Em última análise, essa abordagem adota a definição clássica de poder como a capacidade de obter o que se quer mediante convencimento ou coerção de outros a fazerem algo que de outro modo não fariam (Baldwin, "Power and international relations").

6. Celebremente, poucos meses antes da revolução, o analista de mais alto escalão da CIA testemunhou no Congresso que o xá do Irã permaneceria no poder. Robert Jervis, *Why Intelligence Fails: Lessons from the Iranian Revolution and the Iraq War* (Ithaca: Cornell University Press, 2010), p.15.
7. M. Ayhan Kose e Eswar S. Prasad, *Emerging Markets: Resilience and Growth Amid Global Turmoil* (Washington: The Brookings Institution, 2010), p.2.
8. A "armadilha da renda média" descreve uma situação observada frequentemente, na qual um país que atinge certo nível de renda fica preso nesse nível.
9. Eric X. Li, "A tale of two political systems" (palestra, TED Global, jun 2015). Disponível em: <https://www.ted.com/speakers/eric_x_li>.
10. Yukon Huang, "China's brightened prospects", *Financial Times*, 13 dez 2013. Disponível em: <http://carnegieendowment.org/2013/12/13/china-s-brightened-prospects>.
11. Arvind Subramanian, "The inevitable superpower", *Foreign Affairs* (set/out 2011). Disponível em: <https://www.foreignaffairs.com/articles/china/2011-08-19/inevitable-superpower>.
12. David Shambaugh, "The coming Chinese crackup", *The Wall Street Journal*, 6 mar 2015. Disponível em: <http://www.wsj.com/articles/the-coming-chinese-crackup-1425659198>.
13. Robert A. Rohde e Richard A. Muller, "Air pollution in China: Mapping of concentrations and sources", *Berkeley Earth* (jul 2015). Disponível em: <http://berkeleyearth.org/wp-content/uploads/2015/08/China-Air-Quality-Paper-July-2015.pdf>.
14. John Mathews e Hao Tan, "China's green-energy revolution", *Project Syndicate*, 8 mai 2015. Disponível em: <http://www.project-syndicate.org/commentary/china-green-energy-revolution-by-john-a-mathews-and-hao-tan-2015-05>.
15. Mark Clifford, "Chinese coal cuts", *Project Syndicate*, 2 abr 2015. Disponível em: http://www.project-syndicate.org/commentary/china-reducing-carbon-emissions-by-mark-l-clifford-2015-04>.

16. Adair Turner, "China's balancing act", *Project Syndicate*, 8 out 2014. Disponível em: <http://www.project-syndicate.org/commentary/china-s-risky-rebalancing-by-adair-turner-2014-10>.
17. Turner, "China's balancing act".
18. Gordon Orr e Erik Roth, "China's innovation engine picks up speed", *McKinsey Quarterly*, jan 2013.
19. Daniel A. Bell, *The China Model: Political Meritocracy and the Limits of Democracy* (Princeton: Princeton University Press, 2015), p.9.
20. Bell, *The China Model*, p.13.
21. Francis Fukuyama, *Political Order and Political Decay: From the Industrial Revolution to the Globalization of Democracy* (Nova York: Farrar, Straus & Giroux, 2014), p.524.
22. Gordon G. Chang, *The Coming Collapse of China* (Nova York: Random House, 2001), capa.
23. Li Fan, "Grassroots democracy in China", *Project Syndicate*, 10 dez 2001. Disponível em: <http://www.project-syndicate.org/commentary/grassroots-democracy-in-china>.
24. Shambaugh, "The coming Chinese crackup".
25. David Shambaugh, *China's Communist Party: Atrophy and Adaptation* (Berkeley: University of California Press, 2008), p.176.
26. Margaret MacMillan, *The Rhyme of History: Lessons of the Great War* (Washington, D.C.: The Brookings Institution, 2013), edição Kindle, p.12.
27. Jahangir Aziz e Steven Dunaway, "China's rebalancing act", *Finance and Development* 44, n.3 (set 2007). Disponível em: <http://www.imf.org/external/pubs/ft/fandd/2007/09/aziz.htm>.
28. Stephen S. Roach, "China's complexity problem", *Project Syndicate*, 25 ago 2015. Disponível em: <http://www.project-syndicate.org/commentary/china-complexity-problem-by-stephen-s-roach-2015-08>. O Banco Mundial prevê que, "ao longo das próximas duas décadas, a população urbana terá o equivalente a mais que uma Tóquio ou Buenos Aires a cada ano, visto que a fração de residentes urbanos na população total crescerá de 50% a quase 66% em 2030". "China 2030: Building a modern, harmonious, and creative society", *World Bank* 9. Disponível em: <http://www.worldbank.org/content/dam/Worldbank/document/China-2030-complete.pdf>. Ver também "Urban population (percentage of total)", *World Bank*. Disponível em: <http://data.worldbank.org/indicator/SP.URB.TOTL.IN.ZS/countries?display=default>.
29. Justin Y. Lin, "How fast will China grow?" *Project Syndicate*, 29 jan 2015. Disponível em: <http://www.project-syndicate.org/commentary/china-2015-five-year-plan-by-justin-yifu-lin-2015-01>.
30. United Nations Department of Economic and Social Affairs, Population Division, "World population prospects: The 2015 revision-DVD edition", 2015.
31. Friedberg, *A Contest for Supremacy*, p.124.

32. Gideon Rachman, "The future still belongs to emerging markets", *Financial Times*, 3 fev 2014. Disponível em: <http://www.ft.com/intl/cms/s/0/e77a70cc-8a9b-11e3-9465-00144feab7de.html>.
33. A previsão de crescimento de longo prazo do Congressional Budget Office para os Estados Unidos é de 2,2% ao ano. "The budget and economic outlook: 2015 to 2025", *Congress of The United States Congressional Budget Office*, jan 2015. Disponível em: <https://www.cbo.gov/sites/default/files/114th-congress-2015-2016/reports/49892-Outlook2015.pdf>.
34. Jeffrey Frankel, "China is still number two", *Project Syndicate*, 5 mai 2014. Disponível em: <http://www.project-syndicate.org/commentary/jeffrey-frankel-pours-cold-water-on-the-claim-that-the-us-economy-has-been-surpassed>.
35. Chris Giles, "For every economic growth laggard, there is a gazelle", *Financial Times*, 8 out 2015. Disponível em: <http://www.ft.com/intl/cms/s/0/190a48e0-5216-11e5-b029-b9d50a74fd14.html#axzz3odGmrv4m>.
36. Stephen G. Brooks e William C. Wohlforth, *World Out of Balance: International Relations and the Challenge of American Primacy* (Princeton: Princeton University Press, 2008), p.34.
37. Gideon Rachman, "Is America's new declinism for real?", *Financial Times*, 24 nov 2008. Disponível em: <http://www.ft.com/intl/cms/s/0/ddbc80d0-ba43-11dd-92c9-0000779fd18c.html#axzz3odGmrv4m>.
38. Christopher Layne. "This time it's real: The end of unipolarity and the Pax Americana", *International Studies Quarterly* 56, 2012, p.203-13.
39. Allison, "The Thucydides trap".
40. Graham Allison e Robert Blackwill, *Lee Kuan Yew: The Master's Insights on China, the United States and the World* (Cambridge: The MIT Press, 2013), p.42.
41. Brooks e Wohlforth, *World Out of Balance*, p.28.
42. Mearsheimer, "Can China rise peacefully?".
43. Kupchan, "Unpacking hegemony", p.27.
44. Isso não significa que ideologias, nacionalismo e identidades deixarão de ter importância nos assuntos internacionais. Acredito, porém, que a dinâmica clássica de Guerra Fria, em que grandes potências buscaram ativamente influenciar políticas domésticas internas em muitos países menores num impasse ideológico, é menos provável num futuro bipolar sino-estadunidense.
45. Allison e Blackwill, *Lee Kuan Yew*, p.38.
46. Monteiro, *Theory of Unipolar Politics*, p.19.
47. Do mesmo modo, os formuladores de política asiáticos frequentemente destacaram que a retórica dos Estados Unidos em relação à China é condescendente e desdenhosa. Como argumentou Lee Kuan Yew: "O Departamento de Estado prepara seu relatório sobre direitos humanos na China como um diretor de escola fazendo o relatório anual de um aluno para seus pais. Isso pode fazer os norte-americanos se sentirem bem e os chineses parecerem pequenos, mas os asiáticos

orientais se mostram inquietos quanto a suas consequências em longo prazo." Allison e Blackwill, *Lee Kuan Yew*, p.44.
48. Nuno Monteiro, resenha de G. John Ikenberry (org.), *Power, Order and Change*, H-Diplo (set 2015). Disponível: <https://networks.h-net.org/node/28443/reviews/85222/monteiro-ikenberry-power-order-and-change-world-politics>.
49. "Chinese lending to LAC in 2014: Key findings" (27 fev 2015). Disponível em: <http://chinaandlatinamerica.com/2015/02/27/chinese-lending-to-lac-in-2014-key-findings>.
50. Charles Kenny, "America's No. 2! And that's great news". *The Washington Post*, 17 jan 2014. Adaptado do livro do autor: Charles Kenny, *The Upside of Down: Why the Rise of the Rest Is Good for the West* (Nova York: Basic Books, 2013).
51. Monteiro, *Theory of Unipolar Politics*, p.26.
52. Ver, por exemplo, Jeremi Suri, *Liberty's Surest Guardian* (Nova York: Simon and Schuster, 2011).
53. Mearsheimer, "Can China rise peacefully?".
54. Christopher Layne, "The end of Pax Americana: How Western decline became inevitable", *The Atlantic*, 26 abr 2012. Disponível em: <http://www.theatlantic.com/international/archive/2012/04/the-end-of-pax-americana-how-western-decline-became-inevitable/256388>.
55. A questão de saber se devemos descrever a ordem nas décadas futuras como bipolar ou multipolar depende amplamente de quão depressa potências como Índia e Brasil vão se desenvolver. Embora eu acredite que esses países vão desempenhar um papel mais importante no século XXI, minha expectativa é de que a China seja a única potência emergente a cumprir um papel de grande potência nas próximas décadas.
56. Monteiro, *Theory of Unipolar Politics*, p.5.
57. Reich e Lebow, *Good-Bye Hegemony!*, p.171.
58. Amitav Acharya, *The End of American World Order* (Cambridge: Polity Press, 2014), p.31.
59. Frans-Paul van der Putten, "Defence and security", in Nicola Casarini (org.), *Brussels-Beijing: Changing the Game?* (Paris: European Union Institute for Security Studies, 2013), p.57.
60. Acharya, *The End of American World Order*, p.105.
61. Kissinger, *World Order*, p.226.
62. Mastanduno, "Order and change in world politics", p.165.
63. Mearsheimer, "Can China rise peacefully?".
64. Friedberg, *A Contest for Supremacy*, p.41.

3. O futuro do *soft power* (p.105-27)

1. Layne, "This time it's real".
2. Joseph S. Nye, *Bound to Lead: The Changing Nature of American Power* (Nova York: Basic Books, 1990).

3. Shambaugh, por exemplo, argumenta que a China jamais será uma potência global devido à sua falta de *soft power*. Shambaugh, *China Goes Global*.
4. Kent Harrington, "How China is winning Southeast Asia", *Project Syndicate*, 5 ago 2015. Disponível em: <http://www.project-syndicate.org/commentary/how-china-is-winning-southeast-asia-by-kent-harrington-2015-08>.
5. Michael Hirsh, "The Clinton legacy: How will history judge the soft-power Secretary of State?", *Foreign Affairs* (mai/jun 2013). Disponível em: <https://www.foreignaffairs.com/articles/united-states/2013-04-03/clinton-legacy>. Shashi Tharoor, "Why nations should pursue soft power" (Palestra, TED India, nov 2009). Disponível em: <http://www.ted.com/talks/shashi_tharoor/transcript?language=en>.
6. Ver, por exemplo, o estudo conduzido por Ernst e Young, "Rapid-growth markets soft power index-Spring 2012" (2012), disponível em: <http://emergingmarkets.ey.com/wp-content/uploads/downloads/2012/05/TBF-606-Emerging-markets-soft-power-index-2012_LR.pdf>, ou Victoria Berry (org.), *Country Brand Index 2012-13* (Londres: Future Brand, 2013), disponível em: <http://www.futurebrand.com/images/uploads/studies/cbi/CBI_2012-Final.pdf>.
7. Celso Amorim, "Hardening Brazil's soft power", *Project Syndicate*, 16 jul 2013. Disponível em: <http://www.project-syndicate.org/commentary/a-more-robust-defense-policy-for-brazil-by-celso-amorim>.
8. Matt Robinson, "In fight for influence, Russia can play good cop too", *Reuters*, 30 nov 2014. Disponível em: <http://www.reuters.com/article/2014/11/30/us-europe-russia-influence-insight-idUSKCN0JE07I20141130>.
9. Idem.
10. Joseph S. Nye, *Soft Power: The Means To Success in World Politics* (Nova York: Public Affairs, 2004), p.2.
11. Todd Hall, "An unclear attraction: A critical examination of soft power as an analytical category", *The Chinese Journal of International Politics* 3, n.2, 2010, p.189-211.
12. Christopher Layne, "The unbearable lightness of soft power", in I. Parmar e M. Cox (orgs.), *Soft Power and US Foreign Policy: Theoretical, Historical and Contemporary Perspectives* (Nova York: Routledge, 2010), p.51-82.
13. O melhor livro sobre esse episódio é de Eriz Manela, *The Wilsonian Moment: Self-Determination and the International Origins of Anticolonial Nationalism* (Oxford: Oxford University Press, 2007).
14. Boris Bruk, "Attract and rule? Lessons of soft power from Brics countries", *Institute of Modern Russia* (18 abr 2013). Disponível em: <http://imrussia.org/en/analysis/politics/439-attract-and-rule-lessons-of-soft-power-from-brics>.
15. Yu-Shan Wu e Chris Alden, "Brics' public diplomacy and the nuances of soft power", *South African Institute of International Affairs* (16 jan 2014). Disponível em: <http://www.saiia.org.za/opinion-analysis/brics-public-diplomacy-and-the-nuances-of-soft-power>.

16. Simon Romero, "Murder of Brazilian journalist furthers alarming trend", *The New York Times*, 7 ago 2015. Disponível em: <http://www.nytimes.com/2015/08/08/world/americas/murder-of-brazilian-journalist-furthers-alarming-trend.html?_r=0>.
17. Embora o Brasil seja visto sob uma luz positiva em todo o mundo, sua imagem na América do Sul é mesclada e chegou a pontos baixos nos últimos anos. Por exemplo, o povo boliviano foi por vezes muito crítico em relação à exploração de recursos naturais por companhias brasileiras. Ver, por exemplo, Joana Neitsch, "Liderança hesitante", *Gazeta do Povo*, 25 jun 2011. Disponível em: <http://www.gazetadopovo.com.br/mundo/liderancahesitante-5hdmlvhtob4ziuv3yr1y51pam>.
18. Trefor Moss, "Soft power? China has plenty", *The Diplomat*, 4 jun 2013. Disponível em: <http://thediplomat.com/2013/06/soft-power-china-has-plenty>.
19. Moss, "Soft power? China has plenty".
20. Joseph S. Nye, "China's soft power deficit", *The Wall Street Journal*, 8 mai 2012. Disponível em: <http://online.wsj.com/article/SB10001424052702304451104577389923098678842.html>.
21. Muitos outros exemplos mostram que o conceito não logra dar testemunho de um escrutínio mais sério. Como pensar sobre produtos culturais que geram ódio e rejeição no exterior? Filmes como *A entrevista*, de Rogen e Goldberg, que ridicularizam Kim Jong-Un, reduzem o *soft power* dos Estados Unidos na Coreia do Norte?
22. Christina Stolte, *Brazil's Africa Strategy: Role Conception and the Drive for International Status* (Nova York: Palgrave Macmillan, 2015), p.25.
23. Li Yan, "Guest post: China's culture power", *Financial Times*, 9 nov 2011, disponível em: <http://blogs.ft.com/beyond-brics/2011/11/09/guest-post-chinas-culture-power>; e David Pilling, "China needs more than a five-year charm offensive", *Financial Times*, 9 nov 2011, disponível em: <http://www.ft.com/intl/cms/s/0/12ffod6e-0abc-11e1-b9f6-00144feabdco.html#axzz3nnYOiAi8>.
24. Andrew Jacobs, "Pursuing soft power, China puts stamp on Africa's news", *The New York Times*, 16 ago 2012. Disponível em: <http://www.nytimes.com/2012/08/17/world/africa/chinas-news-media-make-inroads-in-africa.html>.
25. Willy Lam, "Chinese state media goes global", *Asia Times*, 30 jan 2009, in Michael Pillsbury, *The Hundred-Year Marathon: China's Secret Strategy to Replace America as the Global Superpower* (Nova York: Henry Holt, 2015).
26. Jacobs, "Pursuing soft power".
27. Joseph S. Nye, "Putin's rules of attraction", *Project Syndicate*, 12 dez 2014. Disponível em: <http://www.project-syndicate.org/commentary/putin-soft-power-declining-by-joseph-s-nye-2014-12>.
28. Zachary Keck, "Destined to fail: China's soft power push", *The Diplomat*, 7 jan 2013. Disponível em: <http://thediplomat.com/2013/01/destined-to-fail-chinas-soft-power-offensive>.
29. Pilling, "China needs more than a five-year charm offensive".
30. Reich e Lebow, *Good-bye Hegemony!*, p.37.

31. Tomila Lankina e Kinga Niemczyk, "What Putin gets about soft power", *The Washington Post*, 15 abr 2014. Disponível em: <http://www.washingtonpost.com/blogs/monkey-cage/wp/2014/04/15/what-putin-gets-about-soft-power>.
32. Hall, "An unclear attraction".
33. Joshua Kurlantzick, *Charm Offensive: How China's Soft Power is Transforming the World* (New Haven: Yale University Press, 2007).
34. Jonathan Mirsky, "Pope Francis's China problem", *The New York Review of Books*, 15 dez 2014. Disponível em: <http://www.nybooks.com/blogs/nyrblog/2014/dec/15/pope-francis-china-dalai-lama>.
35. Shogo Suzuki, "Chinese soft power, insecurity studies, myopia and fantasy", *Third World Quarterly* 30, n.4, 2009, p.781.
36. Lucy J. Corkin, "China's rising soft power: The role of rhetoric in construction of China-Africa relations", *Revista Brasileira de Política Internacional* 57, 2014. Disponível em: <http://www.scielo.br/scielo.php?pid=S0034-73292014000300049&script=sci_arttext>.
37. Christina Stolte, *Brazil in Africa: Just Another Brics Country Seeking Resources?* (documento de informe, The Royal Institute of International Affairs, Londres, 1º nov 2012), p.3. Disponível em: <https://www.chathamhouse.org/publications/papers/view/186957>.
38. Kenneth King, *China's Aid & Soft Power in Africa: The Case of Education and Training* (Woodbridge: James Currey, 2013).
39. Moss, "Soft power? China has plenty".
40. Joseph S. Nye, "What China and Russia don't get about soft power", *Foreign Policy* (29 abr 2013). Disponível em: <http://foreignpolicy.com/2013/04/29/what-china-and-russia-dont-get-about-soft-power>.
41. Edward Wong, "Indonesians seek words to attract China's favor", *The New York Times*, 1º mai 2010. Disponível em: <http://www.nytimes.com/2010/05/02/world/asia/02chinindo.html>.
42. Jiang Xueqin, "How China kills creativity", *The Diplomat*, 2 jul 2011. Disponível em: <http://thediplomat.com/2011/07/how-china-kills-creativity>.
43. Regina Abrami, William Kirby e Warren McFarlan, "Why China can't innovate", *Harvard Business Review* (mar 2014). Disponível em: <https://hbr.org/2014/03/why-china-cant-innovate>.
44. Jacques, *When China Rules the World*, p.112.
45. Francis Fukuyama, entrevista para Emanuel Pastreich, *The Diplomat*, 15 out 2015. Disponível em: <http://thediplomat.com/2015/10/interview-francis-fukuyama>.
46. Morozov, *Russia's Postcolonial Identity*, p.119.
47. Li Yan, "Guest post: China's cultural power", *Financial Times*, 9 nov 2011. Disponível em: <http://blogs.ft.com/beyond-brics/2011/11/09/guest-post-chinas-culture-power>.
48. Jie Zong e Jeanne Batalova, "Frequently requested statistics on immigrants and immigration in the United States", *Migration Policy Institute Journal* (26 fev 2015).

Disponível em: <http://www.migrationpolicy.org/article/frequently-requested-statistics-immigrants-and-immigration-united-states>.
49. Su Changhe, "Soft power", in Andrew Cooper, Jorge Heine e Ramesh Thakur (orgs.), *The Oxford Handbook of Modern Diplomacy* (Oxford: Oxford University Press, 2012), p.550.

4. Rumo a uma ordem paralela: finanças, comércio e investimento (p.128-62)

1. Asia Development Bank, *Infrastructure for a Seamless Asia*, 2009. Disponível em: <http://adb.org/sites/default/files/pub/2009/2009.08.31.book.infrastructure.seamless.asia.pdf>.
2. Michael Strutchbury e Greg Earl, "Keating slams China bank snub", *The Australian Financial Review*, 30 out 2014. Disponível em: <http://www.afr.com/p/special_reports/opportunityasia/keating_slams_china_bank_snub_ifYIwIRcid6jz8ysVqpMjP>.
3. Zheng Wang, "Three steps to dealing with the 'new' China", *The Diplomat*, 31 dez 2014. Disponível em: <http://thediplomat.com/2014/12/three-steps-to-dealing-with-the-new-china>.
4. Amitav Acharya, "No need to fear the AIIB", *The Straits Times*, 19 jun 2015. Disponível em: <http://www.straitstimes.com/opinion/no-need-to-fear-the-aiib>.
5. Wildau, "New Brics bank in Shanghai to challenge major institutions".
6. David Malone, Raja Mohan e Srinath Raghavan (orgs.), *The Oxford Handbook of Indian Foreign Policy* (Oxford: Oxford University Press, 2015), p.533.
7. Benn Steil, "The Brics bank is a feeble strike against dollar hegemony", *Financial Times*, 1º out 2014. Disponível em: <http://www.ft.com/intl/cms/s/0/3c84425c-48a9-11e4-9d04-00144feab7de.html#axzz3Ub2APXHk>.
8. Radhika Desai, "The Brics are building a challenge to western economic supremacy", *The Guardian*, 2 abr 2013. Disponível em: <http://www.guardian.co.uk/commentisfree/2013/apr/02/brics-challenge-western-supremacy>.
9. Rasna Warah, "Africa rises as Brics countries set up a different development aid model", *Daily Nation*, 28 abr 2013. Disponível em: <http://www.nation.co.ke/oped/Opinion/-/440808/1760878/-/k2cwt4z/-/index.html>.
10. David Smith, "Brics eye infrastructure funding through new development bank", *The Guardian*, 28 mar 2013. Disponível em: <http://www.guardian.co.uk/global-development/2013/mar/28/brics-countries-infrastructure-spending-development-bank>.
11. Henry Mance, "Global shift: A bank of and for the Brics is in the air", *Financial Times*, 23 set 2012. Disponível em: <http://www.ft.com/intl/cms/s/0/63400496-024f-11e2-8cf8-00144feabdc0.html#axzz2TVoh9qg4>.
12. Paul Ladd, "Between a rock and a hard place", *Poverty in Focus* 20, 2010, p.5. Disponível em: <http://www.ipc-undp.org/pub/IPCPovertyInFocus20.pdf>.

13. Kevin Gray e Craig N. Murphy, "Introduction: Rising powers and the future of global governance", *Third World Quarterly* 34, n.2, 2013, p.183-93. Disponível em: <http://www.tandfonline.com/doi/abs/10.1080/01436597.2013.775778>.
14. Matt Quingley, "Achievements lauded as Brics Summit ends", *The Brics Post*, 27 mar 2013. Disponível em: <http://thebricspost.com/achievements-lauded-as-brics-summit-ends/#.VgAnE99Vikp>.
15. Steil, "The Brics bank is a feeble strike against dollar hegemony".
16. Os membros da Asean são Brunei Darussalã, Camboja, Indonésia, Laos, Malásia, Mianmar, Filipinas, Cingapura, Tailândia e Vietnã. O grupo de China, Japão e Coreia do Sul, juntamente com os dez membros da Asean, é conhecido como "Asean+3". Já em setembro de 1997, no início da última crise financeira global, o Ministério das Finanças japonês propôs a criação de um Fundo Monetário Asiático. Embora esta proposta específica tenha sido rejeitada, a ideia de um fundo regional comum de onde os governos asiáticos orientais pudessem sacar em tempos de desordem financeira sobreviveu. In C. Randall Henning, "The future of the Chiang Mai Initiative: An Asian Monetary Fund?" (resumo da política, Peterson Institute for International Economics, Washington, DC, fev 2009). Disponível em: <http://jfedcmi.piie.com/publications/pb/pb09-5.pdf>.
17. A Iniciativa Chiang Mai (ICM) tem dois componentes: (1) um acordo de swap expandido abrangendo os dez países da Asean e (2) uma rede de acordos de swap bilaterais e de arranjos de recompra abrangendo basicamente os treze países do Asean+3. Esses dois aspectos tornam a iniciativa de longe o componente mais avançado do regionalismo financeiro asiático oriental.
18. Mark Landler, "Healthy Countries to Receive I.M.F. Loans", *The New York Times*, 29 out 2008. Disponível em: <http://www.nytimes.com/2008/10/30/business/worldbusiness/30global.html>.
19. Desai, "The Brics are building a challenge to western economic supremacy".
20. Yung Park e Yunjong Wang, "The Chiang Mai Initiative and Beyond", *The World Economy* 28, n.1, 2005, p.94.
21. Mashiro Kawai, "From the Chiang Mai Initiative to an Asian Monetary Fund", in Jeffrey D. Sachs et al. (orgs.), "The Future Global Reserve System-an Asian Perspective", *Asian Development Bank Institute*, jun 2010. Disponível em: <http://aric.adb.org/grs/report.php?p=Kawai%205>.
22. William W. Grimes, "The Asian Monetary Fund reborn? Implications of Chiang Mai Initiative multilateralization", *Asia Policy* 11, n.1, 2011, p.79-104. Disponível em: <http://muse.jhu.edu/login?auth=0&type=summary&url=/journals/asia_policy/v011/11.grimes.html>.
23. Park e Wang, "The Chiang Mai Initiative and beyond ", p.91.
24. Hu Jintao, "Q&A with Hu Jintao", *The Wall Street Journal*, 18 jan 2011. Disponível em: <http://www.wsj.com/articles/SB10001424052748703551604576085514147521334>.
25. Christopher Layne, "This time it's real", p.56.

26. Fion Li, "China extends yuan clearing network, RQFII program to Chile", *Bloomberg Business*, 26 mai 2015. Disponível em: <http://www.bloomberg.com/news/articles/2015-05-26/china-extends-yuan-clearing-network-rqfii-program-to-chile>.
27. "Rich but rash", *The Economist*, 29 jan 2015. Disponível em: <http://www.economist.com/news/finance-and-economics/21641259-challenge-world-bank-and-imf-china-will-have-imitate-them-rich>.
28. Injoo Sohn, "Five political challenges in China's monetary ambitions", *Brookings*, mar 2015. Disponível em: <http://www.brookings.edu/research/opinions/2015/03/09-china-monetary-ambition-sohn>.
29. Mallaby e Wethington, "The future of the yuan".
30. Sohn, "Five political challenges in China's monetary ambitions".
31. Barry Eichengreen, "China the responsible stakeholder", *Project Syndicate*, 10 jun 2015. Disponível em: <http://www.project-syndicate.org/commentary/china-silk-road-aiib-policy-initiatives-by-barry-eichengreen-2015-06#KVxYHWQkOEoLcifT.99>.
32. Clifford Coonan, "Irish a kind, simple and helpful people, China's UnionPay advises travelers", *The Irish Times*, 28 jul 2015. Disponível em: <http://www.irishtimes.com/business/personal-finance/irish-a-kind-simple-and-helpful-people-china-s-unionpay-advises-travellers-1.2298752>.
33. "Thailand becomes the first stop of UnionPay Chip Card Standard that is 'going global'", *PR Newswire*, 19 ago 2015. Disponível em: <http://www.prnewswire.com/news-releases/thailand-becomes-the-first-stop-of-unionpay-chip-card-standard-that-is-going-global-300130541.html>.
34. "Visa, MasterCard block US-sanctioned Russian Banks", *RT*, 21 mar 2014. Disponível em: <http://rt.com/business/visa-mastercard-russia-sanctions-285>.
35. "Russia launches China UnionPay credit card", *RT*, 15 ago 2014. Disponível em: <http://www.rt.com/business/180696-china-russia-union-pay>.
36. Soogil Young et al., *Competition among Financial Centres in Asia-Pacific: Prospects, Benefits, Risks and Policy Challenges* (Cingapura: Iseas, 2009), p.180.
37. Raphael Balenieri, "China clamours to set global gold prices", *Al Jazeera*, 2 jul 2015. Disponível em: <http://www.aljazeera.com/indepth/features/2015/06/china-clamours-set-global-gold-prices-150629082056754.html>.
38. Dariusz Wojcik, "The dark side of NY-LON: Financial centres and the global financial crisis" (documento de trabalho, Oxford University, Oxford, 2011). Disponível em: <http://economics.ouls.ox.ac.uk/15278/1/geog11-12.pdf>.
39. *Sherpas* são os diplomatas escolhidos por governos para auxiliar chefes de Estado durante reuniões de cúpula específicas e para conduzir negociações antes dos encontros. O termo foi usado originalmente para designar carregadores em escaladas de montanha no Nepal.
40. "Russia mulls founding of independent credit rating system", *Shanghai Daily*, 25 fev 2015. Disponível em: <http://www.shanghaidaily.com/article/article_xinhua.aspx?id=269795>.

41. Atul Aneja, "Talks on over a Brics rating agency", *The Hindu*, 5 abr 2015. Disponível em: <http://www.thehindu.com/todays-paper/tp-international/talks-on-over-a-brics-rating-agency/article7069202.ece>.
42. Kathrin Hille, "Russia and China plan own rating agency to rival western players", *Financial Times*, 3 jun 2014. Disponível em: <http://www.ft.com/intl/cms/s/0/03ae1bb8-eb2c-11e3-9c8b-00144feabdc0.html?siteedition=uk#axzz3joLT7I00>.
43. "Likelihood of creating Brics rating agency 'very low'– World Bank advisor", *Sputnik*, 19 mai 2015. Disponível em: <http://sputniknews.com/business/20150519/1022297068.html>.
44. Prashanth Parameswaran, "Asean, partners strengthen regional commitment to tackling Ebola", *The Diplomat*, 19 dez 2014. Disponível em: <http://thediplomat.com/2014/12/asean-partners-strengthen-regional-commitment-to-tackling-ebola>.
45. Bank of Thailand, "The signing ceremony for the Agreement Establishing the Asean+3 Macroeconomic Research Office (AMRO Agreement)", press release, 14 out 2014. Disponível em: <https://www.bot.or.th/Thai/PressandSpeeches/Press/News2557/n4657e.pdf>.
46. Asean+3 Finance Ministers and Central Bank Governors, "The Joint Statement of the 18th Asean+3 Finance Ministers and Central Bank Governors' Meeting in Baku", 3 mai 2015. Disponível em: <http://www.asean.org/news/asean-statement-communiques/item/the-joint-statement-of-the-18th-asean3-finance-ministers-and-central-bank-governors-meeting-3-may-2015-baku-azerbaijan-2>.
47. Mireya Solís, "China flexes its muscles at APEC with the revival of FTAAP", *East Asia Forum*, 23 nov 2014. Disponível em: <http://www.eastasiaforum.org/2014/11/23/china-flexes-its-muscles-at-apec-with-the-revival-of-ftaap>.
48. Jacqueline Braveboy-Wagner, *Institutions of the Global South* (Nova York: Routledge, 2009), p.216.
49. Roberts, "Are the Brics building a non-Western concert of powers?".

5. Rumo a uma ordem paralela: segurança, diplomacia e infraestrutura (p.163-89)

1. Ver, por exemplo, Pillsbury, *The Hundred-Year Marathon*.
2. Wolfgang Lehmacher e Victor Padilla-Taylor, "Hurdles ahead along 'New Silk Road'", *Financial Times*, 17 set 2015. Disponível em: <http://blogs.ft.com/beyondbrics/2015/09/17/hurdles-ahead-along-the-new-silk-road>.
3. "China focus: China's Xi proposes security concept for Asia", *Xianhuanet*, 21 mai 2014. Disponível em: <http://news.xinhuanet.com/english/china/2014-05/21/c_133351210.htm>. Ver também: Minxin Pei, "Why China should drop its slogan 'Asia for Asians'", *The Straits Times*, 5 dez 2014. Disponível em: <http://www.straitstimes.com/opinion/why-china-should-drop-its-slogan-of-asia-for-asians>.

4. Shannon Tiezzi, "The Maoist origins of Xi's security vision", *The Diplomat*, 30 jun 2014. Disponível em: <http://thediplomat.com/2014/07/the-maoist-origins-of-xis-security-vision>.
5. "Russia, China to seek polycentric world–Lavrov", *Sputnik*, 15 abr 2014. Disponível em: <http://sputniknews.com/voiceofrussia/news/2014_04_15/Russia-China-to-seek-polycentric-world-Lavrov-7696>.
6. Bates Gill, "Shanghai Five: An attempt to counter U.S. influence in Asia?", *Brookings*, 4 mai 2001. Disponível em: <http://www.brookings.edu/research/opinions/2001/05/04china-gill>.
7. "Brics announce joint cybersecurity group", *The Brics Post*, 7 dez 2013. Disponível em: <http://thebricspost.com/brics-announce-joint-cyber-group/#.U5Smsi9hsXx>.
8. "Brics officials meet on national security", *China Daily USA*, 6 dez 2013. Disponível em: <http://usa.chinadaily.com.cn/world/2013-12/06/content_17158710.htm>.
9. Maria Edileuza Fontenele Reis, "Brics: surgimento e evolução", in *O Brasil, o Brics e a agenda internacional* (Brasília: Fundação Alexandre de Gusmão, 2012), p.34.
10. "Reality check at the IMF", *The Economist*, 20 abr 2006. Disponível em: <http://www.economist.com/node/6826176>.
11. "Crise econômica pode fortalecer países do Bric, afirma Lula", *Agência Brasil*, 26 nov 2008. Disponível em: <http://economia.uol.com.br/ultnot/2008/11/26/ult4294u1943.jhtm>.
12. Diplomata brasileiro entrevistado pelo autor, Brasília, abr. 2013.
13. Luiz Inácio Lula da Silva, "Building on the B in Bric", *The Economist*, 19 nov 2008. Disponível em: <http://www.economist.com/node/12494572>.
14. Brics Research Group, "2014 Brics Fortaleza Summit Compliance Report", *Brics Information Centre*, 6 jul 2015. Disponível em: <http://www.brics.utoronto.ca/compliance/2014-fortaleza-compliance.pdf>.
15. Philip Stephens, "A story of Brics without mortar", *Financial Times*, 24 nov 2011. Disponível em: <http://www.ft.com/intl/cms/s/0/352e96e8-15f2-11e1-a691-00144feabdc0.html#axzz3mS0X6oB6>.
16. As Cúpulas do Brics ocorrem anualmente, ao passo que a Cúpula do IBSA tem tido lugar desde 2011. Entretanto, os ministros das Relações Exteriores do grupo IBSA se encontram anualmente em reuniões paralelas na Assembleia Geral da ONU.
17. Entrevistas conduzidas pelo autor com diplomatas de países do Brics em Brasília, Nova Déli, Pequim, Moscou, Pretória, 2012 e 2013.
18. Ministério das Relações Exteriores da Índia, "Brics", abr. 2013. Disponível em: <http://www.mea.gov.in/Portal/ForeignRelation/Brics_for_XP_April_2013.pdf>.
19. Embaixador Roberto Jaguaribe, "Conversa sobre IBAS e Bric" (conferência de imprensa no Ministério das Relações Exteriores brasileiro), 8 abr 2010. Disponível em: <https://www.youtube.com/watch?v=yWaU4jj6XYc>.
20. "Ufa Action Plan", *Brics Information Centre*, 9 jul 2015. Disponível em: <http://www.brics.utoronto.ca/docs/150709-ufa-action-plan-en.html>.

21. Xi Jinping, "Towards a community of common destiny and a new future for Asia" (discurso principal, Conferência Anual do Fórum de Boao, 2015). Disponível em: <http://english.boaoforum.org/hynew/19353.jhtml>.
22. "Forum Boao: Chinese convention rivals Davos", *RT*, 6 abr 2013. Disponível em: <http://rt.com/news/boao-forum-asia-davos-429>.
23. John F. Sammis, "Statement by John F. Sammis, Alternate Head of Delegation, on the adoption of the outcome at the United Nations Conference on the World Financial and Economic Crisis and Its Impact on Development", *United States Mission to the United Nations*, 26 jun 2009. Disponível em: <http://usun.state.gov/remarks/4335>.
24. Charles Clover e Lucy Hornby, "China's Great Game: Road to a new empire", *Financial Times*, 12 out 2015. Disponível em: <http://www.ft.com/intl/cms/s/2/6e098274-587a-11e5-a28b-.50226830d644.html?ftcamp=social/free_to_read/china-greatgame/twitter/awareness/editorial&segid=0100320#axzz3oLVvuVtn>.
25. Kerry Brown, "The New Silk Road: China reclaims its crown", *The Diplomat*, 18 nov 2014. Disponível em: <http://thediplomat.com/2014/11/the-new-silk-road-china-reclaims-its-crown>.
26. Clover e Hornby, "China's Great Game".
27. Jon L. Anderson, "The Comandante's Canal", *The New Yorker*, 10 mar 2014. Disponível em: <http://www.newyorker.com/magazine/2014/03/10/the-comandantes-canal>.
28. Idem.
29. Idem.
30. Christopher P. Barber et al., "Roads, deforestation, and the mitigating effect of protected areas in the Amazon", *Biological Conservation* 177, set. 2014, p.203-9. Disponível em: <http://www.sciencedirect.com/science/article/pii/S000632071400264X>.
31. Jake Bicknell, "China's Trans-Amazonian railway might be the lesser of two evils", *The Conversation*, 19 jun 2015. Disponível em: <http://theconversation.com/chinas-trans-amazonian-railway-might-be-the-lesser-of-two-evils-43075>.
32. Ikenberry, *Liberal Leviathan*, p.343.
33. G. John Ikenberry, "The illusion of geopolitics: The enduring power of the liberal order", *Foreign Affairs* (mai/jun 2014). Disponível em: <https://www.foreignaffairs.com/articles/china/2014-04-17/illusion-geopolitics>.
34. Mearsheimer, "China's unpeaceful rise".
35. Nikolas K. Gvosdev, "World without the West watch", *The National Interest*, 21 nov 2007. Disponível em: <http://nationalinterest.org/commentary/rapid-reaction-world-without-the-west-watch-1879>.
36. Cynthia Roberts, "Are the Brics building a non-Western concert of powers?" *The National Interest*, 8 jul 2015. Disponível em: <http://nationalinterest.org/feature/are-the-brics-building-non-western-concert-powers-13280?page=show>.
37. Sean Mirski, "The false promise of Chinese integration into the liberal international order", *The National Interest*, 3 dez 2014. Disponível em: <http://nationalinterest.org/feature/the-false-promise-chinese-integration-the-liberal-11776?>.

6. O mundo pós-ocidental (p.190-203)

1. Stuenkel e Tourinho, "Regulating intervention".
2. Richard K. Betts, "Institutional imperialism", *The National Interest*, mai/jun 2011. Disponível em: <http://nationalinterest.org/bookreview/institutional-imperialism-5176>.
3. Jorge G. Castañeda, "Not ready for prime time", *Foreign Affairs* (set/out 2010). Disponível em: <https://www.foreignaffairs.com/articles/south-africa/2010-09-01/not-ready-prime-time>.
4. Stewart Patrick, "Irresponsible stakeholders?", *Foreign Affairs* (nov/dez 2010). Disponível em: <https://www.foreignaffairs.com/articles/south-africa/2010-11-01/irresponsible-stakeholders>.
5. Acharya, *The End of American World Order*, p.50.
6. Matthew Taylor e Oliver Stuenkel, "Brazil on the global stage: Origins and consequences of Brazil's challenge to the global liberal order", in *Brazil on the Global Stage* (Nova York: Palgrave Macmillan, 2015), p.1-16.
7. Richard K. Betts, "Institutional imperialism", *The National Interest*, mai/jun 2011, disponível em: <http://nationalinterest.org/bookreview/institutional-imperialism-5176>; Randall L. Schweller, "The problem of international order revisited: A review essay", *International Security* 26, n.1, 2011, p.161-86, disponível em: <http://www.mitpressjournals.org/doi/abs/10.1162/016228801753212886#VhUJmflViko>.
8. Ikenberry, *Liberal Leviathan*, p.7.
9. Betts, "Institutional imperialism".
10. Idem.
11. Yun Sun, "China's 3 desires: More influence, more respect, and more space", *The National Interest*, 21 set 2015. Disponível em: <http://nationalinterest.org/blog/the-buzz/chinas-3-desires-more-influence-more-respect-more-space-13893>.
12. Stephen M. Walt, "The end of the American era", *The National Interest*, nov/dez 2011. Disponível em: <http://nationalinterest.org/article/the-end-the-american-era-6037>.
13. John F. Sammis, "Statement by John F. Sammis, Alternate Head of Delegation, on the adoption of the outcome at the United Nations Conference on the World Financial and Economic Crisis and Its Impact on Development", *United States Mission to the United Nations*, 26 jun 2009. Disponível em: <http://usun.state.gov/remarks/4335>.
14. Ruth Wedgwood, "Give the United Nations a little competition", *The New York Times*, 5 dez 2005. Disponível em: <http://www.nytimes.com/2005/12/05/opinion/give-the-united-nations-a-little-competition.html?_r=2>.
15. Stewart M. Patrick, "Present at the Creation, Beijing-style", *The Internationalist*, 20 mar 2015. Disponível em: <http://blogs.cfr.org/patrick/2015/03/20/present-at-the-creation-beijing-style>.
16. Moisés Naím, "In the IMF succession battle, a stench of colonialism", *The Washington Post*, 20 mai 2011. Disponível em: <https://www.washingtonpost.

com/opinions/in-the-imf-succession-battle-a-stench-of-colonialism/2011/05/19/AF5e6n7G_story.html>.
17. Robert Wade, "The art of power maintenance", *Challenge* 56, n.1, 2014, p.29.
18. Brooks e Wohlforth, *World Out of Balance*, p.37.
19. "The world calls time on western rules", *Financial Times*, 1º ago 2014. Disponível em: <http://www.ft.com/intl/cms/s/0/9205153a-196f-11e4-8730-00144feabdco.html#axzz3mOoa2FFg>.

Conclusão (p.205-16)

1. Leslie Armijo e Cynthia Roberts, "The emerging powers and global governance: Why the Brics matter", in Robert E. Looney (org.), *Handbook of Emerging Economies* (Nova York: Routledge, 2014), p.524.
2. Indrani Bagchi, "Brics summit: Member nations criticize the West for financial mismanagement", *The Times of India*, 30 mar 2012. Disponível em: <http://timesofindia.indiatimes.com/india/Brics-summit-Member-nations-criticizes-the-West-for-financial-mismanagement/articleshow/12462502.cms>.
3. Ikenberry, *Liberal Leviathan*, p.130.
4. Stephen M. Walt, "The U.N. Security Council. What's up with that", *Foreign Policy* (7 abr 2015). Disponível em: <https://foreignpolicy.com/2015/04/07/the-u-n-security-council-whats-up-with-that/?wp_login_redirect=0>.
5. Zachary Karabell, "Our imperial disdain for the emerging world", *Reuters*, 23 ago 2013. Disponível em: <http://blogs.reuters.com/edgy-optimist/2013/08/23/our-imperial-disdain-for-the-emerging-world>.
6. Gareth Evans, "Responsibility While Protecting", *Project Syndicate*, 27 jan 2012. Disponível em: <http://www.project-syndicate.org/commentary/responsibility-while-protecting>.
7. Oliver Stuenkel, Marcos Tourinho e Sarah Brockmeier, "'Responsibility While Protecting': Reforming R2P Implementation", *Global Society* 30, n.1, 2016. Disponível em: <http://www.tandfonline.com/doi/full/10.1080/13600826.2015.1094452#.Vmr3JUorIdU>.
8. Tourinho, "Beyond expansion", p.282.

Agradecimentos

Gostaria de agradecer a meus alunos de graduação e pós-graduação na Fundação Getulio Vargas (FGV) de São Paulo, Brasília e do Rio de Janeiro, bem como aos alunos de intercâmbio do mundo inteiro que tanto contribuíram para este livro com seus comentários e críticas durante nossas discussões.

Agradecimentos especiais para Amitav Acharya por seu apoio. Este livro não teria amadurecido sem ele. Do mesmo modo, o estímulo de Louise Knight e Nekane Tanaka Galdos, da Polity Press, foi crucial durante todo o processo de escrita.

Ao longo de 2015, pude discutir as ideias aqui expostas numa variedade de cenários, e agradeço a Sumit Ganguly, da Universidade de Indiana em Bloomington, por me convidar para uma grande discussão. Raffaele Marchetti foi um anfitrião maravilhoso durante meu período como professor visitante na Libera Università Internazionale degli Studi Socialli Guido Carli (Luiss), em Roma, onde tive tempo para escrever e apresentar minha pesquisa. Renato Baumann, do Instituto de Pesquisa Econômica Aplicada (Ipea), em Brasília, me convidou a fazer parte da delegação brasileira ao Fórum Acadêmico do Brics em Moscou, onde tive a chance de ouvir comentários úteis, particularmente dos formuladores de política russos e de meus amigos da Observer Research Foundation (ORF), em Nova Déli. Paula Almeida me convidou a discutir minha pesquisa na Escola de Direito da FGV no Rio de Janeiro. Robin Niblett me convidou para a Conferência de Londres da Chatham House, proporcionando uma grande oportunidade para discutir minhas ideias com formuladores de política de todo o mundo. Tom Carothers e Richard Youngs organizaram três excelentes encontros em Bali, São Paulo e Bruxelas, permitindo-me discutir algumas das ideias neste livro com ex-formuladores de política e acadêmicos. Jean-Baptiste Jeangene Vilmer, do Ministério das Relações Exteriores francês, me convidou a participar de uma maravilhosa discussão na Sciences Po, em Paris.

Thorsten Benner, do Global Public Policy Institute (GPPi), do qual sou membro não residente, ofereceu grande apoio, conselhos úteis e uma frondosa sacada em Berlim para eu trabalhar neste livro. Marcos Tourinho, Alan Alexandroff, Alexandre Moreli, João Marcelo Maia e Elena Lazaro ofereceram comentários

Agradecimentos

muito úteis em várias ocasiões. Matias Spektor, meu colega em São Paulo, proveu orientação, apoio moral e inspiração tanto em RI como em coisas não RI. Margarita Kostkova e Al Montero leram e comentaram cordialmente o manuscrito. Também sou grato aos revisores anônimos da Polity Press. Somente eu, entretanto, sou responsável por quaisquer insuficiências do trabalho.

Tenho uma dívida especial de gratidão para com Joice Barbaresco, Guísela Pereira, Ana Patrícia Silvia, Eun Hye Kim, Leandro Silvestrini, João Teófilo e Allan Greicon, por seu apoio na pesquisa e por manterem nosso escritório de São Paulo de pé e funcionando. Também gostaria de agradecer a Celso Castro, por seu apoio e incentivo ao longo dos últimos oito anos.

Marita e Hélio Pedreira ofereceram sua casa para eu escrever (e descansar) em Maresias, o que fizeram também Marielza e Marcelo Fontes em Nova Friburgo.

Várias outras pessoas foram imensamente importantes – a maior parte delas me puxando para longe da minha escrivaninha –, a saber, Seth Kugel, Leandro Piquet, Flávia Goulart, Andrew Downie, Hanna Meirelles, Fabio Rubio, Patrick Schlieper, minhas irmãs e meus pais. Minha esposa Beatriz foi um apoio extraordinário, como sempre, comentando várias partes do livro; e suas horas de trabalho são uma lembrança reconfortante de que o ativismo político é às vezes bem mais exigente do que a academia. Este livro é dedicado a Anna, Jan, Eva e Carlinha, os quatro mais novos membros da nossa família, que vão crescer num mundo pós-ocidental.

OLIVER DELLA COSTA STUENKEL
São Paulo, junho de 2018

Índice remissivo

11 de Setembro, 73, 165

Acharya, Amitav, 99-100, 135, 193
adesão ao Estado mais forte, 94, 102
Afeganistão:
    conflitos, 90, 96-7
    minas de cobre chinesas no, 181
    terrorismo, 168
África:
    comércio de escravos, 43, 48, 50
    cooperação Sul-Sul, 139
    descolonização, 73
    desenvolvimento, 46
    eclosão do ebola, 156
    interações com a Ásia, 41
    intervenções militares estadunidenses na, 211
    ordem internacional para povos da, 39
    papel da China na, 88, 161, 196, 211-2
    presença europeia, 43, 54, 62
    soft power do Brics na, 112, 115, 119-20, 126-7
    subsaariana, 208
    taxas de crescimento, 73
    urbanização, 45
África do Sul, 63, 119, 129, 131, 134, 139, 155, 169, 193, 198-9, 201, 207
Agência de Segurança Nacional norte-americana, 147, 169
ajuda humanitária, 101, 109
    intervenção, 122
Al-Andalus, 52-3
Alcap, ver Área de Livre Comércio Ásia-Pacífico
Alemanha, 78, 81, 92, 93, 103, 133, 134, 179, 210
aliança anti-China, 102, 107
América, *ver* Estados Unidos
América do Sul, 164, 184
América Latina:
    estruturas lideradas por chineses, 161
    golpes patrocinados pelos Estados Unidos, 66

integração regional, 122
investimento e crédito chineses, 95, 184
lugar na história, 62
princípio de igualdade soberana, 64
processo de internacionalização do iuane, 144
reputação dos Estados Unidos, 99, 117-8
soft power brasileiro, 111
soft power chinês, 120, 127
AMRO, *ver* Escritório de Pesquisa Macroeconômica do Asean+3
Ansa, *ver* Associação de Nações do Sudeste Asiático
antiamericanismo, 99, 117
Arábia Saudita, 134
Área de Livre Comércio Ásia-Pacífico (Alcap), 130, 159-60
Argentina, 112, 144
Armênia, 167
Arranjo Contingente de Reservas, *ver* Brics, Arranjo Contingente de Reservas
ascensão:
    agrupamento do Brics, 139, 170
    da China, 63, 73-6, 85-6, 88, 90, 97, 102, 103-4
    economicamente, 73, 105-7, 132
    militarmente, 96
    da ordem ocidental, 64
    de potências não ocidentais, 97, 105-6, 117, 120
    do Ocidente, 37, 39, 41, 42, 47, 51, 53, 55, 61, 107
    do ocidentocentrismo, 55-6
    "do resto", 69, 70, 86-7
Ásia:
    alianças anti-China lideradas pelos Estados Unidos na, 102, 105, 107
    demanda de investimentos, 131, 135-6
    desenvolvimento, 46
    deterioração da reputação, 56
    inferioridade militar em relação à Europa, 50

Índice remissivo

interações com a África, 41
ordem internacional para os povos
   da, 39
papel econômico da Índia, 158
perspectivas de guerra, 81
presença dos Estados Unidos, 157, 158-9
presença europeia, 43-4, 54, 58-9, 60-1,
   62, 63, 65
presença militar estadunidense, 111
redução da atividade econômica, 48-50
relações de segurança regional, 93, 166
retirada dos militares estadunidenses,
   100-1
sinocentrismo, 69, 179
taxas de crescimento mais altas, 73
vantagem europeia sobre, 51
Assembleia Geral das Nações Unidas, 165, 197
Associação de Nações do Sudeste Asiático
   (Asean, na sigla em inglês), 100, 107, 141,
   156, 158, 159
Atlântico Sul, 42
Austrália:
   adesão ao BAII, 132-4, 210
   Cúpula 2014 do G20, 172
   membro da Cica, 166
autocracia, 38, 167
autodeterminação, 65-6, 71, 110, 190
autoritarismo, 189, 207

BAD, ver Banco Asiático de Desenvolvimento
BAII, ver Banco Asiático de Investimento
   em Infraestrutura
Banco Asiático de Desenvolvimento (BAD),
   131-2, 135-6
Banco Asiático de Investimento em Infraes-
   trutura (BAII), 100, 107, 130, 131-2, 132-3, 134,
   135-6, 158, 166, 178, 187-8, 190
Banco da Tailândia, 156-7
Banco Popular da China, 145
Banco Rossiya, 149
Bangladesh, 181
Bélgica, 170, 180
Bell, Daniel, 80
Berlim, ver Alemanha
bipolaridade assimétrica, 88-91, 95-9, 103-4,
   214
Blaut, James Morris, 50, 62
boom das commodities, 178
Brasil:
   democracia no, 75, 79-80

dependência, 129, 161
desafios, 184, 185-6
desenvolvimento, 63, 75
economia, 133, 134, 138, 139, 140-1, 144,
   155, 166, 170-1
emergente, 87, 119
hard power, 114-5, 169
importância, 66, 73, 122
soft power, 109, 111, 114, 124-5, 126
Brasília, ver Brasil
Brautigam, Deborah, 119
Bretton Woods, 170
Bric, 171
Brics:
   agência de classificação de crédito,
      153-4, 155, 161
   agenda, 137, 138-9, 170
   Arranjo Contingente de Reservas
      (ACR), 129-30, 136-8, 140-2, 162
   atratividade, 112, 119, 124
   Cúpula dos Líderes do Brics, 131, 170, 173
   declaração, 172-3
   desafios, 105, 119, 124, 137, 162
   desenvolvimento, 112
   engajamento, 63, 175
   Novo Banco de Desenvolvimento, ver
      Novo Banco de Desenvolvimento
   ordem mundial, 163, 166-7, 170, 187
   Quinta Cúpula, 139, 140
   Sétima Cúpula, 155, 187
   Sexta Cúpula, 203
britânicos, 44, 50, 56, 59, 65, 97, 146
Bull, Hedley, 37
burocracia, 50, 185

Camberra, ver Austrália
Cameron, David, 133
Canadá, 144, 170
Cazaquistão, 134, 165, 167-8, 180
Ceap, ver Cooperação Econômica Ásia-
   Pacífico
Chang, Gordon, 80
Chile, 66
China:
   assuntos regionais, construção de
      confiança em, 165-6
   atração de talentos estrangeiros, 122,
      124-5
   capacidade de inovação, 122-3

censura, 123, 152
coalizão de equilíbrio contra, 102, 107
cooperação em segurança, 166-7
demografia desfavorável, 76-9, 85
dependência, 78, 82, 128-9
desafios atuais, 77-88
estagnação econômica no século XIX, 49, 50-1
estratégia Um Cinturão, Uma Rota, 168
excepcionalismo regional, 191
Guerra Fria, 71, 102
impactos sistêmicos de sua ascensão econômica, 63, 73-6, 85-6, 88, 90, 97, 102, 103-4
indicadores econômicos ao longo dos séculos, 45-6, 73, 75-6, 83-5, 87-8
infraestrutura, 177-86
interações culturais e intelectuais com o Ocidente, 54, 55-6
laços comerciais com a América do Sul, 164
medo de sua ascensão, 63, 99, 188
ordem paralela, 128-30, 131-6, 138, 140-1, 143-62, 170-1, 176, *ver também* revisionismo
poder de convocação, 177
poder militar, 72, 76, 90-4, 96
predominância global histórica, 39, 42
presença na Ásia Central, 168
provisão de bens públicos globais, 95, 100-1, 132
qualidade de vida, 96
reformas econômicas, 75, 82-5
relações econômicas com os Estados Unidos, 102, 146-7
Responsabilidade de Proteger (R2P), 190
revisionismo, 68, 186-9, 193
"século de humilhação", 56-61, 62-3
sistema político, 75, 76-7
soft power, 93-4, 105-8, 110-22, 126-7
Cica, *ver* Conferência sobre Interação e Medidas de Construção de Confiança na Ásia
CIDH, *ver* Comissão Interamericana de Direitos Humanos
Cingapura, 88, 126, 134, 141, 147, 151-2, 156
Clinton, Hillary, 109, 116
colonialismo, 47, 57, 58, 61, 71
Comissão de Supervisão e Administração de Ativos Estatais, 145

Comissão Interamericana de Direitos Humanos (CIDH), 191
Comissão Nacional de Desenvolvimento e Reforma, 145
Comunidade Econômica dos Estados da África Ocidental (Cedeao), 100
Conferência das Nações Unidas sobre Comércio e Desenvolvimento (Unctad), 177, 197
Conferência sobre Interação e Medidas de Construção de Confiança na Ásia (Cica), 130, 165-6, 178, 190
confucionismo, 55, 112, 113, 123
Congresso Nacional do Povo, 82
Conselheiros de Segurança Nacional (CSNs), 169
Conselho de Segurança da ONU, 101, 114-5
construção de capacidade, 169
Cooperação Econômica da Ásia e do Pacífico (Ceap), 159, 176
Coreia do Sul, 84, 86, 102, 132-4, 141, 156, 210
Corredor Bangladesh-China-Índia-Mianmar, 169
cota:
    do FMI, 141-2, 189
    Investidores Institucionais Estrangeiros Qualificados em Renminbi (IIEQR), 144
CSNs, *ver* Conselheiros de Segurança Nacional
Cúpula de Dushanbe, 167
Cúpula de Manila, 156
Cúpula de Segurança Nuclear, 171-2

Darwin, John, 50, 62
Declaração de Ufá, 155, 173, 187
declínio:
    do *soft power* no Ocidente, 113
    dos Estados Unidos, 71-2, 76, 86, 99
    político da China, 76-7, 80
democracia:
    em outras partes do mundo, 63, 65, 75, 79-80, 100, 110-1, 186
    na China, 75, 80-1, 89, 111-2, 122-3
    na Rússia, 124
    no Ocidente, 38, 53, 62-3, 139
    promoção da, 60, 118
Deng Xiaoping, 134
Desai, Radhika, 138

desenvolvimento:
    de regiões não ocidentais, 44-6, 63, 69, 75, 112
    econômico, 91, 122, 136, 156
    modelo de, 138, 145
    na China, 56, 75, 90, 101, 112, 122, 132-3, 175
    na Europa, 40, 46-7, 50-1
    nos países do Brics, 171
Deudney, Daniel, 38
Dinamarca, 134
diplomacia:
    cultural, 115-6
    do Brics, 170
    Ocidente, 37, 38, 46
    pública global da China, 175
disputas de fronteira, 81, 167
Djibouti, 180
domínio do Ocidente, 39, 41-4, 46, 47, 55, 62-3, 67, 105, 120, 122, 151-2, 187
Doutrina Monroe, 94, 103, 184

Egito, 41, 55, 63, 110, 112, 134
energia renovável, 78-9
Equador, 98, 117
equilíbrio, 42, 102, 114, 120, 168
Escritório de Pesquisa Macroeconômica do Asean+3, 130, 141, 156-7
Espanha, 52, 134
estabilidade:
    financeira, 108, 139, 157
    global, 99, 117
    internacional, 99
    social, 167
Estado(s):
    ascendente(s), 107, 117, 126, 209, 212, 214
    chefes de, 165, 171
    emergente(s), 105, 115
    soberano(s), 118
Estado-nação, 67
Estados Unidos:
    autopercepção, 41, 99-100
    comércio, 158-9, 163-4
    comportamento na ONU, 66, 114
    diplomacia cultural, 116
    economia face a face com a China, 73-6, 85, 86, 90-1, 95
    hegemonia, 58, 71-2, 85-6, 88-9, 105, 119, 163, 188-9
    impacto de avanços tecnológicos, 57-8
    mudança climática, 78
    predominância do dólar americano, 143-4, 145-7
    predominância militar, 81, 88, 90-1, 93-8, 103-4, 108, 111
    privilégios na ordem global, 191
    provisão global de bens públicos, 100-1, 117
    relações com a China e a Ásia, 89-91, 98-9, 100, 101-3, 132, 157, 158-60, 165-6, 176, 183-4
    sistema educacional, 123
    soft power, 114, 124-6
eurocentrismo, 47, 60, 61-2
Europa:
    atração de trabalhadores estrangeiros, 124-5
    dependência externa, 53
    integração econômica com o mundo, 164, 178-80
    interações com a Ásia, 56
    interações com o islã, 51-5
    interesses na liderança dos Estados Unidos, 188
    níveis de desenvolvimento histórico em face do mundo, 40, 47-9, 51, 56-8, 76
    papel percebido de criadora da ordem global, 39-40, 42, 43-4, 46, 53, 66, 69
    receptividade às estratégias de *soft power* do Brics, 112, 120
    responsabilidades internacionais, 101
excepcionalismo, 47-8, 102, 191, 194, 195, 203

FBA, *ver* Fórum de Boao para a Ásia
FEM, *ver* Fórum Econômico Mundial (FEM)
financeiro(a):
    crise, 82, 102, 126, 140, 141, 171, 177, 196-8
    estabilidade, 108, 139
    poder, 152-3
    sistema, 83, 126, 145, 153
Financial Times, 203, 209
floresta tropical amazônica, 184, 191
FMI, *ver* Fundo Monetário Internacional
Fórum de Boao para a Ásia, 131, 161, 164, 175-7
Fórum Econômico Mundial (FEM), 81, 131, 161, 175-6
França, 51-2, 71, 91, 116, 119, 133, 134, 198
Friedberg, Aaron, 103

Fujian, 150, 180
Fukuyama, Francis, 80, 123
Fundo Monetário Internacional (FMI), 86, 129-30, 138, 140-2, 144, 155, 157, 162-3, 172, 177
futuro da ordem global, 82, 86, 101, 103, 106

Gacu, *ver* Grupo de Avaliação de Crédito Universal (Gacu)
Gandhi, Mohandas, 23, 41
Gates, Bill, 176
Geórgia, 98,134
globalização, 39, 42, 68, 82, 152
governança global, 137, 172, 195, 198
Grupo de Avaliação de Crédito Universal (Gacu), 153-5
Guan Jianzhong, 154
guerra:
　Estados Unidos e Iraque, 98
　Peru e Equador, 98
　por procuração, 89, 90, 99
Guerra do Ópio, 56
Guerra Fria, 40, 58, 70-2, 87, 89-90, 97, 98-9, 102, 108, 195

Haiti, 196
Hansen, Valeria, 178
hegemonia, 58, 66, 68, 71-2, 91-2, 94-5, 98-101, 117, 126, 143, 163, 165, 188
hinduísmo, 61
Holanda, 88, 134, 170
Hong Kong, 147, 151-2, 182
Huang, Yukon, 75

IBSA, 131, 172-3
ICM, *ver* Iniciativa Chiang Mai
IFIs, *ver* Instituições Financeiras Internacionais (IFIs)
IIEQR, *ver* Investidores Institucionais Estrangeiros Qualificados em Renminbi
Ikenberry, Gilford John, 38, 186, 194-5, 201-2, 206
ilhas Senkaku, 81
IMCM, *ver* Iniciativa Multilateral Chiang Mai
imigração:
　como *soft power*, 124
　para a China, 123
imperialismo, 41, 43, 56, 57, 60
Império Britânico, 56, 59, 97, 152
Império Romano, 42, 48, 51

Índia:
　colonização, 42-5, 50, 56, 59-61, 65
　como potência ascendente, 73, 86-7, 89, 105, 109, 113-5, 119, 122, 124, 129, 134, 135, 138, 139-40, 158, 161, 168
　na ONU, 66
　pré-colonização, 48, 60-1
　problemas na, 106, 113, 180
Indonésia, 71, 73, 80, 112, 120, 132, 134, 166
industrialização, 48, 54-6
　da China, 77, 79, 85, 106, 123, 148
Iniciativa Chiang Mai (ICM), 141, 156
Iniciativa Multilateral Chiang Mai (IMCM), 129-30, 141-2, 156-7, 162
Instituições Financeiras Internacionais (IFIs), 157
interesses nacionais, 111, 132, 171, 176, 187, 191-2, 195, 213, 214
internacional(is):
　assuntos, 39, 64, 68, 90, 126, 181
　comunidade, 121
　direito, 66, 71
　instituições, 129
　ordem, 37, 39, 43, 64, 99, 162, 187
　relações, 37-8, 41, 61, 108
　sistema, 75, 87, 94, 98, 101, 118, 160
　sociedade, 38, 64, 135
Investidores Institucionais Estrangeiros Qualificados em Renminbi (IIEQR), 144
Irã, 63, 71, 72, 98, 112, 133, 134, 144, 180
Iraque, 65, 92, 96-8, 101, 105
islã, 35, 43, 51-3, 54-5, 178
Israel, 71
Istambul, 45, 179
Itália, 134, 170
iuane, internacionalização do, 130, 143-8, 150-1

Jaguaribe, Roberto, 173
Japão:
　aliança com os Estados Unidos, 105, 110
　ataque a Pearl Harbor, 73
　Banco Asiático de Desenvolvimento (BAD), 132
　Conferência sobre Interação e Medidas de Construção de Confiança na Ásia (Cica), 166
　derrota na Segunda Guerra Mundial, 56
　disputas com a China, 81
　filiação à Asean+3, 156

Índice remissivo

filiação à Iniciativa Chiang Mai, 141, 142
história do crescimento do PIB, 83-4, 87
"O Novo Japão", 55
oposição ao BAII, 132
Parceria Econômica Regional Abrangente (Pera), 158
Parceria Transpacífico (TPP), 158
relações com a Coreia do Sul, 102
resiliência perante o domínio ocidental, 43, 63
Jogos Olímpicos, 169

Katzenstein, Peter, 53-4
Kenny, Charles, 95
Keohane, Robert, 72
Kerry, John, 183
King, Kenneth, 119
Kissinger, Henry, 38, 63, 101

Lagarde, Christine, 198-9
Lankina, Tomila, 118
Lavrov, Sergey, 109, 167
Lebow, Richard, 71-2, 99, 117
Li Keqiang, 185
Lukov, Vadim, 153
Lula da Silva, Luiz Inácio, 122, 171

Macaulay, Thomas Babington, 56, 58
MacMillan, Margaret, 82
macroeconômico, desenvolvimento, 157
Maddison, Angus, 45-6
Maine, sir Henry, 59
Malásia, 134, 142, 166
Mallaby, Sebastian, 145
Mantega, Guido, 200
mar do Sul da China, 81, 93
Marx, Karl, 47, 60-1
MasterCard, 130, 148, 149
Mazower, Mark, 65
Mearsheimer, John, 89, 97, 102, 186
Medvedev, Dmitri, 171
Mehta, Singh, 59
México, 66, 112
migração, 178
Mill, James, 56
Mill, John Stuart, 58-9
Missão das Nações Unidas para a Estabilização no Haiti, 196
Moçambique, 90
Monteiro, Nuno, 71, 91, 94, 95, 96

Moody's, 130, 155
Moscou, 149, 178, 181
muçulmano, 39-40, 45, 51-3, 54
mudança climática, 99, 108, 113
multilateralismo, 71, 135, 141, 156-7, 162, 187
multilateralismo competitivo, 187, 192
multipolaridade, 46, 68, 69, 70-2, 73, 74-6, 86-8, 96, 97-9, 105-6, 117, 138, 144, 170, 189
mundo pós-ocidental, 67-8, 91, 188, 190
Mianmar, 45, 131, 134, 166, 169, 178

nacionalismo, 39, 55
Nações Unidas, 66-7, 77, 118, 177, 187, 191, 196, 197
Nairóbi, 179-80
Nalanda, 44-5
não europeus:
    atores, 42
    mundo, 38
    países, 199
não ocidental, 40, 44, 53, 64-6, 86, 114, 116-7, 119, 127, 129-31, 163, 165, 167, 210, 214
    atores, 67, 71, 106, 124, 210
    civilização, 38
    mundo, 38
    países, 60, 199
    potências, 38, 66, 68, 97, 105, 117, 126, 129, 161-2, 164-5, 190, 202, 205, 210, 215
    sociedades, 61
natureza da ordem global, 39, 58, 71
Nazarbayev, Nursultan, 165
negócios, 110, 173-5, 185
Nicarágua, 92, 131, 163, 181-4, 185
normas, 38, 40-1, 43, 46, 68, 89, 117, 133, 135, 138, 188, 190, 195, 202, 205, 211, 215
    globais, 67, 69, 101, 190, 203, 212, 215
    liberais, 193
    ocidentais, 44, 71
Noruega, 121, 134
NSPK, *ver* Sistema Nacional de Cartão de Pagamento
Novo Banco de Desenvolvimento, 113, 130, 136, 171, 187, 190, 213
nuclear:
    armas, 71, 94, 101, 114
    não proliferação, 192-3
    poder, 77, 114
    proliferação, 133
    revolução, 94, 98-9
Nye, Joseph, 106, 109, 112-3, 117-8

Obama, Barack, 158
OCDE, 130, 131, 157, 215
Oceania, 62
ocidentalização, 40, 108
Ocidente:
    ascensão do, 37, 39, 41, 42, 47, 51, 53, 55, 61, 107
    contribuições do, 39, 53-5
ocidentocentrismo, 37-8, 41, 48, 50, 59-60, 61-6, 67, 68, 70, 80, 97, 99, 106-7, 111
    visão de mundo no, 39, 47, 69, 104, 113-4
OCX, *ver* Organização para Cooperação de Xangai
OEA, *ver* Organização dos Estados Americanos
ONU, *ver* Nações Unidas
ordem bipolar, 91, 97-9
ordem liberal, 53, 59, 97, 187-8
ordem pré-ocidental, 42, 68
Organização dos Estados Americanos (OEA), 183, 191
Organização Mundial do Comércio, 175
Organização para Cooperação de Xangai (OCX), 130, 163, 166-9
Oriente Médio, 39, 46, 56, 65, 88, 120, 127, 133

Panamá, canal do, 182-3, 185
pan-asiático, 55
Paquistão, 71, 96, 134, 144, 168, 169, 178-9, 181
Parceria Econômica Regional Abrangente (Pera), 130, 158-9
Parceria Transpacífico, 158, 159
Partido Comunista, 75, 80, 83, 90, 115
Pax Americana, 94
Pearl Harbor, 54, 73
Pequim, *ver* China
Pera, *ver* Parceria Econômica Regional Abrangente (Pera)
percepção antiocidental, 59-60, 61-2, 64, 69, 205
Peru, 98, 184-5
Pirenne, Henri, 53
política externa, 98, 101, 109-11, 118, 125-6, 133, 148, 175, 177-8, 214
potências ascendentes, 39, 68, 93, 95, 100, 106-8, 113, 115, 117, 126, 163, 164, 187
potências emergentes:
    aceitação da ordem global, 68, 97, 128-9, 137, 139, 140, 170-1, 187, 189, 190
    adequação da China ao termo, 39, 75
    comportamento na África, 119
    crescimento do PIB, 73, 86
    definição de agenda, 121-2
    soft power, 105-6, 113, 115-6, 124-7
Prasad, Eswar, 73
Pretória, *ver* África do Sul
Primeira Guerra Mundial, 81, 103, 110, 152
produtividade, 75, 78
Putin, Vladimir, 118, 124, 140, 172

Quinta Cúpula do Brics, 139, 140

Rachman, Gideon, 85-6
Ratner, Ely, 187
reaproximação:
    China e Indonésia, 120
    China e Japão, 158
reforma:
    da China, 75, 82-5, 145, 151, 153
    das instituições de Bretton Woods, 138, 140, 148, 170, 172, 189
refugiados, 101
regime, 100, 158, 189
    democrático, 111-2
    não democrático, 79-80, 89, 119
    político da China, 77, 79, 112, 119
Reino Unido, 43-5, 49-51, 58-9, 65-6, 69, 71, 81, 85, 92, 103, 119, 133, 134
religião na Índia, 42, 48, 55, 59, 61
Responsabilidade de Proteger, 101
    ao Proteger, 122
revisionismo, 117, 137, 210
revolução:
    industrial, *ver* Revolução Industrial
    nuclear, 98-9
Revolução Industrial, 49, 58, 85
Roberts, Cynthia, 188
Rodada de Doha, *ver* Organização Mundial do Comércio
Rota da Seda, 166, 180
    antiga, 178
    cinturão econômico, 168
    fundo da, 131, 166, 177-8, 196
    nova, 105-6, 163, 179
Rússia:
    dependência, 129, 153-4, 168
    economia, 134, 135, 140-1, 149, 153-5, 159, 166

importância, 73
ordem mundial, 167-8, 169, 170-2, 186
política, 106, 180
soft power, 109, 116, 126
subordinação, 124
Russia Today (RT), 116, 127, 149, 176

Sahni, Varun, 137
Salisbury, Robert, 97
Segunda Guerra Mundial, 56, 65, 67, 71, 89, 117
segurança, 82, 89, 92-5, 101, 105, 107-8, 113, 119, 121, 128-30, 147-8, 156, 163-9, 171-2, 174, 176, 178, 181, 193, 196-8, 201, 209
sentimento anti-China, 180
Seul, *ver* Coreia do Sul
Siluanov, Anton, 154
Síria, 101, 169
Sistema de Pagamento Internacional da China (Spic), 130, 143, 147-8, 150, 161
Sistema Nacional de Cartão de Pagamento (NSPK, na sigla em inglês), 149
Smith, Adam, 56
soberania, 37, 39, 43, 66, 71, 101, 167, 190, 193
sociedade:
    asiática, 60-1
    civil, 123, 176, 184, 187
    democrática, 123
    ocidental, 60-1
soft power, 105-22, 124-7, 129, 132, 175, 211-2
Spic, *ver* Sistema de Pagamento Internacional da China
Sri Lanka, 180, 181
Stanislavov, Evgeny, 154
Stolte, Christina, 14, 119
Strauss-Kahn, Dominique, 198-9
Sudão do Sul, 92
Sudão, 112, 122
Suez, canal de, 41, 71
Suíça, 134
Sul Global, 63, 67, 110, 139, 160, 206-7
Sul-Sul:
    atividades e instituições, 160
    cooperação, 139
superioridade:
    material, 62
    militar, 50, 88, 114
    ocidental, 62
    tecnológica, 47

Tadjiquistão, 134, 167
Tagore, Rabindranath, 55
Tailândia, 43, 149, 156
Taiwan, 93, 148
TanZam, estrada de ferro, 184
Tata, Ratan, 176
terrorismo, 73, 165-9
Tharoor, Shashi, 65, 109
Tourinho, Marcos, 46, 64
TPP, *ver* Parceria Transpacífico
Transamazônica, estrada de ferro, 131, 163-4, 184-6
Transpacífico, estrada de ferro, 184, 185
Tratado de Não Proliferação (TNP), 114
Turquia, 55, 63, 112, 133, 134, 207

Ucrânia, 121
Um Cinturão, Uma Rota, 168, 177-9
Unctad, *ver* Conferência das Nações Unidas sobre Comércio e Desenvolvimento (Unctad)
União Africana, 203
União de Nações Sul-Americanas (Unasul), 100
unipolaridade, 70-2, 96-8, 117, 194
Universidade de Oxford, 45, 52
Uzbequistão, 167

Van der Putten, Frans-Paul, 99
Venezuela, 117, 119
Vietnã, 103
Visa, 130, 148-9
Von Richthofen, Ferdinand, 178

Waixuan Gongzuo, 116
Wallerstein, Immanuel, 61
Wang Jing, 182-3
Washington, *ver* Estados Unidos
Watson, Adam, 37
Weber, Steven, 187
Wethington, Olin, 145
Wilson, Woodrow, 65, 66, 110
Wohlforth, William Curti, 87-8

Xangai, 130, 136, 143, 150-3, 163, 165-9, 210
Xi Jinping, 75, 123, 131, 159, 165, 175, 177-80
Xinjiang, 178

Zarakol, Ayse, 62
zona de livre comércio, 150-1, 183

1ª EDIÇÃO [2018] 3 reimpressões

ESTA OBRA FOI COMPOSTA POR MARI TABOADA EM DANTE PRO E
IMPRESSA EM OFSETE PELA GRÁFICA BARTIRA SOBRE PAPEL PÓLEN NATURAL
DA SUZANO S.A. PARA A EDITORA SCHWARCZ EM MARÇO DE 2023

A marca FSC® é a garantia de que a madeira utilizada na fabricação do papel deste livro provém de florestas que foram gerenciadas de maneira ambientalmente correta, socialmente justa e economicamente viável, além de outras fontes de origem controlada.